国家社会科学基金"十三五"规划2020年度教育学一般课题"

的师范生理想指导机制构建研究"（BEA200113）

沉浸·交互·认同

虚拟现实赋能下的师范生理想教育新生态

宋　晔　等◎著

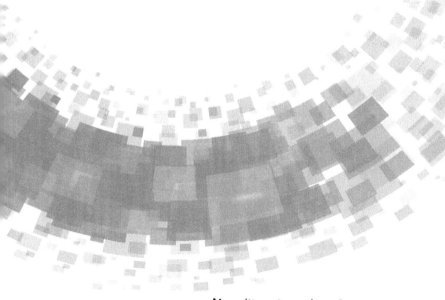

科学出版社

北　京

内 容 简 介

本书首先对师范生理想及其指导进行理性分析，随后通过问卷调查与访谈，深入剖析了师范生理想指导现状及问题成因。在此基础上，本书探讨了虚拟现实为师范生理想指导带来的转型机遇，构建了虚拟现实赋能师范生理想指导的机制模型，并提出了优化策略，涵盖价值引领、沉浸体验、情感认同、多元互补、评估监测及反馈保障等方面。此外，本书还通过实证应用，展示了虚拟现实在师德教育中的具体实践。本书聚焦虚拟现实技术对师范生理想教育的赋能作用，具有重要的理论和实践意义。

本书适合教育研究者、师范院校教师及教育技术领域从业者阅读，为探索师范生理想教育新路径、推动教育技术创新提供了有益参考。

图书在版编目(CIP)数据

沉浸・交互・认同：虚拟现实赋能下的师范生理想教育新生态 / 宋晔等著. -- 北京：科学出版社，2025.6. -- ISBN 978-7-03-082124-9

Ⅰ. G625-39

中国国家版本馆 CIP 数据核字第 2025FG8533 号

责任编辑：崔文燕　张翠霞 / 责任校对：王晓茜
责任印制：徐晓晨 / 封面设计：润一文化

科 学 出 版 社 出版

北京东黄城根北街 16 号
邮政编码：100717
http://www.sciencep.com

北京建宏印刷有限公司印刷
科学出版社发行　各地新华书店经销

*

2025 年 6 月第 一 版　开本：720×1000　1/16
2025 年 6 月第一次印刷　印张：15 1/2
字数：280 000

定价：118.00 元

（如有印装质量问题，我社负责调换）

前　言

　　国家的未来，关键在教育；教育的品质，奠基于良师；良师的培育，始于师范生。师范生是未来教师队伍的主力军和生力军，作为"培养人的人"，其信仰什么、举什么旗、走什么路，决定未来国家和民族的命运。理想是精神之钙、力量之源，要引导师范生树立正确的理想。师范生理想是奠定自身成就的最重要基础，是追求更高目标的行动指南，也是师范教育培育成效高低的关键。在全球化、科技化与终身学习化的时代，师范教育必须顺应社会持续变迁，更以理想为核心，秉持"修己安人—立志弘道—乐道养气—家国同构"的基础逻辑，加强师范生生活理想、职业理想、道德理想与社会理想的指导。

　　师范生理想指导，作为一个旨在促进师范生全面发展与职业准备的系统性过程，其深远意义在于引导师范生树立养守并重的人格操守、为师从教的职业使命、希圣希贤的成人追求与家国同构的政治情怀，从而推动他们在未来的教育生涯中不断创新、追求卓越。师范生理想指导亦面临时代转型与重大挑战。其中，在时代转型方面，我国教育信息化经历了工具辅助、整合应用两个阶段，目前处于数字技术、智能技术推动下的教学范式和学习方式重塑、融合创新的第三阶段。须及时回应一项重要议题——师范教育如何推动信息技术、人工智能技术参与下的师范生理想指导实践，从而更好地适应信息时代的需求，培养出能够利用先进技术创造更高质量教育的人才。在重大挑战方面，存在诸如师范生身份认同的模糊动摇、师生交流互动的欠缺不足、教育教学结构的层级脱节、人机协同落实的实践障碍等问题。

面对师范生理想指导环境剧烈的变化与挑战，虚拟现实以其"数以载情""数以载境""数以载事"的功能特性，通过模拟真实的教学场景，叠加"现实与奇幻"的理想沉浸、联通"显性与隐性"的互动反馈、映照"实体与倒影"的衔接方式、秉行"真实与虚拟"的全息多态感知，开展具身性体验、综合性建构、现实性批判和集体性行动等探索性实践，研究和凝练师范生理想指导的行动方案，为师范生理想指导的成效提升提供了可能契机。

虚拟现实作为一种前沿的人机界面与交互方式，核心目标在于增强人类的认知能力。它通过模拟并呈现一个三维的虚拟世界，使得人们能够以视觉、听觉、触觉等符合人类习惯的方式，去感知和理解这个由计算机生成的环境。虚拟现实具有沉浸性、交互性、构想性以及全息多态感知性等特征。虚拟现实以其独特的方式与技术优势，深度融合体悟与学习，精准对接体验与觉知，从而引领包括师范生理想教育在内的教育领域迈向革新之路。其具有强化师范生对生活理想的生命体验与享受、充盈师范生职业理想多元内涵、贯通师范生道德理想指导环节、赋能师范生社会理想整全成长的内生价值。这一赋能过程，是全方位、系统化却又充满复杂性的师范生理想指导空间的可能延展。

构建基于虚拟现实的师范生理想指导模型，在于为师范生理想实现提供群体情感聚集的指导空间，触发师范生修身、志业、养德和弘道的理想追求。借助互动仪式链模型，基于虚拟现实的师范生理想指导可以描述为：基于教育强国引领的育人使命及未来卓越教师创新培育的共同需求，以虚拟现实联结实现"虚拟共同在场"和"虚拟群体共聚"，帮助师范生在虚拟班级、学院和学校空间内确立身份边界，在"叙事共享—情感共鸣—文化认同"的理想指导过程中培育师范生理想。模型的具体构成要素包括前提要素（虚拟现实空间与师范生群体聚集）、过程要素（共同关注的理想叙事、共享唤醒的情感共鸣、协同达成的文化认同）和结果要素（生活理想、职业理想、道德理想、社会理想）三个方面。

为有效验证、持续优化虚拟现实赋能师范生理想指导成效，设计了师德教育虚拟仿真实验教学平台。本平台基于"虚实结合，深度参与"的原则，搭建认知学习、情景体验、理论测试、考核报告四大模块，为师范生提供了一个"认知—演示—探究—体验—互动—生成"的完整学习流程，旨在通过虚拟现实技术打破传统教学的时空限制，高效塑造师范生的师德素养，同时规避伦理风险，整合多维资源，提供沉浸式学习体验。通过线上虚拟实验与线下实践教学的有机结合，使师德教育更加生动、直观，更具情境性和体验性。其中，线上部分，学生可以在虚拟仿真环境中体验师德的真实情境，进行模拟操作和互动，从而深入理解师德的核心价值和要求。线下部分，通过真实课堂教学对实验过程与结果进行回顾和讨论，巩固学习效果，解答疑惑。此外，从价值引领、沉浸巡游、情感认同、多元互补、评估监测、反馈保障六大方面探寻了虚拟现实赋能师范生理想指导的优化策略。

如此，虚拟现实为指导师范生理想的整体联动提供了可能性。虚拟现实通过创建一个逼真的实践环境，鼓励师范生以教育家拟真角色来学习，像教育家一样思考，树立教育家一样的理想，最终形成经天纬地的教育追求、甘为表率的教育境界、修己安人的教育自觉等教育智慧。在虚拟现实的赋能下，指导师范生理想走上"掌握—参与—改变世界"的进阶之路。需要注意的是，当前虚拟现实尚未完全成熟，教育内容、师范生的适应反馈、教育效果评估、社会认知度和政策支持等都有待完善，改革之旅仍任重道远。

《沉浸·交互·认同：虚拟现实赋能下的师范生理想教育新生态》能够出版，离不开科学出版社编辑所付出的大量心血，更离不开我们的研究团队所付出的辛勤努力。本书是集体智慧的结晶，由多人分工完成，具体如下：前言由宋晔博士（河南师范大学教授）撰写；第一章由宋晔博士（河南师范大学教授）和刘博文博士生（河南师范大学博士研究生）撰写；第二章由刘清东博士生（河南师范大学博士研究生）撰写；第三章由孙晓伟博士生（河南师范大学博士研究生）撰写；第四章由刘清东博士生（河南师范大学博士研究生）撰写；第五章由孙晓伟博士生（河南师范大学博士研究生）撰写；第六章由李小娟博士（河南师范大学教

授 ）和马晶晶博士（河南师范大学副教授）撰写；第七章由宋晔博士（河南师范大学教授）和薛碧芸博士（河南师范大学副教授）撰写；第八章由孙晓伟博士生（河南师范大学博士研究生）撰写。

此外，河南师范大学牛宇帆博士、魏贝贝博士、李倩倩博士生对全书进行了校对，袁书娴、董可、刘浏、余爱玉、刘洋、张璐、晏丽珺、雷晓晴、王璐瑶、李甜、肖水鑫、梅雅梦、李婷、董雪颖、姚净楠、廖海支、刘雪冬、王诗文等多名研究生参与了资料搜集与数据整理工作。

本书在撰写过程中难免存在疏漏，敬请读者批评指正。

目　录

前言

第一章　绪论 ……………………………………………………………… 1

　　第一节　师范生理想教育的破局之思与研究意义 ……………… 1

　　第二节　师范生理想教育的相关研究 …………………………… 9

　　第三节　本书研究设计 …………………………………………… 21

　　第四节　本书研究的重难点和创新之处 ………………………… 23

第二章　师范生理想及其指导的理性分析 …………………………… 26

　　第一节　师范生理想及其指导的内涵解读 ……………………… 27

　　第二节　师范生理想指导的价值 ………………………………… 35

　　第三节　师范生理想指导的内生逻辑 …………………………… 44

第三章　师范生理想指导现状调研及原因探析 ……………………… 53

　　第一节　研究设计 ………………………………………………… 54

　　第二节　问卷设计与修订 ………………………………………… 58

　　第三节　师范生理想指导现状的问卷调查分析 ………………… 73

　　第四节　师范生理想指导现状的访谈分析 ……………………… 87

第五节　师范生理想指导存在的问题及成因 ……………………… 94

第四章　虚拟现实赋能师范生理想指导的转型机遇 ……………… 104

第一节　虚拟现实的本质特征 ……………………………… 104

第二节　虚拟现实赋能师范生理想指导的技术优势 ……… 115

第三节　虚拟现实赋能师范生理想指导的实践逻辑 ……… 129

第五章　虚拟现实赋能师范生理想指导机制的模型构建 ………… 156

第一节　虚拟现实赋能师范生理想指导机制构建的理论依据 ……… 156

第二节　虚拟现实赋能师范生理想指导机制模型的指导原则 … 162

第三节　虚拟现实赋能师范生理想指导机制模型 ………… 164

第六章　虚拟现实赋能师范生理想指导的优化策略 ……………… 183

第一节　价值引领：虚拟现实赋能师范生理想指导的出发点 … 185

第二节　沉浸巡游：虚拟现实赋能师范生理想指导的切入点 … 187

第三节　情感认同：虚拟现实赋能师范生理想指导的突破口 … 190

第四节　多元互补：虚拟现实赋能师范生理想指导的落脚点 … 193

第五节　评估监测：虚拟现实赋能师范生理想指导的着力点 … 197

第六节　反馈保障：虚拟现实赋能师范生理想指导的动力点 … 199

第七章　虚拟现实赋能师范生理想指导机制的实证应用 ………… 202

第一节　虚拟现实支持的仪式空间：师德教育虚拟仿真实验教学
平台设计 …………………………………………… 202

第二节　共同关注的理想叙事：师德教育展馆和政策文件展馆 … 209

第三节　共同唤醒的情感共鸣：典型人物展馆和未来馆 …… 212

第四节　协同达成的文化认同：师德知识测试与考核报告 … 216

第八章　总结与展望 …………………………………………… 224

参考文献 ……………………………………………………… 229

后记 …………………………………………………………… 236

第一章

绪　　论

国之大计，教育为本。教育大计，教师为本。师范生是未来教师队伍的生力军、主力军，师范生理想关乎未来教师队伍建设质量。我国历来重视对师范生理想的塑造，师范生理想是师范生自我卓越发展的基点，也是教师教育关注的重点。师范生理想指导机制既关涉师范生自我品德成长，亦关乎教师教育发展质效。在当今日新月异的数字技术转型关键期，教育数字化如火如荼地开展，数字技术迭代更新，对师范生理想指导既有优势又有劣势，既是机遇又是挑战。站在数字技术的时代风口，如何借助虚拟现实构建师范生理想指导机制，纾解师范生理想指导的现实难题，业已成为教师教育高质量发展无法回避的研究课题。基于虚拟现实构建师范生理想指导机制，旨在为师范生理想找寻一条更为沉浸、更具交互、更有构想的全息多态感知的指导路径。我们的研究正是基于这一现实考量的。

第一节　师范生理想教育的破局之思与研究意义

基于虚拟现实的师范生理想教育指导机制的构建，既是一个基于当前教育数字化进程不断加快提出的新时代的实践命题，也是一个深刻把握教师教育高质量与可持续发展规律的理论命题。以智能科技驱动下的虚拟现实为技术切口，赋能师范生理想指导机制科学、系统的构建，是回应教育数字化背景下教师教育结构变革的时代诉求。它能够有效纾解师范生理想指导实践难点、痛点与堵点，探索虚实互嵌的师范生理想指导机制新形态，从而更好地满足师范生理想指导实践需求。

一、师范生理想教育的破局之思

师范生理想指导既是一个理论问题，也是一个实践问题。在数字技术与教育理念深度融合的背景下，基于虚拟现实构建师范生理想指导机制既是顺应时代发展诉求的举措，也是对现实实践难题的有效回应，更是对未来教育发展方向的积极探索。

（一）立足时代：教育数字化背景下教师教育结构变革的诉求

随着新一轮科技革命和产业革命深入发展,教育数字化转型已成为全球共识。面对全球化进程加快所带来的多元文化融合趋势，以及科技革新给教育带来的新机遇与挑战，如何有效利用新兴技术推动教育改革已成为世界各国共同关注的时代课题。习近平总书记强调："教育数字化是我国开辟教育发展新赛道和塑造教育发展新优势的重要突破口。进一步推进数字教育，为个性化学习、终身学习、扩大优质教育资源覆盖面和教育现代化提供有效支撑。"[1]顺应数字潮流、把握时代脉搏，推进教育变革和创新，对于教育现代化和教育强国建设具有重要意义。

教师教育作为教育数字化转型过程中所须关注的重要领域，也正经历前所未有的教育观念、教育方式、教学模式及教育管理等结构性变革。数字技术冲击着传统教师教育结构体系，促进新型教师教育形态不断涌现，逐步由注重知能转向师范生职业胜任力和核心育人力的塑造与提升。虚拟现实作为一种数字创新技术，以其独特沉浸性、交互性、构想性与全息多态感知性等特征，为提高教师教育质量提供了技术便利与场景创设，极大地促进了师范生个性化学习。虚拟现实通过创设多样化虚拟情境可以激发师范生对不同文化背景、社会问题及道德困境的理解与反思，增强师范生的理想信念、社会责任感及解决复杂问题的能力。除此之

---

① 习近平：《习近平在中共中央政治局第五次集体学习时强调：加快建设教育强国　为中华民族伟大复兴提供有力支撑》，《人民日报》2023 年 5 月 30 日第 1 版。

外，虚拟现实还能帮助师范生建立正确的价值观念，促进其形成更加坚定的理想信念，这对于培养具有高尚师德和专业能力的新时代教师队伍尤为重要。基于此，本书回应教育数字化转型背景下教师教育结构变革的诉求，不仅有利于促进我国教师教育事业的进步与发展，而且对提升国家整体教育水平、助力实现教育现代化具有深远意义。

（二）直面现实：亟须科学构建师范生理想指导机制

在教育数字化转型背景下，教师教育面临着前所未有的结构性变革，这对师范生理想指导提出了更高的要求。传统师范生理想指导机制虽然在一定程度上发挥了作用，但其过分依赖理论讲授和有限的实践锻炼，难以全面覆盖师范生所需面对的理想形成情境，导致理想指导过程中的诸多不足。一是当前师范生的生活体验较为单一，主要集中在校园内的学习和实践，缺乏多样化的社会经验和生活体验。二是在师范生培育中，情感关怀教育占据了较大比重，而实践能力和思辨能力训练相对薄弱。三是当前师范生的道德教育往往偏重规范教育，强调道德准则和行为规范的灌输，缺乏真实情境下的道德实践。四是师范生对传统文化的认同感较低，教育公平理念的渗透也相对有限，阻碍了师范生在未来教育实践中传承和弘扬中华优秀传统文化，以及教育公平理念的有效推动。

教育数字化进程的加快，尤其是虚拟现实等智能技术的兴起，为师范生理想指导提供了新的可能。然而，目前虚拟现实在师范生理想指导中的有机融合度仍然较低，内在机理尚未得到充分探索，实践路径也未有效构建。因此，基于虚拟现实构建科学系统的师范生理想指导机制显得尤为迫切。该机制旨在弥补传统指导方式的局限性，充分利用虚拟现实的沉浸性、交互性、构想性与全息多态感知性等特征，为师范生提供一个更加丰富且贴近现实的学习环境，促进他们深入理解与内化教育价值，同时也有助于培养师范生解决复杂问题的能力，以及形成坚定的理想信念，从而更好地适应未来教育工作的挑战。通过这种机制构建，可以有效促进师范生理想塑造，提高教师教育质量和效率，进而推动教师教育现代化进程。

（三）展望未来：虚实互嵌是师范生理想指导机制的新形态

数字技术与教育深度融合、同向而行已成为未来教育的发展趋势，深刻改变着教育生态与形态。这既归功于技术的独特优势，也归功于教育的与时俱进。基于虚拟现实构建师范生理想指导机制，既是教师教育对师范生理想指导的一次技术升级，也是对虚拟现实教育价值的深度开发与运用，虚实互嵌必将成为师范生理想指导机制的新形态。首先，信息技术尤其是虚拟现实技术的不断成熟与普及，促使教师教育正经历从单一传统教学模式向多元互动学习体验转变。通过将虚拟现实融入师范生理想指导过程中，能为他们提供一个既安全又丰富的实践平台。在这个平台上，师范生可以模拟真实课堂中的各种场景，包括不同文化背景下的学生群体、特殊需求、学生个性化支持等复杂情况，从而有效提升师范生应对实际问题的能力。此外，虚拟现实还能帮助师范生更好地理解并内化抽象的教育理念，将其转化为具体教学行为，促进师范生的专业成长和个人发展。其次，虚实互嵌的师范生理想指导机制体现了教师教育理念由知识传授向能力培养转变的趋势。现代教师教育越来越重视培养师范生的必备品格与关键能力。在这种情况下，仅依靠传统教材和课堂教学已经无法满足这些需求。借助虚拟现实，师范生可在模拟环境中深度参与学习活动，这有助于增强师范生的理想信念和社会责任感，塑造更加积极、正面的态度和理想。最后，虚实互嵌的师范生理想指导机制形态可最大限度确保教师教育的公平公正，纾解因教师教育资源倾斜不均而带来的无法满足师范生多样化需求的困境。随着社会发展，教师教育资源分布不均问题日益凸显，如何让每个师范生都能接受高质量的教育成为亟待解决的问题。虚拟现实以其独特的技术优势不仅可打破地理限制，使偏远地区师范生也能享受优质的教育资源，而且可根据每个师范生的特点定制个性化学习路径。这种个性化指导对于发掘每个师范生的潜力、帮助他们实现自我价值具有重要意义。因此，虚实互嵌的师范生理想指导机制不仅是技术进步的结果，更是对教育本质深刻理解后的创新实践，为我国培养适应新时代要求的高质量教师队伍提供了新的可能性。

二、师范生理想教育的研究意义

本书通过全面把握虚拟现实技术及其在教育领域的应用，增强了对相关理论的理解，并深化了对师范生理想形成的规律性认识，为师范生理想指导机制的结构化开发提供新的视角。同时，在实践中通过引入先进的数字技术手段，针对当前师范生理想指导中存在的问题提出了创新解决方案，旨在提升师范生的职业认同感、教学技能及对未来教育事业的理想追求。

（一）理论意义

从理论层面探究基于虚拟现实的师范生理想指导机制构建，是对虚拟现实、师范生理想指导，以及师范生理想指导机制学理意涵的整体把握，可增强虚拟现实相关理论研究的学术认知，深化师范生理想指导研究的规律性认识，助力师范生理想指导机制结构化开发。

1. 增强虚拟现实相关理论研究的学术认知

基于虚拟现实的师范生理想指导机制构建的理论前提是对虚拟现实相关理论知识有较为全面、清晰的把握，显著增强了对虚拟现实相关理论研究的学术认知。一方面，以虚拟现实为技术切口构建师范生理想指导机制，检验了虚拟现实在教育领域应用的有效性和适用性，丰富和发展了虚拟现实的理论应用。例如，通过对师范生在虚拟环境中行为模式和心理反应的观察分析，可深入探讨虚拟现实对师范生认知过程、情感态度及行为习惯的作用机理，有助于后续学者从更广泛的视角审视虚拟现实如何促进学习者知识建构、技能提升及价值观形成等过程，推动虚拟现实教育应用理论体系完善。另一方面，加强了关于虚拟现实局限性的理论理解。尽管虚拟现实具有诸多优势，但在实际应用中仍面临一系列挑战，如设备成本高昂、用户接受度差异大等问题。通过对具体项目实施过程中遇到的实际困难及其解决方案的总结归纳，研究人员能更清晰地认识到虚拟现实存在的技术局限性，并探索相应的改进良策。此外，针对特定应用场景下虚拟现实效果评估标准的研究也有助于建立更为科学合理的评价体系，它对未来虚拟现实的持续优化与发展具有重要意义。因此，基于虚拟现实构建师范生理想指导机制的研究不仅可以拓展虚拟现实技术的理论应用范围，还为深化对其工作原理的理论理解做出一定贡献，提升了对虚拟现实的学术认知水平。

2. 深化师范生理想指导研究的规律性认识

把握师范生理想指导的规律，是构建师范生理想指导机制的逻辑起点。深化师范生理想指导研究的规律性认识，即加强了对师范生理想指导过程中师范生理想形成规律、指导机制作用规律等方面的认识与探究。基于虚拟现实的师范生理想指导机制构建，不仅为教师教育实践开展引入了先进数字技术，还深化了对师范生理想指导的规律性认识。

第一，记录师范生理想形成的过程性反应。通过虚拟现实创设的多样化教学场景和文化背景，研究者能更直观地观察到师范生在不同情境下的反应与成长过程。这种沉浸式学习体验使师范生能在接近真实但又安全可控的环境中探索自我职业角色、面对各种教学挑战，并从中获得深刻感悟。相较于传统理论讲授或有限的实践锻炼，虚拟现实提供的实验平台有助于揭示影响师范生理想形成与发展的关键因素。例如，虚拟现实可模拟历史事件中的道德困境或未来教育环境中的创新需求，让师范生在具体情境中思考并实践其教育理念，从而促进师范生对教育事业的理解与认同。

第二，掌握师范生理想形成的可视化数据。借助虚拟现实可客观、精准记录师范生在特定情境下的决策过程、情感变化及认知转变等信息，这些数据可为深入探讨师范生自身差异如何影响理想塑造提供宝贵资料。此外，借助大数据分析方法，研究者可从海量数据中提炼出具有普遍意义的模式与趋势，从而使其更好地理解师范生群体共性特征，以及为师范生个性化指导策略设计提供科学依据。

第三，优化师范生理想指导机制的理论框架。通过将虚拟现实应用于师范生理想指导过程中，可以验证已有相关理论的科学性、有效性，促使研究者反思并更新相关理论体系，以更好地适应数字化时代的需求。本书将互动仪式链理论引入师范生理想指导机制构建过程中，阐释情感共鸣和社会认同在师范生社会化过程中的作用，而虚拟现实提供的高度沉浸感恰好能强化这种情感连接。同样，家国情怀作为中国文化内核的重要组成部分，在虚拟现实的支持下可被转化为更具操作性、更有趣味性的师范生理想指导内容，帮助师范生树立正确的价值观念与理想信念。因此，基于虚拟现实构建师范生理想指导机制，不仅是技术应用层面的一次创新，更是对师范生理想指导理论进行深度挖掘的过程，有助于形成更为完善、符合时代要求的师范生理想指导理论体系。

3. 助力师范生理想指导机制结构化开发

从技术层面探讨师范生理想指导机制构建，突破了原有师范生理想指导机制的静态、单维的构建模式，拓宽了师范生理想指导的时空界限，全面观照师范生理想指导机制构建所涉及的各层级、各环节与各要素，进而促进师范生理想指导机制的结构化开发。

第一，创新师范生理想指导场域。虚拟现实应用于师范生理想指导机制构建，为师范生提供了一个高度仿真的学习环境，这不仅能增强师范生对教育情境的真实体验，还能在安全可控的条件下模拟各种复杂教学场景。通过这种方式，研究者可以系统地设计和测试不同类型的指导策略，从而更深入地理解哪些方法最能有效激发师范生的职业热情、培养其专业素养,并引导他们形成正确的职业理想。

第二,优化师范生理想指导框架。传统师范生理想指导往往侧重于知识传授和技术训练,而忽视了情感态度和社会责任等方面的指导。虚拟现实提供的丰富场景,能深化师范生对生活理想、职业理想、道德理想和社会理想等方面的认知,帮助师范生更好地适应未来教育工作,促使他们在面对复杂社会问题时做出更加负责任的决策。因此,借助虚拟现实,研究者通过整合虚拟现实与现有教育内容,能够构建一套包含认知、情感及行为等多个层面的综合性指导体系,搭建多层次、多维度、多要素的指导框架,使得师范生理想指导机制更具结构性和完整性。

第三,完善师范生理想指导方案。每个师范生的成长背景和自身特质都存在差异,师范生理想指导机制需要针对个体的特点进行定制化调整。虚拟现实具有数据收集与分析功能,使研究者能够跟踪与记录每个师范生在虚拟环境中表现出的行为模式和心理变化,为其量身打造适合的发展路径。此外,通过对大量案例的研究与总结,研究者还可以提炼出适用于不同类型师范生群体的理想指导模型,提高整个指导过程的有效性和针对性。这种个性化指导方式不仅能满足师范生多样化成长需求,也能为教师教育高质量、可持续发展提供宝贵的实践经验。

(二)实践意义

师范生理想指导机制构建的最终目的是解决师范生理想指导实践难题,因而基于虚拟现实的师范生理想指导机制构建不仅是一个理论命题,也是一个实践命题,有助于师范生理想指导机制的实践运行,有益于师范生理想的塑建,有利于教师教育质效的提升。

1. 有助于师范生理想指导机制的实践运行

师范生理想指导机制构建最终服务于师范生理想指导实践,优化师范生理想指导过程。要将机制的实践运行成效作为检验师范生理想指导机制的标准。以虚拟现实为切口构建师范生理想指导机制,既是将师范生培养与现代数字技术进行有效对接,也是充分考量师范生理想指导的现实困境,是为纾解目前师范生理想指导过程中存在的现实问题而建构。在现行师范生理想指导过程中,不同程度地存在着忽视对师范生职业认知、情感关怀以及实践锻炼等方面引导的问题。本书尝试以虚拟现实为技术切口,搭建系统有效的师范生理想指导机制,为师范生创设各种学习情境,让师范生可以在一个安全且灵活的环境中进行多种教学策略的尝试，帮助师范生在虚拟场景中深化对教育价值的理解，激发他们的使命感和责任感。同时，基于虚拟现实构建的师范生理想指导机制注重观照每个师范生理想形成现状、特点与规律，根据每个师范生的特点和需求进行定制化指导，确保每个师范生都能获得最适合自身发展的支持。这种个性化指导方式不仅可以提高师范生理想指导质效，也可以增强指导机制的灵活性、适应性与实践性。

2. 有益于师范生理想的塑建

师范生理想的塑建除依赖于师范生自身对理想指导目标、内容、方式等的自觉认同外，更多还需要外在指导机制为师范生理想塑建提供外部支持。基于虚拟现实构建师范生理想指导机制，是在考量师范生理想指导现实难题基础上，统筹影响师范生理想塑建的内在、外在两个层面，充分把握师范生理想形成特点、规律等，构建具有问题导向、技术导向与实践导向的科学系统机制，可极大促进师范生理想的塑建。虚拟现实以其独特的沉浸性、交互性、构想性与全息多态感知性等特征，为师范生提供了一个前所未有的理想指导环境。在虚拟教育场景中，师范生能身临其境地体验教学过程中的各种情境，包括与学生互动、课堂管理、教学方法应用等。这种高度仿真的模拟环境，使师范生能够在不承担实际教学风险的前提下反复练习与反思，从而促进师范生逐步明确自我理想，形成对教育事业的热爱和追求。此外，以虚拟现实为技术切口构建师范生理想指导机制，可以最大限度为师范生提供多样化学习资源和个性化指导路径，能根据师范生个人特点和需求，定制专属的学习计划和模拟场景，促进师范生更好地理解和掌握教学技能，激发他们的学习兴趣和动力，进而促进理想的形成和深化。

3. 有利于教师教育质效的提升

师范生是教师教育的特殊对象，衡量教师教育质效的关键指标在于师范生培养质量是否能满足国家、社会与师范生本人的需求。而师范生理想是师范生自我卓越发展的基石与前提，能给予师范生未来从事教师行业源源不竭的动力。所以，师范生理想指导成效关乎教师教育质效。本书正是立足于师范生理想指导，将虚拟现实运用到师范生理想指导机制构建过程中，以虚拟现实完善师范生理想指导机制，促进师范生理想指导机制的数字化转型，精准与现行师范生理想指导实践问题对接，纾解师范生理想指导困厄，改善师范生理想塑建的外部环境，从而促进师范生理想形成符合国家、社会等对师范生的期望与要求，助力教师教育质效提升。

从教育技术发展趋势看，虚拟现实作为教育数字化的重要组成部分，正逐步渗透并重塑传统教育模式。在师范生理想指导过程中，虚拟现实能模拟真实的教学场景，使师范生仿佛置身于实际课堂之中，面对各种教学情境和学生反应，从而有效提升其教学实践能力。这种技术赋能的教育模式，不仅可以丰富教学手段，还可以极大地增强师范生的学习参与度和兴趣，为提升教师教育质效奠定坚实基础。此外，基于虚拟现实构建理想指导机制有助于师范生形成并巩固正确的教育理念。在传统师范生培养模式中，理想指导往往依赖于理论讲授和案例分析，缺乏直观性和实践性。虚拟现实通过构建逼真的教育环境，使师范生能够在模拟的教学情境中体验和反思，从而更深刻地理解教育理念的内涵与价值。此外，虚拟现实平台还可根据师范生的表现进行即时反馈，帮助他们识别并改进教学中的不足，逐步建立起符合现代教育理念的教学风格和方法。这种以实践为导向的理想指导机制，对于培养具有创新精神和实践能力的未来教师具有重要意义。

第二节 师范生理想教育的相关研究

师范生理想指导事关师范生自我卓越发展，是新时代教师教育高质量发展的重要举措。纵观已有师范生理想指导相关研究，基于本书需要与已有相关文献爬梳分析，本书将从师范生理想的内涵解读与指标厘定、师范生理想指导的必要性与重要性、师范生理想指导的实践样态与策略、虚拟现实赋能师范生理想指导、已有研究评析五个维度展开综述师范生理想指导的相关研究。

一、师范生理想的内涵解读与指标厘定

通过对师范生理想内涵解读与指标厘定相关研究的学术史进行梳理，可为本书后续开展师范生理想指导的相关研究提供理论参考与实践参照。在师范生理想内涵与指标方面，目前国内外学者鲜有聚焦其理想而展开相关研究，而是多热衷于对其职业理想进行探讨。对师范生理想的相关内涵与指标进行学术史的梳理，对于我们把握师范生理想的内涵与指标有一定的借鉴意义。

（一）师范生理想的内涵解读

从师范生理想的概念研究分析，目前学界多聚焦于师范生职业理想展开研究，

并基于自身学术见解尝试界定师范生职业理想的科学概念。师范生职业理想作为师范生在职业上依据社会要求和个人条件，借想象而确立的奋斗目标和渴望达到的职业境界①，师范生职业理想仅是师范生理想的一个具体内容、维度。

若要全面、科学地把握师范生理想的科学内涵，除梳理学术界对师范生职业理想的内涵解读外，还要对师范生理想的广义与狭义内涵，以及师范生理想与师范生理想信念之间的联系与区别进行厘定，以便顺利开展后续相关研究。而目前学术界鲜有对师范生理想及其理想信念进行内涵界定，不过从学者对理想、信念与理想信念的界定可帮助我们理解师范生理想的内涵，以及师范生理想与师范生理想信念之间的联系与区别。李月青在《日常生活视阈下的理想信念教育》一文中对理想、信念与理想信念进行了严格界定与区分。李月青指出：理想作为一种具有超现实性的精神追求，指向未来，指引人们的行动方向；而信念则侧重于指称人对某事物或某观念的态度中反映出的精神品质，面向现实，提振人们的行动能力。理想的实现离不开信念的支撑，信念的确立需要以理想的存在为前提。缺乏信念的理想最终会沦落为向往或者空想，没有理想，信念也就失去了情感依托。理想信念将人们对未来的期冀、现实的努力以及背后深层的意义世界统一在一起，既包含人们对自身未来的期冀和追求，又有内心深信不疑的态度，还有将其作为生活信条和精神支柱在实践中予以实现的决心和行动，是对二者的超越。②

（二）师范生理想的指标厘定

师范生理想的指标厘定相关研究分析，学界多聚焦于其相关维度、形成过程及形成的影响因素三方面展开研究。

第一，师范生理想的相关维度研究。有学者指出，师范生理想的维度包括社会层面的政治理想信念和个人层面的道德理想信念、生活理想信念和职业理想信念。其中政治理想信念对理想信念的其他维度具有重要的制约和导向作用③。王旭从师范生理想的职业理想维度出发，认为免费师范生的职业理想维度包括职业认知、职业情感、职业意志、职业信念、职业发展规划五个方面④。与此同时，

① 崔建，邓湖川：《高校免费师范生职业理想教育浅论》，《思想理论教育导刊》2013年第6期。
② 李月青：《日常生活视阈下的理想信念教育》，博士学位论文，河北师范大学，2021年，第47页。
③ 连步伟：《公费师范生理想信念的现状及教育引导研究：以华中师范大学为例》，硕士学位论文，华中师范大学，2020年，第11-12页。
④ 王旭：《免费师范生职业理想问题及对策研究》，硕士学位论文，华中师范大学，2012年，第12-13页。

艾美伶提出了师范生应该培养的四大情怀,即丰泽的教育情怀、坚定的乡土情怀、奋进的卓越情怀、赤忱的家国情怀[①]。而依据师范生的认识发展本质和成长层次规律,师范生理想可以有不同层次的划分,包括职业理想、生活理想、道德理想、社会理想[②]。

第二,师范生理想的形成过程研究。师范生理想是在社会实践中形成的,是在社会环境、学校教育、家庭环境等客观因素的共同影响下,由主体发挥主观能动性形成的一种意识。以师范生职业理想为例,其形成是以职业认知为基点的价值引导和自主建构相结合的过程[③]。同时,有学者指出,师范生理想的形成是一个复杂过程,是知、情、意、行综合发展的心理过程[④],其形成过程经历着从认知、认同、情感到信念的逻辑过程[⑤]。

第三,师范生理想形成的影响因素研究。张恒指出,影响师范生理想形成的因素,主要包括高校师范生自身的职业认知水平、职业情感强弱、师范生所在家庭的经济条件、家庭培育子女方式、学校日常生活的政治教育影响、学校教师的示范作用及社会环境的作用等[⑥]。

二、师范生理想指导的必要性与重要性

师范生作为未来教育事业的接班人,其理想指导是对时代呼吁的积极响应,是国家政策导向下的必然之举,更是师范生个人成长与自我实现的内在需求。对师范生进行理想指导可以为师范生廓清方向、激发动力、提升价值,助力其成长为推动教育事业发展的卓越人才。

(一)师范生理想指导的必要性

有学者指出:"以理想信念铸魂是我国教育的核心内涵,是新时代师范教育

---

① 艾美伶:《办好人民满意的教育:师范生培养应注重涵育四大情怀》,《上海教育》2023 年第 33 期。
② 王柏棣:《个体理想形成过程研究》,博士学位论文,东北师范大学,2012 年,第 18 页。
③ 崔建,邓湖川:《高校免费师范生职业理想教育浅论》,《思想理论教育导刊》2013 年第 6 期。
④ 连步伟:《公费师范生理想信念的现状及教育引导研究:以华中师范大学为例》,硕士学位论文,华中师范大学,2020 年,第 39 页。
⑤ 李辉:《新时代我国高校师范生职业理想教育研究》,博士学位论文,河北师范大学,2020 年,第 23 页。
⑥ 张恒:《新时代高校师范生职业理想培育策略研究》,硕士学位论文,东北师范大学,2023 年,第 46-59 页。

的基本遵循。"①纵观已有师范生理想指导相关研究，关于为何要开展师范生理想指导这一问题，可大致归为以下三个维度，即时代发展呼唤着对师范生进行理想指导，党和国家近年来出台相关政策支持师范生理想指导，高质量师范生的培养需要。

其一，时代呼吁。"新时代中国特色社会主义的发展要求，呼唤广大师范生能够重新审视自身专业的师范性与未来所从事职业的教育性。"②新时代师范生理想指导，是我国师范教育面对"百年未有之大变局"，基于师范生的根本特性和历史使命及现实不足而做出的及时回应。③特别是自改革开放以来，市场经济体制下以"利润最大化"为核心的利益机制的驱动④，使得师范教育人才培养目标不明确，致使在教育过程中缺乏具体的方向和目标，培养出来的部分师范毕业生在理想信念方面有些缺失。⑤

其二，政策引领。2018年1月颁布的《中共中央、国务院关于全面深化新时代教师队伍建设改革的意见》，强调兴国必先强师的重要意义，注重发挥好教师职业的国家责任、政治责任、社会责任和教育责任。⑥《国家中长期教育改革和发展规划纲要（2010—2020年）》明确指出：要加强教师职业理想和职业道德教育，增强广大教师教书育人的责任感和使命感。⑦习近平总书记强调，"有理想信念，这是实现中国梦的思想基础"⑧，强调教师应树立正确的国家观、历史观、文化观、民族观、宗教观，增强终身从教的职业信念。

其三，自身所需。当前我国高校师范生的培养实践证明："部分师范生也存在职业意向不稳定、对教师职业认知不足、缺乏教师职业情感、服务基层教育观

---

① 杨艳茹，肖立莉，刘向军：《新时代范生理想信念教育的课程体系研究》，《教育科学》2020年第5期。

② 李辉：《实习支教：新时代高校师范生职业理想教育的实践契合》，《河北师范大学学报（教育科学版）》2019年第1期。

③ 杨艳茹，肖立莉，刘向军：《新时代师范生理想信念教育的课程体系研究》，《教育科学》2020年第5期。

④ 王仕民，郑永廷：《当代大学生理想信念形成特点及原因分析》，《教学与研究》2008年第5期。

⑤ 韩立云，刘素梅：《大学生理想信念教育的整体性构建：对高校师范生的调查思考》，《南京政治学院学报》2018年第3期。

⑥ 中国政府网：《中共中央 国务院关于全面深化新时代教师队伍建设改革的意见》2018年1月20日，https://www.gov.cn/zhengce/2018-01/31/content_5262659.htm，2024年2月17日。

⑦ 中国政府网：《国家中长期教育改革和发展规划纲要（2010—2020年）》2010年7月29日，http://www.moe.gov.cn/jyb_xwfb/s6052/moe_838/201008/t20100802_93704.html，2024年2月17日。

⑧ 中国共产党新闻网：《习近平"四有"教师指向"四个导向"》2014年9月11日，http://cpc.people.com.cn/pinglun/n/2014/0911/c241220-25644462.html?from=androidqq&mtype=group，2024年2月18日。

念淡薄、职业素养和技能不强等问题。"①目前，"部分师范生在经过教育实习后选择放弃教育事业，将理想信念欲望化，抱着'理想，有利就想；前途，有钱就图'等的消极心态，这些问题无不折射出师范生的理想信念严重缺失"②。正如连步伟所指出的，当前部分师范生缺乏奉献精神和社会责任感，难以树立长期从教和终身从教的崇高理想。③

（二）师范生理想指导的重要性

其一，廓清师范生发展路向。理想指导具有导向功能，能为师范生成长发展提供方向指引，对师范生的个人成长和终身发展具有奠基意义。④师范生作为青年一代，正处于世界观、人生观、价值观养成的关键期⑤，对师范生进行理想指导，能够尽早帮助师范生确立职业理想、道德理想、社会理想、生活理想，有助于他们朝着目标进步，安心学习，健康成长。⑥白显良等从师范生的职业理想出发，指出师范生的职业理想问题是师范生培养中的方向性和灵魂性问题，而理想指导可以明确职业指向和理想追求，从根本上为师范生的成长发展指明方向，起到职业导航的作用。⑦

其二，激发师范生内生动力。司红指出，理想指导能够帮助师范生顺利就业并使其乐于从业，在毕业生就业和从业过程中起激励和导向作用。⑧白显良等人指出，理想指导从根本上可以为师范生的成长发展起到的作用之一是激发师范生发展的精神动力。⑨师范生理想指导能够激励广大师范生按照既定目标不断前进，

---

① 李辉：《实习支教：新时代高校师范生职业理想教育的实践契合》，《河北师范大学学报（教育科学版）》2019 年第 1 期。

② 翟亚楠：《"失色"与"增色"：师范生理想信念教育现状审思及路径探索》，《黑龙江教师发展学院学报》2023 年第 8 期。

③ 连步伟：《公费师范生理想信念的现状及教育引导研究：以华中师范大学为例》，硕士学位论文，华中师范大学，2020 年，第 31 页。

④ 崔建，邓湖川：《高校免费师范生职业理想教育浅论》，《思想理论教育导刊》2013 年第 6 期。

⑤ 王婧馨，康秀云：《新时代师范生师德教育：价值意蕴、目标指向及实践路径》，《现代教育管理》2021 年第 10 期。

⑥ 胡容：《高师院校师范生职业理想培养研究》，硕士学位论文，西华师范大学，2018 年，第 4 页。

⑦ 白显良，王华敏：《加强免费教育师范生职业理想教育的若干思考》，《西南大学学报（社会科学版）》2010 年第 5 期。

⑧ 司红：《高校学生的职业理想教育与职业生涯规划》，《北方论丛》2002 年第 5 期。

⑨ 白显良，王华敏：《加强免费教育师范生职业理想教育的若干思考》，《西南大学学报（社会科学版）》2010 年第 5 期。

努力提升自我综合素质，提升教学实践能力，培育教师职业道德，把人民教师的责任和使命有效外化为教师职业的自觉实践行为。[①]

其三，提升师范生人生价值。师范生理想指导的根本目的在于对人生价值追求的引导，就是要助力师范生坚定自身师范专业的选择，确定并塑造长期从教、终身从教的职业信念。[②]对师范生进行理想指导，能促进师范生树立正确的就业观，理性规划未来教师发展，努力学习，提高就业能力，使师范生改变就业观念，合理就业，缓解就业压力。[③]

三、师范生理想指导的实践样态与策略

根据现有研究，师范生理想指导的形式多样、内容丰富，但仍面临师范生教育弱化、资源匮乏、课程开发不全面等挑战。为应对这些挑战，诸多学者从强化顶层设计、多项措施并举和提高学生主动性出发构建完善的培育体系，以精准高效的方式促进师范生职业理想的塑造与深化。

（一）师范生理想指导的实践样态

其一，指导形式。目前高校在师范生理想指导方面，通过系统化的理论学习、开放性的实践活动、合作性的小组研讨等形式，分阶段、分步骤确立师范生理想教育的目标，并在实践过程中积极探索新时代师范生理想教育的课程体系。[④]然而，在培养的过程中存在技术至上倾向，尤其是部分专业技术老师，自身职业理想和信念缺失，在专业课程教学中不仅不能发挥正向作用，还弱化甚至贬低思政课程在师范生职业素养中的地位和作用。[⑤]

其二，指导内容。有学者将中华优秀传统文化融入师范生理想指导的实践过程中，以此培养师范生坚定的政治理想、崇高的道德理想、明确的职业理想、远大的生活理想。[⑥]具体而言，结合师范生培养实际，通过课堂教学、校园文化建

---

① 李辉：《新时代我国高校师范生职业理想教育研究》，博士学位论文，河北师范大学，2020 年，第 34 页。

② 黄蓉生：《为了那份责任担当》，《西南大学学报（社会科学版）》2010 年第 5 期。

③ 吕宏利：《浅谈师范生的职业理想问题及教育对策》，《现代教育科学・普教研究》2011 年第 1 期。

④ 杨艳茹，肖立莉，刘向军：《新时代师范生理想信念教育的课程体系研究》，《教育科学》2020 年第 5 期。

⑤ 韩立云，刘素梅：《大学生理想信念教育的整体性构建：对高校师范生的调查思考》，《南京政治学院学报》2018 年第 3 期。

⑥ 王曦：《优秀传统文化融入师范生理想信念教育对策研究》，《中国军转民》2023 年第 20 期。

设及社会实践等途径引导师范生加强四史学习，使其从中汲取历史智慧，坚定理想信念。①当然，通过已有相关研究可知，目前我国有些高校会通过开设职业生涯规划类课程，对学生进行职业理想培育；通过思想政治理论课程对师范生进行渗透式的理想培育——目前全国高校开设的思想政治课程统一采用"4＋1"模式。②有学校做到了开设相关的职业指导讲座，向师范生提供就业信息、培养师范生自荐技巧、面试技巧等。也有大部分高等师范院校设置了专门的心理指导中心，或通过思想政治理论课程教学对师范生进行理想指导和培育。③

（二）师范生理想指导的多维审视

李阿特从不同维度，比如学科、年级、性别等方面对师范生价值观差异进行对比研究分析，不同学科、年级、性别之间师范生在价值观上都具有各自所侧重和倾向的因素选择。④例如，从师范生理想指导的课程开发看，黄奕霏指出课程中关于师范生信念培养部分的开发存在缺失，师范生信念培养来源较为单一。⑤王华敏和黄良勇对西南大学的1000名师范生进行了问卷调研，从中总结出师范生在理想培育中存在尊师重教氛围不够浓厚、教师的社会认同度较低、薪资待遇有待提高、教师在职业中的成就感不强等问题。⑥

（三）师范生理想指导的实践策略

第一，加强顶层设计。高校在职业生涯教育中要坚持社会主义核心价值观导向，引导学生自觉地把职业理想的整体规划与国家和民族的发展实际相结合，自觉地养成为国家服务、满足人民需要的职业意识；立足于现实社会，结合现实条件，科学地进行自我评价，从而能够脚踏实地地选择出最优的奋斗目标。⑦此外，完善培育机制。职业理想应该是师范生必备的基本素质，要通过制定职业理想教

---

① 黄敬兵：《以四史为载体加强师范生理想信念教育研究》，《理论观察》2021年第4期。
② 杨艳茹，肖立莉，刘向军：《新时代师范生理想信念教育的课程体系研究》，《教育科学》2020年第5期。
③ 胡容：《高师院校师范生职业理想培育研究》，硕士学位论文，西华师范大学，2018年，第28页。
④ 李阿特：《师范大学生职业价值观的研究》，《吉林师范大学学报（人文社会科学版）》2007年第3期。
⑤ 黄奕霏：《公费师范生教师职业信念现状及提升策略研究：以J省三所高校为例》，硕士学位论文，东北师范大学，2022年，第32页。
⑥ 王华敏，黄良勇：《免费师范生职业理想现状调查与对策思考》，《学校党建与思想教育》2011年第10期。
⑦ 冯瑛，王一帆：《在职业生涯教育中坚持社会主义核心价值观导向研究》，《思想教育研究》2015年第10期。

育计划，投入职业理想教育人力、物力，并时刻关注职业理想教育各个环节，形成职业理想教育的强大机制。①

第二，多项措施并举。一是课堂教育。在职业理想教育中，要紧抓相关课程的教育，以增强职业理想教育的实效性，最重要的是加强高校思想政治理论课程建设，充分发挥其在坚定学生职业理想、做好职业生涯规划方面的作用。②此外，学校要营造"积极向上""尊师重教"的校园文化氛围，为师范生理想信念的塑造营造良好的环境，发挥其价值引领和文化陶冶功能③。二是教师教育。学者认为师范生教师职业教育是与教育者教育观念相一致的，师范生职业观教育成效取决于教师在教学过程中的理念灌输和对师范生职业适应能力的培养。④三是就业教育。在一个人的职业生涯中，职业取向既是职业开端，也是实现职业理想的起点，因此需要加强大学生在职业理想方面的教育，以此树立正确的职业取向。⑤

第三，提高学生主动性。学者认为，高校师范生职业教育具有多项策略选择，可以分阶段对学生进行职业思想的教育，以此提高学生的教师职业认同度，可以通过提升免费师范生的意志力，激发学生积极参与到教学实践活动当中，以先进的教育理念引领学生树立职业理想。⑥

四、虚拟现实赋能师范生理想指导

纵观已有研究，虚拟现实技术在增进空间认知、提升内部动机、促进知识迁移等方面具有显著价值；在增强交互性、提供沉浸感场景、丰富感知手段等方面具有显著优势，有助于促进师范生从被动接受转为主动探求，深化其学习体验与知识迁移。

（一）虚拟现实指导师范生理想的相关依据研究

国内外直接研究"虚拟现实与理想或品德"的文献较少，主要集中于"虚拟

① 李迎春：《对我国大学生职业生涯规划的思考》，《江苏高教》2011 年第 1 期。
② 谷亚东，汤艳：《高校思想政治理论课职业理想教育功能的实现》，《黑龙江高教研究》2014 年第 6 期。
③ 连步伟：《公费师范生理想信念的现状及教育引导研究：以华中师范大学为例》，硕士学位论文，华中师范大学，2020 年，第 38 页。
④ 刘相明，宋传文：《大学生职业规划的组织行为管理研究》，《教育与职业》2013 年第 18 期。
⑤ 曹丽蓉：《师范专业学生职业价值取向分析》，《教育与职业》2014 年第 12 期。
⑥ 程新平：《重视免费师范生职业品质教育》，《光明日报》2008 年 1 月 9 日第 11 版。

生存""网络德育""网络思想政治教育"等与学生发展相关的问题上。

其一，虚拟生存与学生发展。有学者指出，作为人的意义性生存的建构，虚拟生存是对人的生命意识的一种新的阐释①，其不仅给人类生存观念、存在意义带来全新的诠释，而且将人的自由和解放延伸到更加广阔的空间，从而为人类的全面发展创造更好的条件。②虚拟生存对学生发展的影响，既有积极方面，也存在消极方面。虚拟生存有助于增强大学生的主体性，实现大学生的人生价值。在丰富大学生人生意义的同时，大学生也面临人生意义的再次失落。③虚拟生存对大学生来说，既是机遇，也是挑战。在虚拟生存的世界里，大学生面临人生体验的丰富与空洞、人际交往的广泛与狭窄、道德伦理的发展与失落、身心健康的成长与问题、个性发展的自由与异化等问题，有研究者从大学生的身心发展、个性发展、人际交往和道德伦理方面阐述了虚拟生存对大学生发展的双重影响。④

其二，网络道德教育与学生发展。网络道德是指以是非、善恶为标准，从网络舆论、行为习惯等方面来衡量和评判人们在网络中的行为正当与否。⑤大学生网络道德建设是我国高校德育的重要组成部分⑥，也是提高个人在网络中的文明修养和自律意识的内在要求⑦。但新时代网络道德教育尚存在学生网络道德认识模糊、网络道德情感冷漠、网络空间失范行为隐秘等问题。⑧有学者从五个方面概括了大学生网络道德教育存在的现实困境：教育背景复杂、教育理念陈旧、教育资源分散、教育平台缺乏、教育环境不理想。⑨

其三，网络思想政治教育与学生发展。有学者指出，互联网的兴起，不仅让学校教育充满人情味，还让我们感受到现代技术的力量，我们所要做的就是运用现代化的传播方式，让学生能够更好地接受思想政治教育。⑩网络思想政治教育是一种把握网络的实质，通过网络有目的、有计划、有组织地，在思想观念、政

① 程建家，殷正坤：《虚拟生存的意义性探究》，《自然辩证法研究》2001年第2期。

② 王英志：《虚拟生存方式的悖论与反思》，《东北师大学报（哲学社会科学版）》2015年第3期。

③ 毛天虹：《虚拟生存背景下思想政治教育创新研究》，《黑龙江高教研究》2016年第7期。

④ 王莉，孙建华：《网络背景下大学生虚拟生存问题研究》，《中国成人教育》2013年第20期。

⑤ 宋小红：《网络道德失范及其治理路径探析》，《中国特色社会主义研究》2019年第1期。

⑥ 黄德林，邱杰，徐伟，等：《思想政治教育若干前沿问题研究》，中国社会科学出版社2017年版，第192页。

⑦ 余宝睿：《高校思想政治教育者应加强对大学生网络行为的教育》，《课程教育研究》2018年第38期。

⑧ 袁希：《反思与重构：公民网络道德建设路径的思考》，《思想政治教育研究》2021年第5期。

⑨ 俞亚萍，强浩：《大学生网络道德教育协同创新微探》，《学校党建与思想教育》2014年第16期。

⑩ Harskamp, E. G. "Schoenfeld's problem solving model in a digital learning environment." *Hiroshima Journal of Mathematics Education*, Vol.11, 2005, pp.33-47.

治观点道德规范和信息素质等方面与教育对象进行双向交互的虚拟实践活动[①]，可加强社会主义核心价值观培育功能，使得社会主义核心价值观真正做到"入心入脑"，反哺学生的实践活动。[②]

（二）虚拟现实指导师范生理想的相关价值研究

凭借其沉浸性、交互性和想象性特征，虚拟现实展现出在促进学习方面显著的应用潜力。Di Natale 等采用术语"可供性"来描述虚拟现实在学习支持方面的作用。[③]在此语境下，"可供性"一词由 Gibson 于 1979 年提出，指的是"为某些行动提供机会的环境的属性"[④]。在教育领域，我们将"可供性"定义为学习环境的特征，这些特征使得特定类型的学习行为得以发生。[⑤]虚拟现实在教育中的"可供性"表现在以下三个方面。

其一，增进学习者空间认知。Dalgarno 和 Lee 认为，虚拟现实能够建构多样的三维模拟环境，支持学习者通过第一人称的探索和角色扮演与虚拟环境中的对象互动，促使学习者的空间思维得以深化。相对于基于计算机屏幕的二维学习环境，虚拟现实凭借其强大的沉浸性为学习者提供了更为强烈的现场感受，使其能够更深入地理解所处场景的内部结构和布局原则。[⑥]

其二，提高学习者内部动机。相对于二维动画，虚拟现实中的感官交互更丰富，能更有效地吸引学习者的注意力，提高其行为参与度。学习者在虚拟体验中的情感沉浸形成一种前注意机制，加强了知觉加工，促使学习者调动更多的注意资源。[⑦]此外，虚拟现实带来的新奇感可以提升教学材料的吸引力，激发和提升学生的兴趣和满意度。学生对模拟体验表现出浓厚兴趣，这反过来鼓励了学生在

[①] 韦吉锋：《关于网络思想政治教育界定的科学审视》，《学校党建与思想教育》2003 年第 2 期。

[②] 熊富标：《大数据时代诚信机制建设的机遇、特点与路径》，《中州学刊》2015 年第 6 期。

[③] Di Natale A F, Repetto C, Riva G, et al. "Immersive virtual reality in K-12 and higher education: A 10-year systematic review of empirical research." *British Journal of Educational Technology*, Vol.51, No.6, 2020, pp.2006-2033.

[④] 转引自 Heaton J M. "The ecological approach to visual perception" *Journal of the British Society for Phenomenology*, Vol.13, No.1, 1982, pp.98-99.

[⑤] Bower M. "Affordance analysis: matching learning tasks with learning technologies." *Educational Media International*, Vol.45, No.1, 2008, pp.3-15.

[⑥] Dalgarno B, Lee M J W. "What are the learning affordances of 3-D virtual environments?" *British Journal of Educational Technology*, Vol.41, No.1, 2010, pp.10-32.

[⑦] Jeno M L, Vandvik V, Eliassen S, et al. "Testing the novelty effect of an m-learning tool on internalization and achievement: A self-determination theory approach." *Computers & Education*, Vol.128, 2019, pp.398-413.

学习过程中更积极地参与，投入更多时间和精力，进而取得更优异的学业成绩。[①]

其三，促进学习者知识获取和迁移。虚拟现实具备提供情景化学习环境的能力，有助于学习者将从虚拟环境中获得的知识和技能迁移至实际环境中。[②]虚拟现实的想象性创造了复杂体验的机会，使学习者能够探索那些在真实生活中难以体验的学习环境，从而使其得以在其中培养在实际生活中所需的多种技能。因此，采用利用虚拟现实环境优势下的情境学习方法，能够有效弥合知识获取与应用之间的鸿沟，进而促进学习迁移。

（三）虚拟现实指导师范生理想的相关现状研究

目前学界针对虚拟现实在教育领域的研究日益增多，但虚拟现实应用于师范生理想与品德发展方面的文献较少，主要集中于苟祥煜和刘志勤、孔晶晶和姜育育、刘玲等学者的论述。苟祥煜和刘志勤在《虚拟现实技术在品德教育中的应用》一文中对虚拟现实技术应用推动学生品德发展做出可行性分析和虚拟环境的设计，并指出虚拟现实技术在推动学生品德发展中具有如下四点优势：其一，虚拟现实技术提供良好的交互性，使学生的品德课程学习过程由被动接受转为主动探求；其二，虚拟现实技术提供具有高度沉浸感的虚拟场景，使学生有机会在逼真的虚拟场景中运用所学的知识；其三，虚拟现实技术提供多种感知手段和信息呈现方式，能创造生动有趣的学习体验；其四，虚拟环境中的学习体验易于给学生留下深刻的印象，从而促进学习迁移。[③]孔晶晶和姜育育指出，虚拟现实技术在品德心理领域将会大有作为[④]，让多媒体计算机技术、网络技术与仪器技术相结合。

五、已有研究评析

综合学界已有师范生理想指导相关研究现状可知，在理论探索和实践需求

① Johnson-Glenberg M C, Birchfield D A, Tolentino L, et al. "Collaborative embodied learning in mixed reality motion-capture environments: Two science studies." *Journal of Educational Psychology*, Vol.106, No.1, 2014, pp.86-104.

② Kozhevnikov, M., Gurlitt, J. & Kozhevnikov, M. "Learning Relative Motion Concepts in Immersive and Non-immersive Virtual Environments." *Journal of Science Education and Technology*, Vol.22, No.6, 2013, pp.952-962.

③ 苟祥煜，刘志勤：《虚拟现实技术在品德教育中的应用》，《中国教育技术装备》2011 年第 6 期。

④ 孙晶晶，姜育育：《品德心理研究方法的回顾及思考》，《重庆科技学院学报（社会科学版）》2011 年第 8 期。

的双重推动下，国内外学者对"师范生理想指导"问题的研究视角多元、方法多样、硕果累累，为本书奠定了相关研究基础。但总体来看，虚拟现实、人工智能在和师范生理想指导方面的有机融合度有待提升，相关学者缺乏对虚拟现实指导师范生理想的何以可能、何以可致、何以可成、实践反思这一问题的深入研究。

一方面，基于虚拟现实和人工智能的师范生理想指导的内在机理尚未得到有效探索。纵观国内外相关研究成果，虽对"师范生理想指导""技术与人的发展关系"等有较为丰富的研究成果，但针对虚拟现实和人工智能技术指导师范生理想的内在机理尚未得到科学探索与有效构建。一是研究视角有待拓展。目前学界关于师范生理想指导的研究大多大同小异，研究成果重复性较多，已有相关研究大多以教育学、心理学、思想政治教育等为研究领域，较少从计算机与人工智能角度出发对师范生理想指导进行深入剖析。虽有一些研究成果将人工智能与师范生这一群体相结合，但其所研究重点在于师范生如何养成智能素养，以更好地适应未来社会。当然，也有学者探讨了虚拟现实如何运用到师范生技能训练活动中，以及虚拟现实在师范生语言能力训练系统中的设计与开发。对于如何着力探索提升师范生在虚拟平台获取的理想素养和理想能力，在现实平台及具体教育教学过程中得以运用的契合度，以及评估师范生理想素养和理想能力获取程度的指标等尚未深入有效研究。二是研究内容有待深化。目前，有关师范生理想指导与人工智能、虚拟现实的相关研究存在"两张皮"现象，学界对二者的有机融合和内在机理探索尚处于初步探索阶段，尚未有效挖掘二者之间的内在逻辑，厘定二者之间的内在机理。

另一方面，基于虚拟现实和人工智能的师范生理想指导的实践路径并未得到有效构建。"基于虚拟现实的师范生理想指导机制构建"是一个时代性鲜明的前沿命题，目前学界尚未形成直接的研究成果。一是研究内容有待进一步充实。目前基于时代性以及针对师范生理想指导的相关研究虽硕果累累，但并无将虚拟现实、人工智能等与师范生理想指导有机融合并构建实践机制的研究成果。二是研究方法有待多元。目前，关于师范生理想指导的相关研究多停留于课堂教学层面，过于依赖"经验"的发展模式，将师范生理想指导拘囿于学校现实课堂，而忽视了现代信息技术，如虚拟现实与人工智能技术对师范生理想指导的可能理路。即以往研究未能立足技术时代，结合虚拟现实，探索师范生理想指导新的发展思路，以此满足师范生理想的真实需求，提升师范生理想指导效果。

第三节 本书研究设计

在新时代育人方式改革的背景下，本书旨在通过虚拟现实技术探索师范生理想指导新路径。为此，我们设定了明确的研究目标，围绕人才培养、科学研究、社会服务和实践示范四大方面展开，采用文献分析法和实证研究法，确保研究结论既具有理论深度又具备实践指导意义。通过系统性设计，期望能够为师范生理想指导提供科学依据和技术支持。

一、研究目标

研究目标包括：①剖析师范生理想的结构要素，明晰师范生理想指导的内生逻辑；②调研师范生理想指导现状，厘清影响师范生理想指导的因素；③探明虚拟现实赋能师范生理想指导的转型机遇，分析虚拟现实赋能师范生理想指导的实践逻辑；④探寻基于虚拟现实的师范生理想指导机制构建的多维依据，搭建师范生理想指导机制模型；⑤优化师范生理想指导路径与策略，持续提升师范生理想指导的质量和效果。

二、研究思路

本书以人才培养、科学研究、社会服务、实践示范四个方面为出发点，以"新时代育人方式改革"政策要求为宏观导向，以提升"师范生理想素养和理想能力"为现实需求，以虚拟现实为技术支撑，紧紧围绕"虚、实结合"的师范生理想指导模型、机制构建、内在机理、策略途径的探索而展开具体研究。本书致力于沟通智能技术与道德教育，融合虚拟现实和理想发展，重点聚焦"虚、实结合"的师范生理想指导模型、师范生理想指导机制及其内在机理、虚拟现实助推师范生理想发展的进化机理三大核心问题域，按照"理论体系—实证调研—模型构建—机制创建—方案设计—实践检验—机制优化"的研究理路，通过依托虚拟现实技术，采用虚拟与现实相结合的训练方式，探索发挥虚拟现实技术助推师范生理想发展的内在机制，提出具体可操作的策略建议。具体研究思路如下。

第一，厘定师范生理想及其指导的内涵。基于师范生理想内涵，析出师范生生活理想、职业理想、道德理想与社会理想四大结构要素，阐释师范生理想指导在培养师范生理想品质、强化理想性质、坚守理想本质、促进理想转化方面的价值意蕴，剖析师范生理想指导过程中的具身性体验、育人性建构、标志性示范、集体性行动四大实践逻辑。

第二，考察师范生理想指导的现实境遇。通过实证调查，发现当前师范生生活理想指导中存在生活多样性匮乏与生命追求难以落实等问题；师范生职业理想指导中存在情感关怀过度与实践能力培养不足的偏差；师范生道德理想指导中存在理论与实践脱节的困境；师范生社会理想指导中存在传统文化认同缺失与教育公平意识薄弱的问题。对师范生理想指导问题进行剖析，揭示了社会文化背景与价值观变迁、教育政策、教育资源分配、教育体系结构、师范生个人等因素对师范生理想指导产生了消极影响。

第三，阐释虚拟现实赋能师范生理想指导的转型机遇。从虚拟现实的内涵、特性与类别出发，探明虚拟现实的本质特征，把握虚拟现实赋能师范生理想指导的技术优势，分析虚拟现实赋能师范生理想指导的实践契机、实践特征与实践融合。

第四，基于虚拟现实构建师范生理想指导机制模型。探寻基于虚拟现实构建师范生理想指导机制模型的建构主义学习理论和互动仪式链理论的理论依据，指出虚拟现实赋能师范生理想指导机制模型的作用机制耦合原则、构成要素耦合原则，阐释虚拟现实赋能师范生理想指导机制模型的构成要素、内涵与价值意蕴。

第五，提出虚拟现实赋能师范生理想指导的优化策略。根据师范生理想指导机制模型的搭建，设计虚拟现实赋能师范生理想指导的实证应用，并基于实证检验，提出虚拟现实赋能师范生理想指导的优化策略，具体包括价值引领策略、沉浸巡游策略、情感认同策略、多元互补策略、评估监测策略与反馈保障策略。

第六，推进虚拟现实赋能师范生理想指导机制的实证应用。从基于虚拟现实构建的师范生理想指导机制出发，搭建师德教育虚拟仿真实验教学平台，设计涵盖师德教育展馆、政策文件展馆、典型人物展馆、未来馆，为师范生提供沉浸式理想指导空间。制定过程性师德知识测试与考核报告，及时评估师范生理想指导质效，并根据评估结果调适与优化指导策略。

三、研究方法

第一，文献分析法。该方法是本书最基本的方法。本书笔者查阅了大量的国内外资料，包括书籍、学术论文、政策文件等不同类型的文献资源，聚焦与师范生理想指导相关的研究主题，特别是针对虚拟现实在师范生理想指导中的应用，进行深入梳理与分析，探讨数字时代师范生理想指导的现实境遇，提出应重视借助虚拟现实指导师范生理想的策略。

第二，实证研究法。本书笔者进行了大样本的问卷调查与访谈。首先，考虑到样本的地域差异，分别在我国东部、中部、西部、南部等地区的多个省份进行问卷调查和访谈；其次，考虑到样本的年龄差异，分别对青少年群体和教师群体进行问卷调查和访谈；再次，考虑到样本的学段差异，分别对大一至大四四个学段的师范生群体进行问卷调查和访谈；最后，考虑了性别差异。

第四节　本书研究的重难点和创新之处

在探索基于虚拟现实构建师范生理想指导机制过程中，本书不仅聚焦于理论模型的建立和优化策略的设计，还重点厘定师范生理想的结构要素及其与师范生理想指导机制的核心关系，以便设计有效的虚拟现实赋能策略。然而，师范生理想的复杂性和动态性，以及理想指导机制与策略间能否有效衔接，是本书面临的挑战。为克服这些挑战并实现突破，本书在视角、方法及实践应用上进行创新尝试。接下来，将详细探讨本书的研究重难点及创新之处。

一、研究重点

研究重点包括以下两个方面。

（1）基于虚拟现实构建师范生理想指导机制模型。厘定师范生理想及其指导机制的核心要素矩阵关系与要素凝聚子群的交互机理等，是本书研究的重中之重。

（2）基于虚拟现实赋能师范生理想指导的优化策略。明确师范生理想指导工作的运行原理与运行机制，设计虚拟现实赋能师范生理想指导的实践应用案例，提出可行的虚拟现实赋能师范生理想指导的优化策略是本书的重点任务。

二、研究难点

（一）师范生理想结构要素析出困难

本书中师范生理想的结构要素析出，需深挖师范生理想内在特性及其形成机理，因而把握师范生理想构成要素关系与要素交互逻辑是研究难点之一。主要原因如下：一是师范生理想内在特性的复杂性。要准确析出师范生理想结构要素，需要深入了解师范生心理状态、认知发展以及个人经历等因素，这对研究者提出较高要求。二是师范生理想形成的动态性。师范生理想的形成并非一蹴而就的，而是伴随个人成长经历、教育过程中的学习与反思逐步形成的。这一动态过程涉及多个阶段变化，从初步接触到深入理解，再到最终内化为个人信念。研究者必须捕捉这一演变过程中的关键节点及其背后原因，这对理解师范生理想结构要素形成机理至关重要。三是对师范生理想结构要素关系与交互逻辑的把握程度。师范生理想在不同维度（如生活理想、职业理想、道德理想和社会理想）之间存在错综复杂的关联，它们相互作用、相互影响。准确界定各维度之间的关系，并揭示其交互逻辑，对构建师范生理想整体框架具有决定性意义。

（二）师范生理想指导机制模型与策略之间对接存在困难

通过梳理，笔者遵循"价值引领—沉浸巡游—情感认同—多元互补—评估监测—反馈保障"的逻辑设计师范生理想指导优化策略。没有采用与"生活理想、职业理想、道德理想、社会理想"逐一对应的方式，是因为师范生"生活理想、职业理想、道德理想、社会理想"的发展是相互融合、相互关联的，体现了矛盾在更高层次上的统一与融合。因此，在解决师范生理想指导优化策略问题时，应避免采用片面的视角、割裂的方法，甚至是撕裂的观点，秉持整体、综合的思维寻求解决方案。

三、创新之处

第一，在研究视角上，本书打破传统师范生理想指导范式，充分挖掘虚拟现实的技术优势与教育资源，尝试转变二维师范生理想指导的空间场域，将虚拟现实嵌入师范生理想指导过程中，创设虚实结合的师范生理想指导的三维场景，以期精准助力师范生理想形成与发展。

第二,在研究方法上,本书采用定性与定量研究相结合的研究方法。通过座谈会讨论形成三级评测题项,根据问卷调查结果进行信度分析与结构效度分析,构建了师范生理想结构指标,具体包括 4 个一级指标、12 个二级指标。利用现代统计学方法分析数据,检验量表的结构效度,揭示变量间的深层关系,精确检验理论模型,以确保研究结论的准确性和可靠性。

第三,在实践应用上,本书依循"价值引领—沉浸巡游—情感认同—多元互补—评估监测—反馈保障"的思路,形成师范生理想指导优化策略闭环,革新师范生理想指导方案,设计虚拟现实赋能师范生理想指导的实践案例。

第二章

师范生理想及其指导的理性分析

　　培植师范生理想不仅是对未来的美好设想，更是对现实生活的反思和超越。它既满足了师范生个体人格的内在需求，又反映了他们对现实生活的外在期望。在师范生理想结构中，主要包括生活理想、职业理想、道德理想和社会理想。[①]其中，动态追寻"生活-幸福"的生活理想，是师范生理想结构的基石，强调了人之为人的生存意义，旨在提高师范生的生命享受；自觉超越"职业—谋生"的职业理想，是师范生理想结构的原石，侧重于职业的意义与满足，旨在强化师范生的专业素养；融合淬炼"修身-养德"的道德理想，是师范生理想结构的坚石，重点在于德性的沁润，旨在规范师范生的德行边界；一体熔铸"立心-力行"的社会理想，是师范生理想结构的磐石，关注的是方向性引领，旨在激活师范生的报国情怀。四大理想及其教育具有内在统一性，离开统一的关系必然无法有效讨论理想指导。总之，要在坚持统一性原则的基础上，逐步加强师范生理想指导，培养理想品质、强化理想性质、坚守理想本质、促进理想转化，从而促进师范生实现自我卓越发展。

---

　　① 《思想道德与法治（2021 年版）》中将理想划分为生活理想、职业理想、道德理想和政治理想。《学校道德教育原理》（檀传宝）中将理想划分为生活理想、事业（职业）理想、社会理想。本研究参考以上划分模式，同时充分考虑师范生角色与身份的复杂性，如兼具职业人、德性人、社群人等，形成内含生活理想、职业理想、道德理想、社会理想的师范生理想结构。

第一节　师范生理想及其指导的内涵解读

"理想"是一个既现实又超越的概念，它既是对现实的反映和改造，也是个人价值和追求的体现。理想不仅蕴含着现实与可能的关系，还强调了个人与社会的关系。理想内涵与外延的多维性，在一定程度上决定着师范生理想具有多元结构。其中，生活理想是师范生动态追寻"生活-幸福"的具象化，职业理想是师范生自觉超越"职业-谋生"的转捩点，道德理想是师范生融合淬炼"修身-养德"的动力源，社会理想是师范生熔铸"立心-力行"的风向标。

一、师范生理想的内涵

生活理想是师范生理想结构的基石，职业理想是师范生理想结构的原石，道德理想是师范生理想结构的坚石，社会理想是师范生理想结构的磐石。四大理想及其教育具有内在统一性。

（一）生活理想：动态追寻"生活-幸福"的具象化

生活理想是师范生理想结构的基石。舒适的生存环境和富足的物质条件不仅能为师范生提供基本的生存保障，还能为其自我发展奠定基础，是师范生动态追寻"生活—幸福"的具象表征。其驱动着师范生不断追求高质量的生活品质、设定未来生活标准，体现了师范生对生活的全面规划和追求，反映了他们的个人品位和生活态度，同时也指引着师范生走向美好的未来，并实现个人价值的最大化。它始终表现的是一种朝向未来的期待，同时我们也应对过去进行反思，从中汲取经验，并在当下采取积极的应对措施。

1. 生存质量

生存质量是实现师范生生活理想的首要前提。所谓生存质量，是师范生观照当下、眺望未来后所形成的对经济、环境和社会条件等方面的基本认知，涉及师范生最基本的生存需求，对标的是物质。生存质量具有两个基本特性：一是客观性，即生活不依赖师范生的主观意识存在或转移。师范生在成长和发展的过程中会面临自然环境、学习情境、工作环境、家庭情境等各种生活情境，这些客观存在的环境帮助师范生在生活情境的转换中，发展出适应不同生活情境的能力，并在此基础上形成自己的生活理想。二是物质性，即师范生可以感知的一切客观存在的实体，如人、事、物等，为师范生基本的衣食住行以及更高层次的精神文化需求提供了必要的物质保障。此外，无论是学习、工作还是娱乐，师范生都需要借助各种物质性的客体来完成任务、实现目标，物质性的生活客体也就成为师范生实现生活理想的工具和手段。

2. 生活体验

生活体验是实现师范生生活理想的必要条件。所谓生活体验，是在生存的基础上，师范生为了追求更高的生活质量而追求的各种活动，注重师范生的主观体验和幸福感，对标的是情感。一方面，师范生作为生活理想的生活主体，具备强烈的自我意识和自我认知。在追求生活理想的过程中，师范生需要不断地自我反省和调整，对自己的兴趣、优势、价值观和生活目标形成清晰的认识，才能明确自己想要的生活方式和生活标准。同时，强烈的自我意识也促使师范生进行独立思考和自主决策。通过自我反思和自我评估，他们能够理性地分析自己的生活状况和未来发展，不被外界的意见或期望左右，由此能够更好地明确自己的需求和期望，从而修正出符合自身特点的生活理想，也就能更好地实现自己的生活目标。另一方面，生活方式是师范生得以有效体验的重要载体。不仅是师范生日常生活的外在表现，更是他们将生活理想转化为实际行动的具体表现，反映着他们的内在价值观、生活态度和追求。因此，透过生活方式，我们可以洞察到师范生的价值理念、生活态度以及人生目标。积极、健康、有意义的生活方式有助于师范生在生活中发挥自己的优势：通过参与有意义的活动、追求个人兴趣和激情，增强自信心和自我效能感；通过不断学习和探索，提升自己的知识和技能，进而增强应对未来挑战的能力；通过勇敢面对困难和积极解决问题，培养坚韧的意志；通过与他人互动和合作，以及拓展社交圈、建立支持系统，在与他人的合作交流中获得成长和启示。以健康、科学的生活方式享受生活，能够促进师范生以乐观、进取的态度对待生活中的问题，并为他们未来的职业理想打下坚实的基础。

3. 生命追求

生命追求是实现生活理想的内在要求。所谓生命追求，是师范生生活理想最高层次的需要，是师范生从"物"中解放出来的状态，对标的是精神。师范生在实现物质丰盈以及满足情感体验的基本需要之后，必然转向对美的诉求、对精神文化的需要。这要求师范生要树立明确的生活目标和人生追求，具有强烈的责任感和使命感，并激励自身追求自我超越和奉献精神，彰显的是让"每一个人能更有尊严、更体面地生活"[①]。

（二）职业理想：自觉超越"职业-谋生"的转捩点

职业理想是师范生理想结构的原石。职业理想代表着对职业岗位和发展程度的向往和追求。通常，"职业理想和工作性质相互匹配，某种职业理想似乎就应该包含某些特定内容"[②]。对于师范生来说，职业理想体现了对未来职业生涯的规划和愿景，包括他们希望从事的教育领域、教学岗位以及期望达到的职业成就。这不仅仅关乎个体的自我成长，更与教育事业和未来社会发展相挂钩。在这个意义上，师范生会思考并明确自己希望从事的工作部门、工作种类以及在工作中的成就和贡献，从而更好地规划自己的职业发展，并在未来的教育工作中实现自我价值和社会价值的统一。因此，职业理想的树立可为师范生当前的自我成长与未来的职业发展提供内在动力和目标引导，有助于他们在明确社会需求的基础之上，孕育深厚的教育情怀，并激发投身于教育事业的职业热情，产生不竭的动力，为实现个人与社会的共同发展奠定基础。

1. 富有教育爱的人师

"爱"是师范生职业理想的起点。师范生首先应学会关怀学生，这是其职业生涯的第一步。在此基础上，他们要洞察学生的发展与社会的变迁，以热情持续自己的教育志业。这要求师范生理解关怀在教育中的重要性，并逐步获得关怀学生的具体方法策略以及能力，洞察学生发展需求，保持对教育事业的热情，才能够长期投身教育事业。

2. 具有专业力的经师

"专业力"是师范生职业理想的支点。其中，批判思考力、国际观以及问题解决力是其主要体现：要以批判、质疑的意愿与态度为主轴，启迪学生的思考力；

---

① 刘焕明，周冰倩：《新时代美好生活的丰富内涵与实现路径》，《江南大学学报（人文社会科学版）》2020 年第 2 期。

② 张卓君：《青年理想取向工作价值观的产生机制》，《青年研究》2021 年第 3 期。

辅以国际观，培养学生的国际视野；问题解决力厘析面临的教育挑战与机遇。这要求师范生成为批判者，在学习过程中对教育政策与教育实务等进行持续的反省与批判，以使自身具有批判思考的意愿与态度，以及发展对未来进行批判思考的能力；能够应对教育领域的复杂挑战；具有国际视野，把握全球教育发展趋势。

3. 具有执行力的良师

"执行力"是师范生职业理想的落脚点。其中，合作能力、创新能力、实践智慧是其主要体现。师范生是具有合作能力的未来的教育教学者，在与教育同侪的沟通合作中推动教育事业发展；以实践智慧革故鼎新，推动教育实务的发展；以创新能力对既有的教育作为进行省思，在持续创新中深化教育行为。这要求师范生：掌握教育创新的能力，能够提出新的教学方法和理念；能够将理论应用于教学实践，将创新思维转换为实际的教育行动；理解学习共同体的作用，具有团队协作精神，了解团队协作的类型和方法，掌握团队协作的策略；掌握沟通合作技能，具有小组互助和合作学习能力。

（三）道德理想：融合淬炼"修身-养德"的动力源

道德理想是师范生理想结构的坚石。道德理想作为师范生超越性自我的实践依据，为其提供了行为的准则和价值观的导向，"是人生理想的重要方面，是关于善的伦理和品德的理想"①。师范生作为未来的教育教学工作者，在教育领域扮演着重要的角色，其道德素质不仅关乎个人的品质，更影响着未来一代的道德风貌。因此，要将师范生的道德理想转变为现实，需要培养师范生使其具有道德品质和行为准则的理想人格。首先，认识自己是培养道德理想的基础。对于师范生来说，认识自己意味着明确自己的道德理想和追求，了解自己的价值观、信念和情感。通过深入思考自己的行为准则，师范生能够明确自己应该如何行事。当然，自我认知有助于师范生培养自我调节和自我监控的能力，使其能够更好地识别、评估自己的情绪和行为反应，并通过自我反思和内省更加清晰地认识自己的优点与不足，从而有针对性地提升自己的道德品质。因此，这有助于师范生建立起清晰的道德框架，使其在面临教育实践中的各种挑战时，能够坚守自己的道德原则。其次，发展自己是实现道德理想的核心。在认识自己的基础上，师范生需

---

① 冯契：《冯契文集第三卷：人的自由和真善美》，华东师范大学出版社 1996 年版，第 216-217 页。

要持续学习、勇于尝试和不断探索，注重个人品质的提升以及独立思考能力的培养，实现自我价值的最大化，逐渐实现自己的道德理想。最后，完善自己是超越道德理想的目标。对于师范生来说，完善自己意味着在发展自己的基础上超越自我，以追求更高的道德境界。在追求更高的道德境界的过程中，师范生不仅要勇于创新和创造，探索新的教育理念和方法，还要关注教育的未来发展趋势，积极投身于教育改革和创新中。此外，教育是一项社会性事业。师范生应更好地理解道德的本质和意义，提升自己的道德境界，关注社会问题以及社会的发展趋势，积极参与公益事业，展现出强烈的社会责任感和使命感，为社会作出贡献。

1. 优良品德

优良品德又称个人修养、自身修养，其作为一种无形的力量，约束着师范生个体的行为，是师范生在个体心灵深处经历自我认识、自我解剖、自我教育和自我提高的过程后所达成的境界。首先，师范生要不断涵养自身学识修养，因为对教师职业道德的感悟需要以一定的学识、智慧作为根基；其次，师范生要不断提升自身的人格修养，师范生品德的程度直接关系到师德修养的高低，师范生要自觉成长为"社会榜样"，进而以自身价值为准绳，引领、带动身边他者的德行，在生活中起到率先垂范的作用。这要求师范生具有以下素质：拥有积极向上的精神面貌，具备较强的情绪调节能力，不将个人情绪带入课堂，保持情绪稳定，不懊恼、不易怒；拥有较好的自控能力以及应变能力，能够合理、有效地处理各类问题；掌握一定的自然和人文社会科学知识，具备一定的文化修养和审美能力；仪表整洁，符合教育教学场景要求；举止大方得体，符合教师礼仪规范；性格积极开朗，无优越感，不故作渊博，平易近人，有强烈的责任感，对待工作专心且负责，能够准时上下课。

2. 高尚师德

高尚师德指的是师范生在未来的教学实践中，能够遵循教育伦理和职业道德规范，以高尚的师德和良好的职业操守为基础，有效地实现教育目标和促进学生全面发展。高尚师德主要强调知行合一，这表明应从遵守师德规范、涵养教育情怀等角度引导师范生做"好老师"。关于师德规范，要求师范生担任教师后坚守教育伦理和职业道德。同时，师范生需要具备严谨的治学态度和追求卓越的精神，不断提高自己的教育教学水平，这样才能在将来为学生提供优质的教育资源和服务。此外，种种现象表明，榜样的力量是巨大的，想要培养学生良好的品行，教师一定要以身作则。教师通过自己的言行带动学生，培养他们的良好品德和社会责任感。同时，教师还应尊重每一个人，与同事、家长建立良好的合作关系，利用多方合作来共同促进学生的健康成长。关于教育情怀，要求师范生在遵守师德规范基础上将职业赋予情感，而非当作一种谋生的手段。师德之所以是师德，是因为教师将其发展为内心信念或身份自觉，而非外界强加于教师的。因此，教师要具有师德实践能力，更重要的是涵养教师情怀。教师情怀往往来源于自身的修养以及对自身专业的认同或职业认同，这在他们作为学生——师范生时，就应该打下良好的基础。

3. 崇高公德

崇高公德指向高尚的道德品质，它将零散的道德认识系统化为具体的社会价值规范，引导师范生将崇高道德意识与模范道德行为相统一。首先，师范生要遵守作为"社群人"一员的基础性要求和道德行为准则，如关怀、博爱等，能够做到文明礼貌、谦和待人；其次，师范生要遵守作为"职业人"一员的基本规范，师范生作为"准教师"，不仅要对教育法律法规、师德标准等了然于胸，而且要做到言行一致，从内心中遵守、认同并践行相应要求；最后，师范生要遵守作为"德行人"的基本要求。师范生作为未来教师，要将教书育人视为为之终身奋斗的志业，永葆赤诚之心、育人信仰。

（四）社会理想：一体熔铸"立心-力行"的风向标

社会理想是师范生理想结构的磐石。社会理想聚焦国家大德：一是师范生要坚定信仰，具有崇高的理想信念，能够为党育人、为国育才；二是师范生要有坚定的政治立场，并在从教生涯中不断提升自身党性修养，尤其是在面对大是大非问题时，要能够坚持并维护校园意识形态领域的正确方向；三是师范生要有家国情怀，心中时刻装着国家、民族、人民，要为办好人民满意的教育贡献自身的力量，这也是清晰自身育人使命担当的有力表现。师范生作为社会共同体内的重要群体，应将个人的理想融入社会的共同追求中。社会理想为师范生理想提供了宏观背景和发展方向。通过社会理想的实现，师范生的个人理想也能够得到发展和升华，师范生个人理想的发展和升华又能够充分支持、促进社会理想的实现。如此，在这样一个良性循环中，师范生个人理想与社会理想相互促进、共同发展，推动整个社会的进步和教育事业的繁荣。

值得深思的是，"'社会理想'源于现实又高于现实"①。首先，社会理想具有现实基础和强烈的针对性。社会理想不是凭空产生的，它根植于现实生活中的问题和发展需要，是师范生对现实的一种反思和思考，是针对现实中的不足和缺陷而提出的理想状态。其次，社会理想具有超越性，是对现实的一种超越和升华。社会理想高于现实，它不仅是对现实的描述和反映，更是一种价值的追求和理想的愿景。最后，社会理想不仅是一种理想的愿景，更是一种实践的行动。在实践路径上，师范生应该将社会理想融入日常教育实践中。师范生应该关注教育改革的方向和目标，积极参与各种教育实践活动，探索新的教育方法和理念。通过改革和创新，师范生不仅能够提高自己的教育水平和专业素养，还能够为整个教育事业的发展作出贡献。

1. 爱国情

爱国情指的是师范生在教育强国背景下，对祖国深厚的情感认同与归属感，表现为对国家历史文化的自豪、对国家发展的关注与支持，以及将个人发展与国家命运紧密相连的责任感。其具体包括信仰、真理、精神与忠诚等多维力量，指向的是立身从教、教书育人、矢志报国的信仰之基。这要求师范生学习贯彻习近平新时代中国特色社会主义思想，深入学习习近平总书记关于教育的重要论述，贯彻党的教育方针，熟悉党史、中华人民共和国史、改革开放史和社会主义发展史等内容，形成对中国特色社会主义的思想认同、政治认同、理论认同和情感认同，在教书育人实践中自觉践行社会主义核心价值观。

2. 强国志

强国志是师范生树立的为实现国家教育现代化、提升国家教育竞争力而努力奋斗的远大志向和坚定信念。它体现在师范生对教育事业的高远追求和对提升自我教育教学能力的渴望，以及对培养未来社会栋梁之才的责任感上。这要求师范生要将个人职业发展规划与国家和社会的发展需求相结合；要持续提升自身专业能力与社会担当意识，以更好地服务于国家发展；要能够为提升国家教育水平和促进教育公平等社会事业贡献自己的力量。

---

① 杨明：《个体道德·家庭伦理·社会理想：〈礼记〉伦理思想探析》，《道德与文明》2012 年第 5 期。

3. 报国行

报国行是师范生将爱国情和强国志转化为实际行动的过程，表现为积极参与国家建设和社会服务，以实际行动为国家的繁荣和发展贡献自己的力量。师范生是未来教育教学工作者，其报国行动应体现在教书育人、科学研究、社会服务等多个方面。这要求师范生做到创新教学实践，积极参与社会公益服务，提升教学科研成果转化率，等等。

二、师范生理想指导的内涵

所谓师范生理想指导，是对师范生生活理想、职业理想、道德理想和社会理想进行培育的过程，实现师范生整全、高质量发展。

一是注重理想指导能够廓清师范生发展路向。理想指导具有导向功能，从根本上讲，这种指导对师范生的成长与发展具有明确的指向性，为师范生扮演着职业导航的重要角色①。二是注重理想指导能够激发师范生内生动力。理想指导具有内在驱动功能，能为师范生成长发展提供精神动力，对师范生的个人成长和终身发展具有激励作用，能够推动师范生坚持既定目标，增强教学实践能力，深化对教师职业道德的理解，进而使师范生将教师的责任和使命内化为自觉的职业行为，并外化为日常的教学实践②。三是注重理想指导能够提升师范生人生价值。师范生理想指导的核心目标是引导师范生追求更高的人生价值，重点在于帮助他们坚定选择师范专业的决心，并确立与深化长期乃至终身从教的职业信念③。对师范生实施理想指导，有助于他们形成正确的价值观，并做出恰当的职业选择。这样的理想指导可以引导他们实现自我提升、全面发展，进而提升师范生的整体素质和能力，促进师范生树立合理的就业观念，引导他们理性地规划未来的教师职业发展路径，提高自身的就业竞争力，从而更加从容地面对就业市场，实现合理的职业选择，减轻就业压力④。

---

① 白显良，王华敏：《加强免费教育师范生职业理想教育的若干思考》，《西南大学学报（社会科学版）》2010 年第 5 期。

② 阿木古楞、杨琳：《师范院校弘扬教育家精神的价值意蕴、基本遵循与实践路径》，《中国大学教学》2024 年第 11 期。

③ 黄蓉生：《为了那份责任担当》，《西南大学学报（社会科学版）》2010 年第 5 期。

④ 吕宏利：《浅谈师范生的职业理想问题及教育对策》，《现代教育科学·普教研究》2011 年第 1 期。

第二节 师范生理想指导的价值

立国以教育为根本，教育以师范为根本①。以理想对师范生进行铸魂是新时代师范教育的基本遵循及师范生双重属性的本质要求。对师范生而言，理想是其"从教动力的来源、是教学行动的选择、是教育情怀的坚守"②。唯有怀揣理想的师范生，方能在未来的从教生涯中全身心投入教育事业，持续精进教学知识，深刻反思实践经历，不断提升教学水平，进而成长为合格、优秀乃至卓越的教师。因此，应充分发挥师范生理想指导的价值，从根源上激发师范生潜能，为其补足精神之"钙"，为培育具备理想信念、道德情操、扎实学识及仁爱之心的优秀教师提供内在精神动力。鉴于此，为全面理解师范生理想指导对师范生成长及发展的价值，研究深刻剖析师范生理想指导在培养理想品质、强化理想性质、坚守理想本质及促进理想转化中的潜在价值。

一、培养理想品质：由自在之物到为我之物的成长

师范生理想指导不仅关系到师范生自身的成长成才，而且关乎国家和民族的未来。基于当前教育背景，应坚持守正创新原则，借鉴中国传统伦理道德观中的积极思想，以及近现代关于理想人格的理论，对师范生理想人格加以培养和引导，进而指导师范生如何将理想从自在之物转化为为我之物，从而形塑师范生科学全面的理想人格。

儒家的理想人格最基本的特征就是为己和立人③，即个人的建构与发展和世人的人格发展是相互依存、不可分离的，也就是追求修身养性、完善自身，以成为他人的楷模和示范。儒家最高的理想人格就是成为"圣人"和"君子"。孔子追求以"仁"为核心的理想人格，《论语》就体现了其求仁至圣的思想。孟子追求"大丈夫"的理想人格，发展了孔子的学说，提出了"富贵不能淫，贫贱不能移，威武不

---

① 朱有瓛：《中国近代学制史料（第二辑下册）》，华东师范大学出版社 1989 年版，第 332 页。

② 翟亚楠：《"失色"与"增色"：师范生理想信念教育现状审思及路径探索》，《黑龙江教师发展学院学报》2023 年第 8 期。

③ 常建勇：《儒家理想人格学说对当代大学生人格建构的价值论析》，《河北大学学报（哲学社会科学版）》2018 年第 6 期。

能屈"（《孟子·滕文公下》）的具体要求。毛泽东的共产主义新人理想人格学说具有三个显著的特征，即"真善美的统一，智情意的统一，中国传统文化中理想人格学说与马克思主义理想人格学说的结合"[①]。与之相似的是冯契的理想学说，他将马克思主义理想学说和中国传统伦理理想相结合，体现了马克思主义理想学说的中国化、时代化。冯契认为，人类通过劳动实践认识世界并改造世界的整个历程，实质上就是将自在之物转化为为我之物的过程。[②]其中，自在之物指的是那些尚未被人类实践活动触及的外在对象，而为我之物则是劳动结束后所产生的成果，它体现了人类的理想与追求。从自在之物转化为为我之物，既是人类劳动实践的过程，也是理想生成的过程。由于为我之物融合了真善美的元素，理想也自然展现出真善美的特质。从师范生角度来看，即从认识并完善自我的角度出发，理想得到认同并确认的过程就是从自在状态向自为状态、从自发行动向自觉行动的转变，而师范生的理想实际上就是塑造知情意统一、真善美统一的自觉人格。因此，师范生理想作为众多理想的一种，在自觉人格的体现中具有真善美的显著特征。[③]

"真"有两种含义：一种是作为真理性的认识，另一种是作为真诚的人格特征。其一，作为真理性的认识，"真"是指我们对世界的认识与世界的实际状况相符合。这种真理性认识是建立在对物质世界的客观实在性基础上的。冯契认为，从物质世界的客观实在性来审视，自在之物和为我之物两者在原则上没有差别，但在主体的认识活动和实践中，其存在明显的差别。正如冯契所说："为我之物是被人认识和被人利用、改造了的事物，它不是在黑暗中的自在之物，而是被人的理性的光辉所照亮，进入了人的意识领域的客观实在。"[④]为我之物实际上是被师范生的理性内化并转化为师范生主体意识领域的客观实在。这种真理性认识是师范生通过主客观的实践活动，从现象深入到本质、从片面到全面的历史过程中获得的。其二，作为自觉人格特征的"真"特指真诚。从德性、人格的角度看，认识论意义上的真假就表现为伦理意义上的真伪。"人的价值的实现表现为言行一致、表里如一的人格，用中国传统哲学的话来说，这样的人格不仅'知道'，而且'有德'，即有真实的德性，实现了人的理想。这样的人格是真诚、自由的个性，而绝不是伪君子、假道学。"[⑤]冯契认为，在人的实践活动中，真理性的

① 王向清：《论毛泽东的共产主义新人理想人格学说》，《马克思主义研究》2008 年第 12 期。
② 冯契：《智慧的探索》，华东师范大学出版社 1997 年版，第 77 页。
③ 王向清：《论冯契的理想学说》，《中国哲学史》2006 年第 4 期。
④ 冯契：《智慧的探索》，华东师范大学出版社 1997 年版，第 110 页。
⑤ 冯契：《冯契文集第三卷：人的自由和真善美》，华东师范大学出版社 1996 年版，第 169-170 页。

认识不仅使我们获得了为我之物，同时也使人的本质力量得到实现。通过人类劳动实践这一桥梁，使"真"转化为个体内化吸收的客观存在。因此，理想指导师范生主体的行动，"真"则是人们实现理想的基础和前提。通过真理性的认识，主体能够更好地理解世界，评估自己的行为，并保持真诚和坦诚的态度。只有在"真"的指导下，师范生才能更好地实现自己的理想，走向成功的道路。

"善"也有两种含义：一种是为我之物的"善"，体现了师范生主体的意向和目的；另一种是自觉人格特征的"善"，涉及道德意义方面的好行为。其一，为我之物的"善"是与人的实践活动和目的紧密相关的。在冯契看来，人通过有意识、有目的的实践活动，将自在之物转化为为我之物，这个过程体现了人的意向和目的。这种转化不仅改变了事物的形态，还使其更符合人的需求和利益，从而具有了"善"的价值。①冯契还指出，这种"善"是广义的，它涵盖一切可以使人快乐、给人幸福的对象。这种广义的善与人的利益紧密相连，体现了人的物质和精神需求的满足。其二，自觉人格特征的"善"是指道德意义上的好行为。冯契强调，这种"善"涉及人伦关系，是狭义的、具有道德意义的。②他认为，道德行为上的善主要涉及"义"和"利"的关系。在这里，他批判地吸收了墨家和儒家的观点，认为"义"和"利"、道德和利益应该是统一的。他认为，任何社会都需要道德规范来维护社会秩序，保障群己利益的适当满足。这种道德意义上的"善"是人格完善和社会和谐的重要基石，也是社会公认道德伦理规范必不可少的一部分。理想作为一种精神追求和价值取向，为主体提供了行动的方向和目标，而"善"则是在实现理想过程中应该秉持的原则和品质。同时，理想本身也应该体现"善"的价值。③只有在理想指导下，师范生主体才能更好地体现"善"的品质，并在实践中不断追求和实现真正的"善"。

"美"作为师范生理想的第三个特征也有两种含义：从为我之物的角度定义，美是使师范生的本质力量对象化的结果，是劳动生产中的自由创造；"美"作为自觉人格特征，指的是师范生主体形成了认识、欣赏美的个性，从而实现了审美活动的自由。其一，作为为我之物的美，体现在人的劳动生产中。人的劳动生产与动物的生产的本质区别在于，人能自由地劳动、自由地对待劳动产品。这种自由的劳动不仅要求劳动者熟练掌握劳动对象本身的规律和物种固有的尺度，而且

---

① 冯契：《智慧的探索》，华东师范大学出版社1997年版，第111页。

② 冯契：《冯契文集第三卷：人的自由和真善美》，华东师范大学出版社1996年版，第206页。

③ 冯契：《冯契文集第三卷：人的自由和真善美》，华东师范大学出版社1996年版，第207页。

要求劳动本身成为目的，不受肉体需要和外在力量的控制。在这样的劳动中，人的本质力量如德性、才能、智慧、情操、意志等，在劳动及其产品中对象化，也就是形象化了。美作为一种人类的本质力量，存在于人类生产实践活动当中。这种形象化的结果就是人类劳动实践活动及其所生产出的产品成为人们可以从中直观自己本质力量的对象，也就是成了欣赏美的对象。[①]其二，作为自觉人格特征的"美"实现了人的审美活动自由。冯契指出，审美活动的自由就是在人化的自然中间直观人的本质力量，而感性形象是实现人和自然交互作用的中介。这种感性形象具有个性化的特点，体现了个性自由。人化的自然即为我之物，体现了人的本质力量。正如主体总是通过声、色、味等去审察为我之物，也就是通过感官直观自身。因此，培养美的个性需要个性化形象的滋养。"美"作为理想的特征之一，也要求人们在追求理想的过程中保持对美的敏感和追求。主体应该关注在劳动实践和生产创造过程当中的美，并努力将自己的本质力量对象化使之可以具象化，从而创造出美的产品和成果。同时，师范生主体也应该关注自身个性的美，通过培养美的个性和实现审美活动的自由，使自己成为更加完整和丰富的人。此外，"美"作为一种评价标准和调节力量，也促使师范生主体保持对理想的执着追求和对现实的清醒认识。

培养师范生理想品质，促进其由自在之物到为我之物的成长，是师范生理想指导的价值表征。这不仅有助于师范生的理想品格的成长与发展，而且对教育事业的价值观导向也具有深远影响。

二、强化理想性质：由外生规划到内生融合的进步

师范生作为教育事业的未来希望，其理想指导的价值不仅体现在他们个人成长的层面，更深刻影响着整个教育体系的未来发展。理想作为一种内在的精神追求，包含主观性、超越性、完美性和教育性等多重性质[②]。师范生应深刻理解理想指导的多重内涵与价值，激发自身内在的精神动力，并主动将自己的理想与个人发展相结合，将教育理想转化为个人成长的具体目标和行动指南，从而推动外生规划，"并与内生融合相呼应，促进两者的相互转化与互动"[③]。

---

① 冯契：《智慧的探索》，华东师范大学出版社 1997 年版，第 78 页。

② 刘庆昌：《关于教育理想的几个基本理论问题》，《山西大学学报（哲学社会科学版）》2011 年第 4 期。

③ 杨蕾，陈先哲：《从"中心—边缘"到创新网络：知识溢出视野下的粤港澳大湾区高等教育集群发展》，《现代大学教育》2022 年第 5 期。

（一）师范生理想的主观性促使师范生从被动接受到主动追求

在传统的教育模式下，师范生往往被动接受外在的教育规划，缺乏自主性和创造性。师范生理想的主观性，确立于观念之内并深深根植于师范生个体内在的需求与价值观之中。这意味着每个人的理想都独具特色，直接映射出其渴望与追求。因此，当把理想指导作为主体行动的准则时，它首要地要求师范生主体对自己内在的世界有深入且全面的了解。这种了解不仅仅是对表面欲望的觉察，更是对深层次需求和价值观的澄清与确认。通过这一过程，师范生主体能够确立真正符合其内在需求的理想。这样的理想指导不仅具有吸引力，还能激发主体持续的内在动力和热情。师范生将逐渐从被动接受转变为主动追求——根据自己的兴趣、特长和教育理想追求真正符合自己的内在需求与价值观的理想，并积极投身于教育实践。

（二）师范生理想的完美性促使自身从单一技能到全面发展

师范生理想的完美性，指师范生主体在追求理想时对卓越与完美的持续追求。在理想完美性的驱动下，师范生主体持精益求精的态度，以高标准来严格要求和衡量自己的行为及成果。师范生主体在教育实践过程中从追求单一的教学技能提升转变为注重全面发展。通过深化对教育理想的认知，师范生能够意识到自己在知识、能力、情感、价值观等方面的全面发展对教育事业的重要性，从而更加自觉地提升自己的领导力、创新能力、团队协作能力等素质。

（三）师范生理想的教育性促使自身从个人成长到社会贡献

师范生理想的教育性强调了理想在师范生个体成长与发展过程中扮演的关键角色，是师范生主体成长过程中的动力源泉和行动指南。这一过程涉及师范生对知识的深入探索、对技能的精湛掌握，以及对个人潜能的不断挖掘。更为重要的是，理想指导能够激发主体的创造力和创新精神。这种创新精神不仅推动个体在学术、艺术、科技等领域取得卓越的成就，更是社会进步和发展的重要推动力。在教育性的指导下，师范生将自己的理想与社会的需要相结合，将个人成长发展与社会贡献紧密相连。通过积极参与社会实践、志愿服务等活动，师范生能够更加深入地了解社会、了解教育，从而更加坚定地投身于教育事业，为培养更多优秀人才、推动社会进步与发展贡献力量。

三、坚守理想本质：由保守思维到前瞻意识的发展

理想是一种具有合理性的未来意识、一种具有科学性的超前意识、一种具有选择性的价值意识和一种具有创造性的建构意识。①本质是事物固有的属性，理想本质即理想的本质属性，坚守理想本质即坚守理想的本质属性。②因此，师范生理想本质即在大学时期甚至整个人生生涯中的理想本质。对于理想本质的探寻，可以借用顾明远先生对大学理想本质的理解——他在大学本质的基础之上指出大学理想的本质是求真育人。③那么师范生呢？作为未来各个领域、各个层级的教师，师范生的理想本质也可以引申为育人。与之相对应，对师范生的理想指导若想坚守理想本质，其内容应从保守思维转向前瞻意识。

保守思维指一种倾向于保留现有秩序、反对或抵制重大变革的思想方式。持有保守思维的人往往更加重视传统价值、历史经验和已有的社会结构，他们可能更谨慎地对待新观念和变革，担心这些变化可能破坏现有的稳定状态。师范生理想指导的保守思维受到本国历史中庸思想的影响，切不敢冒进。保守思维在师范生理想指导中虽有可取之处，体现了对现实的审慎思考，但面对现实的冲击，师范生理想指导也须具有立足于现在、展望未来的前瞻意识。对师范生理想指导是指在师范教育过程中，为师范生进行职业生涯规划和个人发展目标设定提供的帮助和支持。前瞻性意味着这种指导不局限于当前的需求，而是着眼于未来教育发展趋势和社会变化，从而帮助师范生树立长远的理想和发展目标。查阅资料，笔者从师范生理想的内涵出发，阐释师范生理想指导所应具有的前瞻意识。

师范生理想的合理性未来意识，可被视为一种基于现实情境与潜在可能性的审慎构想。未来意识随着人类文明的出现而存在，是个体根据自身对未来的潜在行为结果的预期来调整现在行为方式的一种价值取向。它指导师范生主体在规划未来时，采取理性和务实的态度。理想并非空中楼阁，而是一种经过深思熟虑的合理设想，这种设想扎根于现实的土壤，同时展望未来的蓝图。师范生主体在追求理想时，必须全面考量自身的实际条件、能力、资源以及外部环境的影响，以确保所制订的计划和目标既具有可行性，又能满足长远发展的需要。这种理性思考的重要性在于，它帮助师范生主体避免盲目行动和无效努力。通过深入分析和

---

① 荆品娥：《理想的本质内涵探讨》，《河南师范大学学报（哲学社会科学版）》2004 年第 5 期。

② 王柏棣，王平：《论理想形成的本质》，《思想教育研究》2012 年第 5 期。

③ 刘宝存：《大学的本质在于求真育人：顾明远大学理想研究》，《比较教育研究》2018 年第 10 期。

评估，师范生主体能够更加明确地认识到自身的优势和局限，以及外部环境的机会和挑战，从而制定出更加符合实际情况和未来发展需要的策略。这样，师范生主体在未来的发展过程中，就能够更加稳健地前行，减少不必要的风险和误区，确保理想的实现与自身条件和外部环境的需要相契合。

师范生理想的科学性超前意识，可被诠释为一种基于科学原理与技术前沿的前瞻性与创新性思维方式。超前意识是指对一定阶段可能发生的事情及其变化趋势所作的预测。它指引师范生主体在追求理想时，不仅是对当前状态的简单超越，更致力于对未来的深入预见和积极引领。这种意识要求主体紧密关注科技发展的最新动态和社会变迁的宏观趋势，通过系统学习和实践应用，掌握先进的科学知识和技术工具。在此基础上，师范生主体要以科学的态度和方法，结合自身的认知能力和实践经验，对未来进行精准预测和创造性构想。这种预测和构想并非凭空臆想，而是基于对现有知识体系和技术发展规律的深刻理解，以及对未来可能出现的新情况、新问题的敏锐洞察。通过这种方式，师范生主体能够在不断变化的环境中保持领先地位，乃至引领行业或社会的发展方向。这种科学性超前意识的实践价值在于，它使师范生主体能够紧密跟随乃至引领时代的步伐，不断推动自身的创新和发展。在快速变化的社会和科技环境中，只有具备前瞻性和创新性的师范生，才能抓住机遇、应对挑战，实现自身的持续进步和跨越式发展。因此，师范生理想的科学性超前意识是指导师范生主体在追求理想过程中保持领先和创新的重要力量。

师范生理想的选择性价值意识，可被视为一种引导师范生主体在追求理想过程中进行价值判断与选择的深层次心理机制。它不仅涵盖师范生主体对未来设想和追求的维度，更深入地触及师范生主体对价值的追求和坚守。在这一过程中，师范生主体要依据自身的价值观和信仰体系，对不同的理想和目标进行审慎的价值判断与选择。这种选择性价值意识的重要性在于，它帮助师范生主体明确自身的价值追求和人生目标，从而在追求理想的过程中保持清晰的方向感。在面对纷繁复杂的理想和目标时，师范生能够依据自身的价值观进行筛选和抉择，避免盲目跟从或迷失方向。这种价值判断与选择的过程，不仅确保了师范生主体的行动和选择与其价值追求和人生理想相符合，还提升了师范生主体在追求理想过程中的自我认知和自我实现。此外，理想的选择性价值意识还强调了师范生主体在追求理想时的主动性和自主性。它鼓励师范生主体在面临价值冲突和选择困境时，能够积极地进行自我反思和决策，而不是被动地接受外界的影响或期望。通过这种主动的价值判断和选择，师范生不仅能够更好地实现自身的理想和目标，而且能够在这一过程中体验到自我成长和实现的满足感。

师范生理想的创造性建构意识，可被解读为一种激发师范生主体创造力和实践能力的深层次心理机制。这种意识不仅意味着对现有状况的批判性超越，更代表着对未来世界的积极建构和塑造。在这一过程中，师范生主体被鼓励发挥自身的创造力和想象力，以全新的思维方式和行动模式去影响并改变世界。具体而言，创造性建构意识要求师范生主体在追求理想时，不仅具备批判性思维，能够识别并挑战现有框架和限制，还拥有前瞻性的视野，能够预见并创造未来的可能性。这种意识鼓励师范生主体跨越传统的思维边界，尝试新的方法和策略，以实现自身的突破和发展。同时，这种创造性建构意识也具有深远的社会意义。当师范生主体通过自身的创造力和实践能力，不断探索新的可能性并为社会作出贡献时，他们不仅推动了自身的进步和发展，还丰富了人类文明的多样性和复杂性。

四、促进理想转化：由个体成长到社会发展的升华

党的二十大报告明确提出："教育、科技、人才是全面建设社会主义现代化国家的基础性、战略性支撑。"[1]在这一战略背景下，教师队伍的质量直接关系到人才培养的实效，师范生的教育理想既是他们获得职后专业成长的持续力量，也是其未来成长为专家型教师乃至教育家型教师的精神品性。[2]作为未来从事教育事业的后备力量，师范生是否具有教育理想，不仅直接影响其从教意愿、投身教育的热情及其对教师角色的自我价值与职业责任的认同，更关乎我国教师队伍整体素质的提升、教育体系的优化完善，乃至教育强国宏伟蓝图的实现。因此，推动师范生理想指导，实现师范生个体成长到社会发展的升华，是师范生教育工作的重要任务。对师范生个体来说，理想指导不仅促使自身在知识和技能上得到提升，更使自身在思想、情感、价值观等方面得到全面发展。随着个体成长的推进，师范生开始关注社会需求，并将自己的成长与社会发展紧密联系起来，能够将自己的理想转化为实际行动，从而为社会的发展贡献自己的力量。

个人理想的树立与实现是师范生个体成长的关键。它是基于师范生的现实条件，对未来发展方向和长远奋斗目标的深思熟虑，体现了师范生个体对自我发展

---

① 习近平：《高举中国特色社会主义伟大旗帜 为全面建设社会主义现代化国家而团结奋斗——在中国共产党第二十次全国代表大会上的报告（2022年10月16日）》，《人民日报》2022年10月26日第1版。

② 王萍，林利民：《教育现象学视域下师范生教育情怀的养成及其践行》，《教育发展研究》2024年第17期。

的探索和追求。个人理想的提出、形成和实现都必须基于现实,通过现实的发展来检验,并且最终必将转化为未来的现实。[①]所以,师范生理想教育要有效关照个人现实需求,这既可以提升师范生教育的实效性,也能够增强其职业幸福感和满足感。[②]一是师范生理想指导要明晰高校师范生的学业表现、个人兴趣、职业倾向性、经济条件、心理状况等实际方面,关注师范生在生活和学习中遇到的问题,促进理想指导和问题解决相统一,提高师范生个体的问题解决与学习能力。师范生理想的确立使师范生的未来与现实之间发生了联系,促使师范生通过完善与提升自身能力来弥补现实与未来之间的差距。同时,在理想设置的未来目标前提下,师范生会内在地追求更多的知识、能力、技术,以进一步提高综合能力,解决实现理想目标过程中所遇到的问题。这种由内在自主性所激发和驱动的学习过程,在最大限度开发与探索师范生个体潜能的同时,也提高了师范生个体自主学习的能力,使师范生个体在理想指导下主动将自身置于为了实现目标不断学习的状态。二是师范生理想指导要衡量好师范生个体和群体之间的矛盾关系,帮助个体明确自身的价值追求,树立起正确的人生观、世界观和价值观。这要求师范生理想指导不仅尊重师范生的个性化差异特征,更让师范生在理想目标的影响下,不再拘泥于自身利益范畴,而是考虑更为宏大的社会公共利益。三是师范生教育要给予师范生更多的自我表现、自我展示的机会,帮助师范生个体树立对自身的正确认识。新的时代背景要求师范生教育指导尊重师范生的主体地位,创新教学环节和教学模式,对师范生进行个性化指导。这种理想指导促使师范生凭借自身能力,对实现理想目标的过程进行分析和规划,进而明确自身效能感。之后,他们通过不断学习,缩小自身现有水平和理想目标之间的差距,同时,促使师范生以理想目标所要求的能力水平为参照,与自身现阶段具备的能力水平进行对照,通过这一对比过程,让他们对自身的能力水平有清晰、明确的认知。

个人理想并非孤立存在的,它深深植根于社会需要之中。师范生理想指导的形成,实际上是由个体之外的社会需要向个体自身的自我需要转化的过程,即将社会公共的追求转化为个体的内在追求。师范生在选择职业时,应注意人类的幸福和完善。师范生理想指导的核心动力就是将个体发展与人类幸福相结合,它不仅是师范生对自身未来发展方向的规划,还是在社会公共价值追求影响下的个体

---

① 类延旭:《大学生理想信念教育重在引导》,《学校党建与思想教育》2004 年第 10 期。

② 林丹,王子凡,胡静:《"经师"与"人师"统一:我国中小学教师职前培养的关键难点》,《现代教育管理》2024 年第 1 期。

价值追求体现，需要"将他们个人理想的实现和社会理想的实现紧密结合"①，即社会公共价值追求的内化与个体价值的转变。在这一转化中，师范生不仅关注个人发展，更将个人利益融入社会公共利益之中，形成超越个体利益范畴的大我追求。学校作为社会主流价值观的传递者，需要将社会主义核心价值观贯穿于师范生理想指导的全过程中，让师范生认识社会主义初级阶段的性质和特点，坚持中国特色社会主义共同理想②，并通过启迪与引导，正确处理好国家、社会理想与师范生个人理想之间的关系，帮助师范生树立符合社会需要的理想。师范生的社会性发展主要分为职业准备需要和专业发展需要，职业准备需要是师范生未来就业的基础，专业发展需要是师范生具备的深层次的专业素养，二者共同构成了社会化的更高层次追求。师范生要关注社会需求，将自己的理想转化为实际行动，为社会的发展贡献智慧和力量。这不仅有助于增强师范生个体的社会责任感，让师范生个体与社会公共集体形成合力，还能使师范生个体的奋斗目标与社会集体之间发生联系，使确立理想目标的师范生个体主动将自己的发展方向与奋斗目标同社会发展目标产生共鸣。

第三节　师范生理想指导的内生逻辑

理想不是空想，也不是凭空产生的，它是在实践的基础上形成的，是对历史经验的总结和提炼。通过实践，师范生可以积累丰富的经验，了解教育的本质和发展规律，从而借助于理想的想象更好地预见未来的趋势和方向。马克思曾总结道："社会预见是建立在实践基础上的对历史过程进行抽象分析和理性反思的结果。"③由此看来，师范生理想是从现实的教育实践活动出发，在理性审视教育实践的历程中，对未来教育发展进行预见性和前瞻性的思考，并希望通过实践努力将理想变成现实，从而更好地适应未来教育的发展需求。依据师范生理想的内容层次，师范生理想需要从生活理想、职业理想、道德理想、社会理想四个方面进行引导和培养，通过具身性体验、育人性建构、客观性检验和集体性行动等探

---

① 肖正德，谢宜珍：《新时代乡村教师理想信念教育：价值意蕴、现实问题及破解对策》，《中国教育学刊》2024 年第 3 期。

② 徐琛，覃辉银：《中国共产党政党自觉的逻辑结构》，《华南理工大学学报（社会科学版）》2024 年第 6 期。

③ 旷三平：《诘问与反驳：马克思社会预见理论的现代"碰撞"》，《马克思主义研究》2004 年第 1 期。

索性实践，帮助师范生树立正确的理想信念，提高他们对未来教育发展趋势判断的准确性，以及解决未来复杂困难问题的能力，为未来教育事业的发展和社会进步奠定实践基础、积累实践经验。

一、具身性体验：以生活理想提高师范生的生命享受

人的生命不可能仅仅建筑在维持基本生活的最低标准上，个体也不可能甘愿长期处于单一的或平淡的生活方式，而会追求越来越美好的幸福生活。师范生的生活理想应运而生：师范生在生存需要得到基本满足之后，会产生更高层次的生活体验和生活享受方面的需求。这种高层次需求不仅需要对其生活理想进行有效指导，还集中体现了师范生的发展需要。

人的活动首要的目的是满足自身的生存需要，"对人来说，'凡是有某种关系存在的地方，这种关系都是为我而存在的'"[1]。所以，师范生的实践活动的起点往往是自身实际的需求，具有为我性。这种为我性不仅是一种正常的人类天性，也是个体成长和发展的必然趋势。约翰·杜威（John Dewey）也提出："教育为实现其目的，必须从经验即始终是个人实际的生活经验出发。"[2]在此基础上，想要通过生活理想提高师范生生命享受，增加师范生生活中的实际经验势在必行。师范生以生活理想为引导，通过实践活动不断提高生命享受的质量，这不仅是生命成长的需要，还是个人价值实现的重要途径。认知科学领域从 20 世纪80 年代开始发生"身体转向"，认为身体作为个体与世界的中介是一切行动的基础与载体，因而强调身体在认知塑造中的作用，将其视为综合物理世界和心理世界的经验主体。[3]梅洛-庞蒂提出："身体是我们拥有一个世界的一般方式。"[4]同时，生理和精神与社会情境、环境的关联方式与内容是具身性的。[5]因此，具身性体验是师范生提高其生存质量、生活体验以及生命追求的手段之一。与生存需要相比，享受需要是更高层次的需要，是生存需要的延伸，个体需要更多的体验。

---

① 马克思，恩格斯：《马克思恩格斯全集（第一卷）》，中共中央马克思恩格斯列宁斯大林著作编译局译，人民出版社 1956 年版，第 498-499 页。

② 杜威：《杜威教育名篇》，赵祥麟等译，教育科学出版社 2006 年版，第 269 页。

③ 杨翠芳，任祎爭：《数字时代具身性的化身传递之潜能与路径》，《江汉论坛》2023 年第 8 期。

④ 莫里斯·梅洛-庞蒂：《知觉现象学》，姜志辉译，商务印书馆 2001 年版，第 194 页。

⑤ 陈相光：《具身：语义的身体发生逻辑及其意涵：基于身体的现象界说与阐释》，《广东社会科学》2019 年第 5 期。

也就是说，师范生个体生命的成长会经历从生命生存到生命享受这样一个渐进的过程，生命享受质量会随着生命个体在现实生活中的具身性体验的积累而逐渐提高。

具身性体验以身体感官作为思考和认知世界的媒介，通过触摸、感知、体验来获得直接信息，从而形成对生活世界的充分认识和全面理解。具体来说，具身性体验能够提高师范生生存质量、增加师范生生活体验以及实现生命追求。

首先，具身性体验使师范生能够通过亲身参与和实践来提升自己的生存技能，进而提高自己的生存质量。通过实地教学实践，师范生可以掌握教学技巧和班级管理能力。技能的获取和能力的增强提高了师范生未来的竞争力，这是他们未来工作的保障。不仅如此，实践获得的体验还增强了他们适应未来工作的信心。除了参加教学实践，师范生还可以通过参与社区服务等类型的社会实践学会如何与不同的人交流合作，这种能力的提升使他们能够更好地适应社会，还能提高他们生活的物质和情感保障。这种保障会使师范生进而更加注重对知识、艺术、文化、情感等方面的探索和体验。其次，具身性体验还可以丰富师范生的生活体验。一个人的生命成长和发展，从根本上讲，就是要在生活过程中不断提高自己的实践技能、意志品德、思想观念、修养情操等。因此，师范生可以通过参与音乐、绘画、写作、戏剧等艺术活动来丰富自己的情感表达和创造力，还可以通过志愿服务、社区参与等社会活动来增强社会责任感和同理心。丰富多样的生活体验不仅能够丰盈师范生的内心世界，还能够提高其生命的质量和享受度，进而使其在未来的教育工作中为学生提供更多元化的视角和更丰富的教学内容。同时，师范生还能够通过体验体会工作与生活的平衡之道，保持情感状态健康。师范生未来从事的教育工作充满挑战和压力，所以学会平衡工作与生活的关系对于师范生而言是非常必要的，它能够使师范生积累经验，通过合理安排时间、调整工作方式和生活节奏保持身心健康和情感满足；通过培养积极的生活态度和健康的生活习惯，面对未来的教育工作中的挑战和压力。最后，具身性体验通过将师范生置于真实的教育情境和社会环境中，使其直接感受和参与到教育实践和生活中，促使其在情感、认知和行为上与周围的世界产生互动，帮助其在实践中发现自我、理解他人，并形成对社会的深刻洞察力，从而实现生活理想的最高层次——生命追求。这一过程贯穿师范生各种类型的实践活动。例如，在实际的教学和生活中，师范生能够体验到教育工作的意义和价值，激发其作为教育者的责任感和使命感；通过参与社会服务和志愿活动，感受到为社会作出贡献的成就感。这些体验不断丰富师范生的内心世界，增强其精神追求，使其更加明确自己的生命目标和人生意义，激发其追求更有意义生活的热情，以实现更高层次的生活理想。

二、育人性建构：以职业理想强化师范生的专业素养

"育人为本，德育为先"是我国教育的基本要求。育人性是一种以学生为中心、关注学生全面发展的教育理念和方法。育人性建构强调，教育不仅仅是知识的传授，更是一个育人的过程。因此，教师应以爱为出发点，以专业为支撑，以执行为保障，为学生的成长和发展提供全方位的支持和帮助。在这一过程中，师范生的职业理想扮演着至关重要的角色，它不仅涵盖对教育事业的热爱（教育爱），还包括对专业知识的掌握（专业力），以及将这些知识应用于实践的能力（执行力）。因此，师范生的职业理想应当与育人性建构的理念相契合，从教育情感出发，用专业知识支撑，以教育实践落实，不断提升自己的专业素养，以实现育人的目标。

教育爱是师范生"育人"的起点，师范生教育爱主要指其教育情感。教师工作是情感驱动的实践，教学是情感充盈的活动，情感素养既是教师专业素养的重要内涵，也是对教师工作的道德和伦理回应。[1]培养师范生的教育爱是育人性建构中的核心要素。教育爱不仅仅是对教育事业的热爱，更是一种对学生全面发展的关怀和承诺。为了培养这种情感，师范生需要通过参与志愿服务、教育实习等活动，亲身体验教育的力量和价值。互动仪式链理论认为，互动链条构建的核心机制在于高度的互为主体性以及情感连带，进而形成与认知符号相关联的成员身份感。[2]在这些实践中，师范生能够直接与学生互动，理解学生的需求，感受教育带来的改变。通过这些经历，师范生能够建立起对教育的深厚情感并获得身份认同，这种情感将成为他们未来职业生涯中不断前进的动力。同时，教育理论的学习能帮助师范生理解教育的深远意义，进而在理性和情感上对教育产生热爱。

专业力是师范生"育人"的支点，师范生专业力的增强主要指其专业知识和技能上的不断精进。教师专业建设和专业发展关注专业知识和实践性知识两个方面。[3]因此，师范生培养要注意师范生的专业知识和专业技能。只有专属于教师教育领域的知识，才能够成就教师教育学科，并通过已经学科化的教师教育课程体系，培养出作为专业人员的教师。[4]所以，师范生专业力的增强，首先体现在对学科内容的深入理解上。这要求师范生不仅掌握学科的基础知识，还能够理解

---

① 王平：《教师情感素养：理据、内涵与提升路径》，《教育研究与实验》2024年第3期。
② [美]兰德尔·柯林斯：《互动仪式链》，林聚任，王鹏，宋丽君译，商务印书馆2009年版，第79页。
③ 顾小清：《信息时代的教师专业发展:理念、方法》，《电化教育研究》2005年第2期。
④ 周彬：《教师教育专业知识：生成、积累与课程转化》，《教育研究》2021年第7期。

学科的前沿动态和发展趋势，以便在教学中引入最新的研究成果和教学理念。这种深入理解能够使师范生在教学中更加自信、灵活地处理教学内容，激发学生的学习兴趣和探究欲望。其次，师范生专业力的增强还体现在教学方法的掌握上。在多元化的教育环境中，传统的教学方法已无法满足所有学生的需求。因此，师范生需要学习并掌握多样化的教学方法，如探究式学习、项目式学习、合作学习等，以适应不同学生的学习风格和学习需求。通过实践这些教学方法，师范生能够更好地理解学生的认知过程，设计出更具针对性的教学活动，从而优化教学效果。再者，教育技术的应用也是师范生专业力增强的重要表现。随着信息技术的快速发展，教育技术在教学中的应用越来越广泛。师范生需要掌握基本的教育技术工具，如多媒体课件制作、在线教学平台使用、数据分析软件等，以增强教学的互动性和趣味性。同时，师范生还应该学会如何利用教育技术进行教学评估和反馈，以便于及时调整教学策略，提高教学的针对性和有效性。

执行力是师范生"育人"的落点，执行力的提升是师范生专业素养中不可或缺的一部分，它涉及将教育理论、专业知识和技能有效转化为教学实践的能力。教育实践是师范生"职前-职后"的重要衔接期，师范生对自身教育实践满意度的高低直接关系其对教师职业的理解及认同。[①]对于师范生而言，他们迫切需要积极参与模拟教学、微格教学、教育实习等一系列丰富多彩的活动，以便通过这些教育教学实践活动提升自己的执行力。在模拟教学中，师范生可以提前感受真实的教学场景，熟悉教学流程，为日后真正走上讲台做好充分准备。微格教学则为他们提供了一个细致分析和改进教学的平台，通过对自己教学过程的录像回放，师范生能够精准地找出自身不足之处，不断完善教学方法和技巧。而教育实习更是一个难得的实战机会，让师范生置身于真实的课堂环境中，亲身体验教学的酸甜苦辣。在这些活动中，师范生能够用心学习如何将精心制定的教学计划稳步付诸实践，学会在面对课堂中各种突发情况时保持冷静、灵活应对，懂得如何科学合理地评估和深刻反思教学效果，以便为下一次的教学提供宝贵的经验借鉴。在参与这些实践活动的过程中，师范生得以充分锻炼自己的决策能力。当面临教学中的各种选择时，他们需要迅速做出明智的决策，以确保教学的顺利进行。同时，问题解决能力也在这个过程中得到极大的提升。无论是学生的学习困难、课堂纪律问题，还是教学资源的不足等，师范生都要学会运用各种方法和策略来解决这

① 任永灿，郭元凯：《教育实践满意度对师范生职业认同感的影响：心理资本和心理契约的链式中介模型》，《教师教育研究》2022年第1期。

些问题。此外，创新能力也在实践中逐渐被激发出来。师范生需要不断探索新的教学方法、教学手段和教学模式，以满足不同学生的学习需求，提高教学质量。只有通过持续不断地实践和深刻反思，师范生才能够切实提高自己的执行力。

三、客观性检验：以道德理想引领师范生的行为准则

道德理想是师范生从事教育工作实践的重要精神支柱，也是他们行为规范的内在准则。因此，有必要引导师范生树立崇高的道德理想，培养他们的道德判断力和道德敏感性，不断敦促师范生成为具有高尚道德品质的高素质教师。"人才培养，关键在教师，首要在立德，教师队伍的素质直接决定着高校人才培养质量和办学水平。"[①]中国共产党高度重视教师队伍的建设，强调了教师作为社会主义事业的中坚力量的重要作用。党的二十大报告强调，"加强师德师风建设，培养高素质教师队伍，弘扬尊师重教社会风尚"[②]，将"立德"列为高素质教师队伍建设的重中之重，明确了师德师风建设在推进中国式现代化建设中的重要作用，努力培养、精心打造让党和人民满意的教师队伍。由此看来，师德师风是师范生向正式教师身份转变过程中以及在未来教育实践中形成的道德品质、行为规范以及思想观念的凝结，其中的思想观念具备稳固持久的特征，同时也代表着社会对教师的素质要求和道德期盼。[③]作为具有未来教师和当下学生双重身份的师范生，其肩负着促进我国社会主义教育事业发展的重任，德行涵养成为师范类专业人才的核心培养内容，师范生需要将道德理论付诸实践，在接受实践检验中深化道德认知，判断自己的行为乃至别人的行为是否合乎道德法则，从而树立高尚道德理想并锤炼高尚师德，为日后的教书育人工作打牢思想根基。

客观性检验是确保师范生道德实践有效性的关键。早在1902年，梁启超就引介了"德性内部结构"的理念。他指出："公云私云，不过假立之一名词，以为体验践履之法门。就泛义言之，则德一而已，无所谓公私。"[④]因此，客观性检

---

① 邢翠，王蔚，郭东升：《新时代高校加强教师队伍师德师风建设的实践》，《化学教育（中英文）》2023年第24期。

② 习近平：《高举中国特色社会主义伟大旗帜 为全面建设社会主义现代化国家而团结奋斗——在中国共产党第二十次全国代表大会上的报告（2022年10月16日）》，《人民日报》2022年10月26日第1版。

③ 刘志礼，韩晶晶：《新时代高校师德师风建设：内涵意蕴、现实困境及破解之道》，《现代教育管理》2020年第9期。

④ 梁启超：《新民说》，商务印书馆2016年版，第26页。

验不仅包括对师范生行为是否符合社会公德与个人品德标准的评判，更在于通过长期的教育教学实践，检验其道德理念是否真正转化为促进学生全面发展、推动社会文明进步的实际行动。在师范生道德理想的培养中，将个人私德与社会公德紧密结合，通过客观性来检验个人行为准则是否符合客观的普遍道德法则，从而提升个人品德修养并塑造师范生良好的社会形象。最终，在实现个人私德与社会公德统一的基础上，促进师范生高尚师德的逐步形成。

一方面，培养个人品德以提升个人身心修养，是师范生实现道德自我超越的内在动力。个人品德是指个体在道德品质、道德情感、道德意志等方面的综合体现，它直接反映了师范生个体的道德水平与精神风貌。师范生作为未来教育工作的中坚力量，其个人品德的优劣直接关系到教育工作的质量与成效。因此，师范生应注重自我反思与道德修养，通过学习经典文献、参与道德讨论、进行道德实践等方式，不断提升自己的道德认知与道德情感，培养坚韧不拔的道德意志。同时，还要学会调节情绪，保持积极乐观的心态，以健康的身心状态面对教育生涯中的挑战与机遇。个人品德的提升不仅能使师范生更加自信、从容地面对工作与生活，还能在教育过程中传递正能量，激励学生健康成长。另一方面，遵守社会公德以树立良好的社会形象，是师范生道德实践的终极体现。社会公德是社会成员在公共生活中应当遵循的基本道德规范，包括遵守公共秩序、爱护公共财物、保护生态环境、尊重他人权利等，体现了社会的共同利益和普遍价值追求。对于师范生而言，这意味着在日常生活中要时刻铭记自己的社会角色与责任，以身作则，成为遵守公共秩序的表率。例如，在校园内外保持良好形象，积极参与志愿服务活动，尊重他人权利，维护公平正义等，这些行为都是社会公德的具体体现。通过这些实践，师范生不仅能赢得他人的尊重与信任，还能在潜移默化中影响周围的人，共同营造一个和谐、文明的社会环境。良好的社会形象是师范生职业发展的基石，它不仅有助于他们在求职过程中脱颖而出，更能为未来的教育教学工作奠定坚实的群众基础。综上所述，通过不断地自我审视与社会反馈，师范生可以不断调整自己的道德行为，实现个人品德与社会公德的深度融合与统一，最终成为既有高尚品德又有专业能力的优秀教育工作者。

四、集体性行动：以社会理想激活师范生的报国情怀

集体性行动是以共同的目标和理念为驱动力，通过集体力量来实现特定目标

的一种行动方式。在教育领域，特别是师范生的教育中，集体性行动尤为重要，因为它能够汇聚师范生的力量，引导他们以社会理想为指引，积极投身于教育事业，更深入地洞察社会的需求与发展趋势，为解决社会问题、推动社会进步贡献智慧与力量。因而，社会理想不仅是师范生对未来社会的美好憧憬与坚定信念，更是他们勇于承担社会责任的重要体现。《新时代爱国主义教育实施纲要》明确指出，要"始终高扬爱国主义旗帜，着力培养爱国之情、砥砺强国之志、实践报国之行，使爱国主义成为全体中国人民的坚定信念、精神力量和自觉行动"[①]。这为当前师范生实现社会理想指明了方向、提供了根本遵循。在未来实践中，我们应激励师范生充分展现其专业特长和创新能力，将爱国情、强国志与报国行紧密结合，共同追求并实现崇高的社会理想，为国家的繁荣富强和人民的幸福安康贡献力量。

　　激励师范生充分展现专业特长和创新能力，将爱国情、强国志与报国行紧密结合，并在强化爱国主义教育、提供社会实践机会和发挥师范专业特长等方面做出努力，共同追求并实现崇高的社会理想。首先，强化爱国主义教育，激发报国情怀。爱国主义教育是师范生培养体系中不可或缺的，它不仅是传承中华优秀传统文化、弘扬民族精神的重要途径，更是激发师范生报国情怀、培养国家责任感和使命感的关键所在。通过组织参观革命纪念馆、历史博物馆，观看爱国影片，邀请老革命家、历史学者讲述国家发展历程，师范生能深刻了解中华民族从苦难走向辉煌的历程，激发民族自信心和历史责任感。结合当前国家发展的新形势、新任务，通过主题班会、讲座、研讨会等形式，向师范生传递社会主义核心价值观，弘扬时代精神，引导他们树立崇高的社会理想和坚定的报国信念。同时，通过表彰优秀师范生、树立先进典型，激励更多师范生以国家需要为己任，积极投身教育事业。组织师范生参与红色旅游、志愿服务、社会实践等活动，让他们在实践中更直观地了解国家发展的现状和挑战，从而更加坚定报国的决心和信心。

　　其次，提供社会实践机会，增强社会责任感。社会实践是师范生了解社会、认识社会、服务社会的重要途径，也是增强他们社会责任感的有效手段。学校应与社会各界建立广泛的合作关系，为师范生搭建多样化的实践平台。通过实习实训、支教服务、社会调查等形式，让师范生深入基层、了解社会，体验教育工作的艰辛与乐趣，培养社会责任感和奉献精神。在实践过程中，学校应加强对师范生的指导和支持。通过选派经验丰富的教师担任指导老师，为师范生提供实践技

---

① 新华社：《新时代爱国主义教育实施纲要》，《人民日报》2019 年 11 月 13 日第 6 版。

能培训和心理辅导，帮助他们解决实践中的困难和问题，提升他们的实践能力和综合素质。学校应对师范生的社会实践成果进行客观、公正的评估，对表现优秀的师范生给予表彰和奖励。同时，学校应鼓励师范生在实践中探索创新，提出建设性意见和建议，为教育事业的发展贡献智慧和力量。

最后，发挥师范专业特长，为国家作出贡献。师范生作为未来教育事业的骨干力量，应充分发挥自己的专业特长和创新能力，为国家的教育事业作出贡献。师范生应积极参与教育改革实践，探索适应新时代要求的教育理念和教学方法。通过参加教育科研项目、教学改革实验等活动，推动教育事业的持续发展和创新。师范生还应注重培养学生的创新精神和实践能力，为国家培养更多高素质的人才。师范生应利用自己的专业知识和技能，积极参与教育资源的推广和普及工作，比如通过参与支教服务、教育扶贫等活动，将优质教育资源带到偏远地区和欠发达地区，促进教育公平和社会和谐。师范生应关注当前教育领域的热点问题和难点问题，如教育均衡发展、素质教育推进等，通过调查研究、政策建议等形式，为政府和教育部门提供有价值的参考及建议，推动教育事业的健康发展。在未来的教育实践中，学校应培养师范生，使其逐渐成长为具有深厚爱国情怀、坚定理想信念和强烈社会责任感的优秀教育工作者，为国家的繁荣富强和人民的幸福安康贡献智慧与力量。

第三章

师范生理想指导现状调研及原因探析

理想是个人信念体系的核心部分，是个体在生活、学习和事业中追求目标的重要动力。对于师范生而言，理想不仅是个人成长的指引，更是其未来教育事业的内在驱动，直接影响其教育理念的形成与实践能力的提升。从内涵上看，师范生的理想可以分为四个主要方面：生活理想、职业理想、道德理想和社会理想。生活理想反映了师范生对幸福生活的追求；职业理想集中体现了师范生对教师职业的热爱和未来发展的规划；道德理想彰显了师范生的品德追求及对教育事业的责任感；社会理想则是师范生个人发展与社会需求相结合的具体体现，包括对教育公平、社会进步和民族复兴的责任感和使命感。

师范生理想的指导，是帮助师范生明确成长目标、增强教育使命感的重要过程。这一过程不仅关乎师范生个体的全面发展，也将对未来教育质量和教育现代化目标的实现产生深远影响。然而，当前在师范教育实践中，针对师范生理想的指导尚未形成系统化、科学化的机制。一方面，师范生的理想现状如何，是否能够在四个维度上保持协调发展，对此仍缺乏全面深入的了解；另一方面，师范生理想指导中的现实问题和潜在原因尚未得到充分剖析。基于此，本章将通过调查研究，对师范生理想的现状进行系统梳理，并深入分析当前师范生理想指导中存在的主要问题及其成因。这不仅能为后续构建科学合理的师范生理想指导机制提供依据，也将为提升师范生的教育理想水平与培养效果提供现实参考。

第一节 研 究 设 计

本研究的设计框架包括研究目的、研究思路和研究方法。在当前教育体系中，师范生理想指导的现状存在一定的失衡，本研究旨在通过开发一套科学有效的评价工具，深入探讨高校对师范生生活理想、职业理想、道德理想和社会理想的指导现状。研究首先构建并验证适用于高校理想指导现状的测评工具，通过信效度检验确保其科学性。基于此工具，本研究将分析不同群体师范生在理想指导方面的差异，并通过访谈法进一步挖掘师范生对理想指导的真实看法，为优化师范生理想指导机制提供理论依据和实践参考。本章内容将详细阐述研究思路的系统设计以及各项研究方法的具体应用。

一、研究目的

第二章建立了师范生理想的概念框架，将师范生理想划分为生活理想、职业理想、道德理想和社会理想四个维度，并明确了高校教育对师范生理想指导的重要价值。基于此，本章的主要目的是探究当前高校对师范生的生活理想、职业理想、道德理想和社会理想指导的现状。在对师范生理想指导现状展开全面分析前，首先需要开发一套科学有效的理想指导现状评价工具。因此，本章在已有理论模型的基础上，将构建并验证适用于高校理想指导现状的评价工具。评价工具的构建过程遵循了两个基本原则：一是基于文献综述和理论分析提炼出各维度的评价指标；二是对问卷进行初步发放，利用信效度检验确保评价工具的结构效度与科学性。基于评价工具的分析，研究将结合不同变量从多个角度探讨高校对师范生生活理想、职业理想、道德理想和社会理想指导的具体效果。此外，本研究通过访谈法深入探讨师范生对理想教育的看法，旨在获取更加真实、客观的数据与信息。这些宝贵的资料将为研究者提供科学依据，助力更明智、更高效的决策制定。

二、研究思路

本书研究围绕师范生理想指导现状调研与测评工具的构建，设计了系统化研究流程（图 3-1）。首先，在问题项形成阶段，通过梳理相关理论基础和文献，初步构建测评工具的问题框架，并邀请多位研究者对初步问题项进行研讨与修订，确保问题设计的科学性与合理性。随后，在问卷编制与验证阶段，根据修订后的问题项，编制测评问卷并进行发放，随后对收集到的数据进行信度和效度检验，并依据分析结果对问卷内容进行进一步修正，以确保测评工具的可靠性和有效性。在此基础上，形成师范生理想指导测评工具，为现状分析提供科学的测量依据。

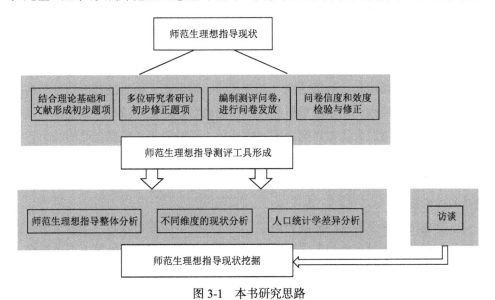

图 3-1　本书研究思路

测评工具形成后，本研究进入师范生理想指导现状的挖掘与分析阶段。首先，从整体层面对师范生理想指导的现状进行系统分析，以把握其总体特征。同时，针对生活理想、职业理想、道德理想和社会理想四个主要维度，深入探讨师范生在不同理想维度的现状特点。此外，本研究还从人口统计学变量（如性别、年级、专业、学校类别、地域等）入手，分析不同群体在理想指导现状上的差异情况。此外，通过访谈深入了解师范生对理想指导的真实看法，进一步补充和验证问卷数据，从而全面挖掘师范生理想指导的现状及其背后的问题。最终，这一系列分析为研究师范生理想指导机制的构建提供了扎实的理论依据和实践依据。

三、研究方法

（一）问卷调查法

问卷调查法是教育研究中经常使用的标准化、结构化数据收集工具，通过内容明确、表述清晰的调查量表，让被调查者根据个人情况填写来了解其心理活动，能够在相当广泛的范围内了解到调查对象的看法和心理状态，并可以进行数量分析。在调查过程中，本研究采用问卷调查方法，通过该方法主要完成以下工作：①通过问卷调查方法进行前测，信效度检验后，进一步修正问卷；②通过问卷调查方法进行正式测试。

（二）半结构化访谈法

半结构化访谈法是一种灵活的、开放式的访谈形式，指访谈者不预设严格的问题框架或问卷结构，而是根据研究目的和访谈对象的实际情况，围绕核心主题展开自由对话。访谈者通常以宽泛的问题开场，鼓励受访者根据自己的经历、观点和感受进行详细描述，从而获取丰富的、深入的、具有主观性的资料。这种访谈方法强调自然交谈的过程，适用于探索研究问题的复杂性、挖掘潜在原因或生成新的理论视角。

本研究将以预设的核心问题为引导，围绕师范生的理想认知、价值观念，以及师范生理想指导过程中的影响因素及师范生理想指导现状评价等方面进行深入探讨。

（三）统计分析方法

1. 信度分析

信度分析（reliability analysis）是一种测度综合评价体系是否具有一定稳定性和可靠性的有效分析方法。信度是指根据测验工具所得到的结果的一致性或稳定性，反映被测特征真实程度的指标。常用的信度指标包括稳定性、等值性和内部一致性。其中内部一致性指标关注不同的测量项目所带来的测量结果的差异，在问卷法观测数据中经常被采用。研究人员最常使用克龙巴赫 α 系数来衡量量表的内部一致性，当克龙巴赫 α 系数介于 0.65～0.7 时，量表的信度可以接受；介于

0.7～0.8 时，量表的信度较好[1]。

本研究将分别针对前测阶段、正式施测阶段收集到的数据进行信度分析，验证量表的稳定性和可靠性。

2. 效度分析

效度分析（validity analysis）主要评价量表的准确度、有效性和正确性，即测定值与目标真实值的偏差大小[2]。效度分析意在反映某测量工具是否有效地测定到了它所打算测定的内容，即实际测定结果与预想结果的符合程度。由于无法确定目标真实值，因此效度的评价较为复杂，常常需要与外部标准作比较才能判断。衡量效度的指标有很多，如表面效度、内容效度、准则关联效度、结构效度、聚集效度和区分效度等。在实证研究中，研究人员多采用内容效度、结构效度两个重要指标来评价量表。其中，内容效度是指量表的各条目是否测定其希望测量的内容，是一个主观指标，一般通过专家评议打分进行，必要时用内容效度比（content validity ratio，CVR）这一指标来衡量。结构效度是指量表的结构是否与制表的理论设想相符，可采用探索性因素分析（exploratory factor analysis，EFA）方法进行评价，所得的公共因子类似组成量表的结构，因子负荷反映了条目对领域的贡献，因子负荷值越大说明其所在条目与领域的关系越密切。

结构方程模型（structural equation model，SEM）提供了验证性因素分析（confirmatory factor analysis，CFA）方法，比传统的探索性因素分析方法更有意义、更周详。探索性因素分析方法多数由直觉及非正式规则引导，验证性因素分析方法奠基于传统的假设检验上，其中也考虑因素分析模型的整体质量，以及构成模型的特别参数，可以较好地评估因素构念与其指标变量之间的密切关系程度。

3. 因子分析

因子分析（factor analysis，也称因素分析）是一类降维的相关分析技术，用来考察一组变量之间的协方差或相关系数结构，并用以解释这些变量与为数较少的因子（即不可观测的潜变量）之间的关联。因子分析包括探索性因素分析和验证性因素分析。两种因子分析都是以普通因子分析模型作为理论基础，其主要目

① 张虎，田茂峰：《信度分析在调查问卷设计中的应用》，《统计与决策》2007 年第 21 期。
② 蒋小花，沈卓之，张楠楠，等：《问卷的信度和效度分析》，《现代预防医学》2010 年第 3 期。

的都是浓缩数据，通过对诸多变量的相关性研究，可以用假想的少数几个变量（因子、潜变量）来表示原来变量（观测变量）的主要信息。探索性因素分析是在事先不知道影响因子的基础上，完全依据样本数据，利用统计软件以一定的原则进行因子分析，最后得出探索性因素分析是在未知潜在因子的前提下，依据样本数据，通过统计软件按照一定的统计准则进行因子提取，从而识别出数据中的潜在结构。验证性因素分析则是基于预先建立的理论，事先假设因子结构，其先验假设是每个因子都与一个具体指示变量子集对应，以检验这种结构是否与观测数据一致。

本研究将主要利用探索性因素分析方法对量表的结构效度进行检验，证明问卷设计的合理性；同时，对量表分别利用因子分析法中的主成分分析法提取因子，再以最大方差法进行正交旋转，根据旋转后因子成分与问卷设计时提出的结构进行对比；利用验证性因素分析方法对各测量模型与数据的匹配度进行检验。

第二节　问卷设计与修订

本节将重点介绍本研究的问卷设计与修订过程，涵盖问卷编制思路、题项设计、预调查及量表检验以及最终测评工具的确定。首先，在问卷编制思路方面，本研究依据相关理论框架和文献综述，设计了针对师范生理想指导现状的测评工具。其次，通过科学的题项设计，确保各维度的覆盖面和问题的针对性，以全面反映师范生在生活理想、职业理想、道德理想和社会理想方面的实际情况。为确保问卷的可靠性与有效性，研究进行了预调查，并对量表进行了信效度检验。最后，结合数据分析结果，对问卷进行了修订和完善，确保测评工具的结构科学、内容合理。本节将详细阐述这些设计和修订过程，为后续的数据分析和研究提供坚实的基础。

一、问卷编制思路

实证研究是否能够顺利进行、结果分析能否客观有效，关键在于能否获得稳定而可靠的测量数据，因此测量工具的编制尤为重要。为了获得真实而可靠的数据，在编制测量工具时，要遵循和恪守清晰性、单一性、中立性、简单性、可靠性、间接性、排他性、敏感性、完整性、规范性等原则，题目的描述逻辑清晰、不含糊，一个题目当中只调查一个问题，选项彼此都边界独立、是同一维度或水平上的分类，问卷题目能够覆盖调查研究主题的所有方面。

问卷设计经过了两个环节：第一，题项形成与修正。第二章基于已有的文献资料和相关研究，在师范生理想内涵框架的基础上已初步形成了二级指标。在本章节中，首先组织相关博士、硕士、高校教学名师、中小学名校长等人员通过座谈讨论的方式形成三级评测题项；第二，题项质量分析。基于问卷发放的结果，采用信度分析与结构效度分析来衡量测评工具的质量。同时，邀请专家对量表的内容效度进行评定。

二、问卷题项设计

该研究基于第二章提出的师范生理想的内涵框架，形成了生活理想指导（包含 3 个二级指标）、职业理想指导（包含 3 个二级指标）、道德理想指导（包含 3 个二级指标）和社会理想指导（包含 3 个二级指标）的观测条目。具体指标对应情况如表 3-1 所示。

表 3-1　师范生理想指导的具体指标

一级指标	二级指标	文献来源
生活理想	生存质量 生活体验 生命追求	刘焕明和周冰倩[1]，盛玉全[2]
职业理想	富有教育爱的人师 具有专业力的经师 具有执行力的良师	张东刚[3]，顾明远[4]

① 刘焕明，周冰倩：《新时代美好生活的丰富内涵与实现路径》，《江南大学学报（人文社会科学版）》2020 年第 2 期。

② 盛玉全：《新时代"美好生活"的基本内涵及其实现路径研究》，硕士学位论文，中共湖北省委党校，2019 年，第 14-19 页。

③ 张东刚：《弘扬教育家精神打造"经师"和"人师"相统一的高素质教师队伍》，《国家教育行政学院学报》2023 年第 10 期。

④ 顾明远：《既做经师更做人师》，《北京师范大学学报（社会科学版）》2015 年第 1 期。

续表

一级指标	二级指标	文献来源
道德理想	优良品德	冯契[1]
	高尚师德	
	崇高公德	
社会理想	爱国情	杨明[2]，刘舒玮[3]
	强国志	
	报国行	

在将文献分析与一、二级指标对应之后，本研究团队组织了 7 名博士、5 名硕士、3 名高校教学专家共同形成和修订三级观测题项。初始测量题项如表 3-2 所示，共计 49 个测量题项，其中生活理想对应 14 个测量题项，职业理想对应 13 个测量题项，道德理想对应 10 个测量题项，社会理想对应 12 个测量题项。在此基础上，形成师范生理想指导的测评量表，量表采用利克特 5 点量表："1"表示非常不同意，"2"表示比较不同意，"3"表示不确定，"4"表示比较同意，"5"表示非常同意。

表 3-2　师范生理想指导的三级观测题项

一级	二级	题项
生活理想 L	生存质量 L1	L1.1.师范生教育帮您更好地适应未来的经济发展和变化
		L1.2.师范生教育帮助您更好地适应未来的社会变革与环境
		L1.3.您从师范生教育中获得了应对教师生活压力的实用建议
		L1.4.师范生教育为您提供了对未来生活成本、工作地点选择等现实问题的指导
		L1.5.师范生教育能够有效提升未来生活中的物质保障意识
	生活体验 L2	L2.1.您从师范生教育中获得有效的心理健康支持，帮助您提升生活的情感体验和幸福感
		L2.2.您在师范生教育中学到了保持积极心态和情感平衡的方法
		L2.3.学校提供的教学实践有助于增强您的幸福感和成就感
		L2.4.学校为师范生提供了丰富的课外活动，以提高生活体验的多样性

① 冯契：《冯契文集第三卷：人的自由和真善美》，华东师范大学出版社 1996 年版，第 216-217 页。
② 杨明：《个体道德・家庭伦理・社会理想：〈礼记〉伦理思想探析》，《道德与文明》2012 年第 5 期。
③ 刘舒玮：《新时代大学生的社会理想及其培育研究》，硕士学位论文，华南理工大学，2023 年，第 13-19 页。

续表

一级	二级	题项
生活理想 L	生命追求 L3	L3.1.师范生教育能够帮助您树立明确的生活目标和人生追求
		L3.2.学校在引导您理解和追求个体精神满足和自我实现方面提供支持
		L3.3.师范生教育能够帮助您培养责任感和使命感
		L3.4.师范生教育帮助您意识到教师的社会影响力和对学生人生观的引导作用
		L3.5.师范生教育能够激励您追求自我超越与奉献精神
职业理想 C	富有教育爱的人师 C1	C1.1.师范生教育帮助您理解了关怀在教育中的重要性
		C1.2.您从师范生教育中获得了关怀学生的意愿、态度和能力
		C1.3.学校通过教学或实习帮助您保持对教育事业的热情并鼓励长期投身教育
		C1.4.师范生教育培养了您洞察学生发展需求的能力
	具有专业力的经师 C2	C2.1.师范生教育帮助您培养了批判思考力，能够独立分析和解决教学中的问题
		C2.2.师范生教育帮助您培养各种问题解决力应对教育领域的复杂挑战
		C2.3.师范生教育增强了您的国际观，帮助您理解全球教育发展趋势
		C2.4.学校为您创造了丰富的实践机会来提升您的专业知识与教学能力
	具有执行力的良师 C3	C3.1.师范生教育培养了您在教学中的合作能力
		C3.2.师范生教育培养了您的教育创新能力，能够提出新的教学方法和理念
		C3.3.师范生教育提升了您将理论应用于教学实践的能力
		C3.4.师范生教育为您提供了支持创新教育实践的资源和机会
		C3.5.师范生教育推动您将创新思维转换为实际的教育行动
道德理想 M	优良品德 M1	M1.1.师范生教育帮助您提升了个人品德修养
		M1.2.师范生教育重视对您日常言行操守的管理和指导
		M1.3.您感受到学校对师范生为人处世风格的重视和引导
	高尚师德 M2	M2.1.师范生教育帮助您树立了严谨的治学态度
		M2.2.师范生教育涵养了您的教育情怀
		M2.3.师范生教育严格要求师范生遵守教师的职业道德
	崇高公德 M3	M3.1.学校的道德教育有助于您形成良好的社会责任感
		M3.2.师范生教育培养了您成为道德榜样的能力
		M3.3.您感受到学校对社会公德的重视和引导
		M3.4.师范生教育帮助您将道德认识转化为能够指导日常行为的系统规范
社会理想 S	爱国情 S1	S1.1.师范生教育增强了您对国家的历史文化认同
		S1.2.师范生教育有效引导您关注国家教育政策和教育改革动态
		S1.3.师范生教育帮助您认识到个人发展与国家教育事业的紧密联系
		S1.4.师范生教育培养了您对祖国深厚的情感认同与归属感

续表

一级	二级	题项
社会理想 S	强国志 S2	S2.1.师范生教育引导您将个人职业发展规划与国家和社会的发展需求相结合
		S2.2.师范生教育有效提升了您的专业能力，使您更有信心为国家的发展服务
		S2.3.您在师范生教育中认识到社会责任担当的重要性，并愿意在未来的教学中践行这一责任
		S2.4.师范生教育引导您为提升国家教育水平和促进教育公平等社会事业贡献自己的力量
	报国行 S3	S3.1.师范生教育指导您创新教学实践，有效传授知识和技能，为国家培养新质人才
		S3.2.师范生教育为您的教育科研提供了重要的平台和资源支持
		S3.3.师范生教育鼓励您参与社会公益服务，利用专业知识为社会作出贡献
		S3.4.师范生教育增强了您对科学研究重要性的认识，促使您愿意参与教育改革

三、预调查及量表检验

为了检验前述所设计量表的合理性，研究者在开始正式调查之前进行了预调查，并根据预调查数据，采用统计分析软件 SPSS 对所用量表的信效度进行检验。

（一）问卷发放与回收

本研究选取在校师范生作为调研对象，预调查于 2024 年 9 月进行，利用问卷星平台向全国范围的高校师范生发放问卷，邀请他们对师范生理想指导的现状进行评价，同时本研究收集了调查对象的性别、专业、年级、学校类别以及地域等人口统计学变量的相关信息。在为期两周的时间内，共收到反馈问卷 525 份，经过数据清洗，得到完整、有效问卷 518 份，问卷有效率为 98.67%。

根据表 3-3 数据，样本中共有 518 名参与者。性别方面，女性占比 84.75%（439 人），男性占比 15.25%（79 人）。年级分布上，大二学生最多，占 44.59%（231 人），其次是大三学生，占 32.43%（168 人），大一和大四学生分别占 11.20%（58 人）和 11.78%（61 人）。在专业分类方面，教育类占比最大，为 40.15%（208 人）；理科类占比 28.19%（146 人）；文科类占比 23.75%（123 人）；艺术类占比 5.79%（30 人）；体育类占比 2.12%（11 人）。在学校类别方面，省属师范大学的学生占比最高，为 80.89%（419 人），其次是省属一般师院，占 10.23%（53

人)，部属师范大学的学生占比为 4.25%（22 人），其他类别的学校占比为 4.63%（24 人）。地域分布上，中部地区的参与者最多，占 61.39%（318 人），西部地区占 24.52%（127 人），东部地区占 14.09%（73 人）。

表 3-3　预调查样本情况表

项目	类别	人数/人	比例/%
性别	男	79	15.25
	女	439	84.75
年级	大一	58	11.20
	大二	231	44.59
	大三	168	32.43
	大四	61	11.78
专业	文科类	123	23.75
	理科类	146	28.19
	艺术类	30	5.79
	教育类	208	40.15
	体育类	11	2.12
学校类别	部属师范大学	22	4.25
	省属师范大学	419	80.89
	省属一般师院	53	10.23
	其他	24	4.63
地域	中部	318	61.39
	东部	73	14.09
	西部	127	24.52

（二）量表信效度检验

在信度方面，使用问卷的克龙巴赫 α 系数来进行信度分析，信度系数越接近 1，表明题项的信度越高，而信度系数 0.9 以上被认为具有较高的可靠性，0.7～0.9 表示相对可接受，研究中的信度系数一般不应低于 0.7。在本研究中，用来测量师范生理想指导的量表共有 49 项题目，整体量表的信度系数和 4 个一级指标的信度系数均在 0.9 以上（表 3-4），说明各题目之间均具有较强的内在一致性。

表 3-4 信度分析结果

维度	克龙巴赫 α 系数	项数
师范生理想指导	0.989	49
生活理想指导	0.980	14
职业理想指导	0.984	13
道德理想指导	0.973	10
社会理想指导	0.985	12

在内容效度方面，本研究邀请了 8 位教育学领域的专家对每个条目进行评价。评价标准分为四个等级：1=不相关，2=有点相关，3=很相关，4=高度相关。条目水平的内容效度指数（item-level content validity index，I-CVI）计算结果显示，所有条目的 I-CVI 值均不低于 0.875，表明每个条目都与测量目标有较高的相关性。量表水平的内容效度指数（scale-level content validity index，S-CVI）中，S-CVI/UA（Scale Content Validity Index/Universal Agreement，满分的项目占比）为 0.918，S-CVI/Ave（Scale Content Validity Index/Average Proportion，所有项目 I-CVI 的平均值）为 0.901，均高于普遍接受的标准，表明量表整体具有较好的内容效度。

在结构效度方面，本研究采用探索性因素分析方法以及验证性因素分析方法来检验。鉴于本研究的三级测量题项是基于多篇文献的综合成果，因此本研究首先采用探索性因素分析方法对模型的三级题项进行验证。随后，为了进一步评估量表的内部结构特征以及变量间的关联性，本研究运用验证性因素分析方法，并借助结构方程模型软件 AMOS 来检验这些关系，从而确保测试题项具有可靠的指标体系。

在进行探索性因素分析时，首先计算 Kaiser-Meyer-Olkin（KMO）测度值，以评估变量间的偏相关性。KMO 值越接近 1，表明因子分析的结果越为理想。具体而言，KMO 值达到 0.9 或以上被认为是理想的，0.8 或以上被认为是适合的，0.5~0.7 被认为是相对可接受的，而低于 0.5 则认为不适合进行因子分析。此外，研究还需关注 Bartlett 球形检验结果，这一检验用来评估变量间是否呈现出球形分布。如果变量的 $p < 0.05$，表明变量间存在较强的相关性，适合进行因子分析；相反，如果 $p > 0.05$，则认为变量间相关性不强，不适合进行因子分析。本研究中（表 3-5），通过 KMO 检验和 Bartlett 球形检验发现 KMO 值为 0.977，Bartlett 球形检验达到显著（$p < 0.001$）。

表 3-5　KMO 检验和 Bartlett 球形检验

比较项		数值
KMO 检验		0.977
Bartlett 球形检验	近似卡方	84939.542
	自由度	1176
	显著性	0.000

随后进行主成分分析（principal component analysis，PCA），目的是通过提取数据中最能解释方差的主成分，简化数据结构，在减少维度的同时保留关键信息。其主要步骤包括确定公因子方差，确定提取的主成分数（通常选择特征值大于 1 的因子）、旋转因子载荷矩阵以提高因子的可解释性、分析因子载荷矩阵确定每个主成分与变量的关系，最后根据理论背景对提取的主成分进行解释。

公因子方差是指各变量所包含的信息能被提取的公因子表示的程度。该值越高，表明变量间的共同度越大，即它们共享的信息越多。相反，如果公因子方差较低，则可能需要考虑剔除某些题项以提高量表的质量。在本研究中，49 个题项的公因子方差均超过了 0.7，这表明公因子对原始变量有较高的解释力，且这些题项适合进行因子分析，具体结果详见表 3-6。

表 3-6　49 个题项的公因子方差

指标	提取	指标	提取	指标	提取	指标	提取
L1.1	0.771	C1.1	0.870	M1.1	0.736	S1.1	0.855
L1.2	0.809	C1.2	0.862	M1.2	0.869	S1.2	0.846
L1.3	0.815	C1.3	0.863	M1.3	0.824	S1.3	0.889
L1.4	0.842	C1.4	0.868	M2.1	0.741	S1.4	0.846
L1.5	0.805	C2.1	0.873	M2.2	0.858	S2.1	0.877
L2.1	0.839	C2.2	0.859	M2.3	0.879	S2.2	0.878
L2.2	0.833	C2.3	0.835	M3.1	0.838	S2.3	0.877
L2.3	0.806	C2.4	0.844	M3.2	0.810	S2.4	0.878
L2.4	0.736	C3.1	0.741	M3.3	0.835	S3.1	0.875
L3.1	0.805	C3.2	0.852	M3.4	0.831	S3.2	0.819
L3.2	0.831	C3.3	0.850			S3.3	0.848
L3.3	0.787	C3.4	0.844			S3.4	0.828
L3.4	0.761	C3.5	0.817				
L3.5	0.760						

因子分析结果显示（表 3-7），特征根大于 1 的因子有 4 个，4 个因子能够解释总变异量的 83.095%，说明可通过这 4 个因子有效评估师范生理想指导的现状。

表 3-7　解释的总方差　　　　　　　　　　　　　　单位：%

成分	初始特征值			提取平方和载入			旋转平方和载入		
	合计	方差百分比	累积百分比	合计	方差百分比	累积百分比	合计	方差百分比	累积百分比
1	32.762	66.861	66.861	32.762	66.861	66.861	11.926	24.339	24.339
2	3.710	7.571	74.432	3.710	7.571	74.432	11.078	22.609	46.948
3	2.570	5.244	79.676	2.570	5.244	79.676	9.467	19.321	66.269
4	1.675	3.419	83.095	1.675	3.419	83.095	8.245	16.826	83.095

为了提高因子的可解释性，利用 Kaiser 标准化最大方差法对因子矩阵进行旋转（表 3-8），结果发现 49 个测试题项可降维为 4 个因子，与研究构建的一级指标相吻合。当对因子载荷开展检查时，发现 L1.2、L3.4、C1.1 和 C3.3 这 4 个题项的因子载荷与初构的一级指标不相吻合（即因子载荷小于 0.4），因此进行删除。

表 3-8　旋转后的成分矩阵

题项	成分			
	1	2	3	4
L1.1	0.249	0.788	0.247	0.166
L1.2	0.277	0.385	0.279	0.196
L1.3	0.307	0.766	0.287	0.225
L1.4	0.284	0.793	0.292	0.216
L1.5	0.263	0.794	0.213	0.246
L2.1	0.332	0.740	0.297	0.304
L2.2	0.340	0.738	0.280	0.307
L2.3	0.323	0.730	0.285	0.297
L2.4	0.346	0.646	0.313	0.319
L3.1	0.314	0.767	0.255	0.233
L3.2	0.337	0.737	0.311	0.279
L3.3	0.378	0.661	0.355	0.285
L3.4	0.332	0.356	0.361	0.299
L3.5	0.330	0.679	0.313	0.301
C1.1	0.321	0.295	0.256	0.210

续表

题项	成分			
	1	2	3	4
C1.2	0.827	0.268	0.251	0.204
C1.3	0.827	0.282	0.248	0.194
C1.4	0.808	0.312	0.254	0.233
C2.1	0.821	0.301	0.256	0.207
C2.2	0.823	0.276	0.246	0.213
C2.3	0.814	0.262	0.242	0.213
C2.4	0.791	0.289	0.270	0.247
C3.1	0.760	0.277	0.221	0.194
C3.2	0.820	0.266	0.241	0.225
C3.3	0.218	0.275	0.247	0.210
C3.4	0.812	0.268	0.266	0.205
C3.5	0.779	0.283	0.276	0.231
M1.1	0.259	0.154	0.168	0.786
M1.2	0.251	0.318	0.361	0.758
M1.3	0.229	0.358	0.334	0.729
M2.1	0.252	0.180	0.147	0.790
M2.2	0.243	0.335	0.341	0.755
M2.3	0.276	0.347	0.387	0.730
M3.1	0.240	0.318	0.429	0.704
M3.2	0.235	0.340	0.429	0.674
M3.3	0.249	0.338	0.424	0.691
M3.4	0.255	0.336	0.428	0.686
S1.1	0.331	0.336	0.726	0.324
S1.2	0.338	0.323	0.716	0.340
S1.3	0.357	0.326	0.740	0.329
S1.4	0.330	0.313	0.737	0.310
S2.1	0.313	0.354	0.733	0.340
S2.2	0.345	0.357	0.726	0.323
S2.3	0.327	0.343	0.728	0.348
S2.4	0.334	0.353	0.730	0.329
S3.1	0.333	0.357	0.725	0.332
S3.2	0.352	0.380	0.673	0.314
S3.3	0.355	0.394	0.670	0.341
S3.4	0.346	0.396	0.671	0.317

　　删项后再次使用最大方差法进行成分旋转，结果如表 3-9 所示，抽取出的 4 个因子符合量表设计维度，并将 4 个因子命名为生活理想指导、职业理想指导、道德理想指导、社会理想指导。

表 3-9　旋转后的因素及其负荷量

因子	题项	负荷量	因子	题项	负荷量	因子	题项	负荷量
生活理想指导	L1.1	0.791	职业理想指导	C2.1	0.822	道德理想指导	M3.2	0.682
	L1.3	0.768		C2.2	0.830		M3.3	0.699
	L1.4	0.791		C2.3	0.809		M3.4	0.678
	L1.5	0.795		C2.4	0.793	社会理想指导	S1.1	0.733
	L2.1	0.738		C3.1	0.754		S1.2	0.726
	L2.2	0.741		C3.2	0.824		S1.3	0.731
	L2.3	0.729		C3.4	0.811		S1.4	0.734
	L2.4	0.661		C3.5	0.792		S2.1	0.729
	L3.1	0.769	道德理想指导	M1.1	0.793		S2.2	0.716
	L3.2	0.728		M1.2	0.762		S2.3	0.735
	L3.3	0.677		M1.3	0.728		S2.4	0.738
	L3.5	0.683		M2.1	0.788		S3.1	0.715
职业理想指导	C1.2	0.819		M2.2	0.743		S3.2	0.692
	C1.3	0.823		M2.3	0.738		S3.3	0.689
	C1.4	0.817		M3.1	0.711		S3.4	0.677

　　验证性因素分析用于衡量测量模型结构效度的适切性与真实性，可在探索性因素分析的基础上进一步衡量结果的准确性。本研究使用 AMOS 软件对量表的结构效度做进一步验证分析，结构方程拟合指标参考标准如表 3-10 和表 3-11 所示。

表 3-10　整体模型适配度指标

指标	适配要求	说明
χ^2/df	<5.0	越小越好　　　　　　　　　　越小越好
RMSEA	<0.08	越小越好　　小于 0.05 表示拟合得很好，超过 0.1 则表明拟合得很差
RFI	>0.90	越接近 1 越好
NFI	>0.90	越接近 1 越好
IFI	>0.90	越接近 1 越好　　由于拟合变量多、模型较复杂等，某些拟合指数难以达到 0.90 的取值标准，可以视具体情况，适当放宽要求
CFI	>0.90	越接近 1 越好
TLI	>0.90	越接近 1 越好

　　资料来源：李晋：《员工-主管上向信任影响因素和作用机理研究》，博士学位论文，山东大学，2009 年，第 113-114 页。

表 3-11　模型基本适配度检验项目与标准

指标	适配要求
是否没有负的误差变异量	没有出现负的误差变异量
因素负荷量是否介于 0.5～0.95	介于 0.5～0.95
是否没有很大的标准误	标准误值很小

资料来源：吴明隆：《结构方程模型：AMOS 的操作与应用》，重庆大学出版社 2016 年版，第 53-59 页。

　　根据探索性因素分析的结果，师范生理想指导量表可以抽取出"生活理想"、"职业理想"、"道德理想"和"社会理想"4 个共同因子。构建"师范生理想指导"验证性因素分析的概念模型图，如图 3-2 所示，并通过最大似然法对模型进行估计。

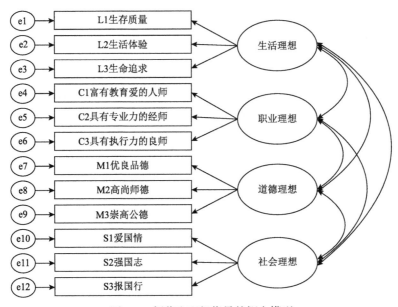

图 3-2　师范生理想指导的概念模型

　　对模型整体适配度统计量进行检验发现（表 3-12），卡方与自由度比值（χ^2/df）为 3.817，小于 5；渐近残差均方和平方根（RMSEA）为 0.065，大于 0.05 的理想值，但小于 0.08 的中等适配水平；其他适配度指标方面，RFI 为 0.902、NFI 为 0.913、IFI 为 0.925、CFI 为 0.923、TLI 为 0.931，值均远高于 0.90。这说明，师范生理想指导的验证性因素分析概念模型与实际观察数据的适配情形良好，测量模型的结构效度较好。

表 3-12   整体适配度检验表

指标	要求	检验结果	模型适配度判断
χ^2/df	<5.00	3.817	是
RMSEA	<0.08	0.065	是
RFI	>0.90	0.902	是
NFI	>0.90	0.913	是
IFI	>0.90	0.925	是
CFI	>0.90	0.923	是
TLI	>0.90	0.931	是

   对模型基本适配度统计量进行检验，观察模型的回归系数表（表 3-13），标准化路径系数代表了潜在变量对观测变量的影响，该模型因子载荷量在 0.801～0.886，说明指标变量能被构念解释的变异较大，该模型的基本适配度非常好。继续测量残差变异量估计表（表 3-14），可以看到 4 个潜在因子"生活理想"、"职业理想"、"道德理想"和"社会理想"与 12 个误差变量的测量误差值均为正数且达到 0.001 显著水平，变异量标准误的估计值均很小，数值在 0.012～0.068，说明研究没有模型界定错误的问题存在。师范生理想指导的验证性因素分析概念模型基本适配度检验表（表 3-15）对基本适配度指标进行了集中展示，结果也说明师范生理想指导的验证性因素分析概念模型基本适配度指标良好，没有违反模型辨认规则。

表 3-13   回归系数表

比较项	未标准化系数	标准化路径系数	标准误	显著性
L1 ← 生活理想	1.000	0.848	—	—
L2 ← 生活理想	0.866	0.801	0.037	***
L3 ← 生活理想	0.967	0.847	0.034	***
C1 ← 职业理想	1.000	0.869	—	—
C2 ← 职业理想	0.866	0.886	0.020	***
C3 ← 职业理想	0.831	0.880	0.020	***
M1 ← 道德理想	1.000	0.810	—	—
M2 ← 道德理想	1.053	0.847	0.032	***

续表

比较项	未标准化系数	标准化路径系数	标准误	显著性
M3 ← 道德理想	0.991	0.834	0.031	***
S1 ← 社会理想	1.000	0.847	—	—
S2 ← 社会理想	0.903	0.848	0.028	***
S3 ← 社会理想	0.927	0.832	0.030	***

***代表 $p<0.001$，全书同

表 3-14 残差变异量估计表

比较项	未标准系数	标准误	显著性	比较项	未标准系数	标准误	显著性
生活理想	0.854	0.050	***	e5	0.312	0.018	***
职业理想	0.676	0.043	***	e6	0.339	0.020	***
道德理想	0.867	0.057	***	e7	0.421	0.025	***
社会理想	0.919	0.068	***	e8	0.416	0.024	***
e1	0.253	0.012	***	e9	0.331	0.020	***
e2	0.254	0.012	***	e10	0.314	0.019	***
e3	0.286	0.014	***	e11	0.381	0.023	***
e4	0.319	0.019	***	e12	0.350	0.021	***

表 3-15 基本适配度检验

指标	检验结果	模型适配度判断
是否没有负的误差变异量	均为正数	是
因子载荷量是否介于 0.5～0.95	0.801～0.886	是
是否没有很大的标准误	0.012～0.068	是

四、师范生理想指导测评工具确定

基于第二章提出的师范生理想指导框架,本节从 4 个一级指标和 12 个二级指标出发，构建了用于测评师范生理想指导现状的工具。通过探索性因素分析和验证性因素分析，在确保量表具有较好信度与效度的前提下，删减了 4 个三级观测条目，最终形成了包含 4 个一级指标、12 个二级指标和 45 个三级观测条目的测量工具（表 3-16）。该工具将用于对师范生理想指导现状的大规模测评。

表 3-16 师范生理想指导测评工具

一级	二级	题项
生活理想 L	生存质量 L1	L1.1.师范生教育帮您更好地适应未来的经济发展和变化
		L1.2.您从师范生教育中获得了应对教师生活压力的实用建议
		L1.3.师范生教育为您提供了对未来生活成本、工作地点选择等现实问题的指导
		L1.4.师范生教育能够有效提升未来生活中的物质保障意识
	生活体验 L2	L2.1.您从师范生教育中获得有效的心理健康支持,帮助您提升生活的情感体验和幸福感
		L2.2.您在师范生教育中学到了保持积极心态和情感平衡的方法
		L2.3.学校提供的教学实践有助于增强您的幸福感和成就感
		L2.4.学校为师范生提供了丰富的课外活动,以提高生活体验的多样性
	生命追求 L3	L3.1.师范生教育能够帮助您树立明确的生活目标和人生追求
		L3.2.学校在引导您理解和追求个体精神满足和自我实现方面提供支持
		L3.3.师范生教育能够帮助您培养责任感和使命感
		L3.4.师范生教育能够激励您追求自我超越与奉献精神
职业理想 C	富有教育爱的人师 C1	C1.1.您从师范生教育中获得了关怀学生的意愿、态度和能力
		C1.2.学校通过教学或实习帮助您保持对教育事业的热情并鼓励长期投身教育
		C1.3.师范生教育培养了您洞察学生发展需求的能力
	具有专业力的经师 C2	C2.1.师范生教育帮助您培养了批判思考力,能够独立分析和解决教学中的问题
		C2.2.师范生教育帮助您培养各种问题解决力应对教育领域的复杂挑战
		C2.3.师范生教育增强了您的国际观,帮助您理解全球教育发展趋势
		C2.4.学校为您创造了丰富的实践机会来提升您的专业知识与教学能力
	具有执行力的良师 C3	C3.1.师范生教育培养了您在教学中的合作能力
		C3.2.师范生教育培养了您的教育创新能力,能够提出新的教学方法和理念
		C3.3.师范生教育为您提供了支持创新教育实践的资源和机会
		C3.4.师范生教育推动您将创新思维转换为实际的教育行动
道德理想 M	优良品德 M1	M1.1.师范生教育帮助您提升了个人品德修养
		M1.2.师范生教育重视对您日常言行操守的管理和指导
		M1.3.您感受到学校对师范生为人处世风格的重视和引导
	高尚师德 M2	M2.1.师范生教育帮助您树立了严谨的治学态度
		M2.2.师范生教育涵养了您的教育情怀
		M2.3.师范生教育严格要求师范生遵守教师的职业道德

续表

一级	二级	题项
道德理想 M	崇高公德 M3	M3.1.学校的道德教育有助于您形成良好的社会责任感
		M3.2.师范生教育培养了您成为道德榜样的能力
		M3.3.您感受到学校对社会公德的重视和引导
		M3.4.师范生教育帮助您将道德认识转化为能够指导日常行为的系统规范
社会理想 S	爱国情 S1	S1.1.师范生教育增强了您对国家的历史文化认同
		S1.2.师范生教育有效引导您关注国家教育政策和教育改革动态
		S1.3.师范生教育帮助您认识到个人发展与国家教育事业的紧密联系
		S1.4.师范生教育培养了您对祖国深厚的情感认同与归属感
	强国志 S2	S2.1.师范生教育引导您将个人职业发展规划与国家和社会的发展需求相结合
		S2.2.师范生教育有效提升了您的专业能力，使您更有信心为国家的发展服务
		S2.3.您在师范生教育中认识到社会责任担当的重要性，并愿意在未来的教学中践行这一责任
		S2.4.师范生教育引导您为提升国家教育水平和促进教育公平等社会事业贡献自己的力量
	报国行 S3	S3.1.师范生教育指导您创新教学实践，有效传授知识和技能，为国家培养新质人才
		S3.2.师范生教育为您的教育科研提供了重要的平台和资源支持
		S3.3.师范生教育鼓励您参与社会公益服务，利用专业知识为社会作出贡献
		S3.4.师范生教育增强了您对科学研究重要性的认识，促使您愿意参与教育改革

第三节　师范生理想指导现状的问卷调查分析

本节将详细分析师范生理想指导现状的问卷调查结果。首先，介绍正式问卷的发放与回收过程，确保样本的代表性和数据的有效性。接着，通过样本的描述性统计分析，展示调查对象的基本特征，为后续分析提供背景信息。在此基础上，全面探讨师范生理想指导现状的整体情况，分析当前高校对师范生生活理想、职业理想、道德理想和社会理想的指导效果。同时，本节还将深入分析各理想维度的具体现状，揭示不同维度之间的差异与联系。此外，通过对不同人口统计学变量（如性别、年级、专业等）进行差异分析，考察不同师范生群体在理想指导上的差异性，为后续的教育改进提供依据。本节将为研究师范生理想指导机制的优化和改进提供有力的实证支持。

一、正式问卷发放与回收

本研究的正式调查于 2024 年 10 月启动，通过问卷星平台在线发放问卷，共回收问卷 1589 份，研究者对回收数据进行了严格的清洗工作，剔除无效问卷：一是存在 10 个及以上题项没有作答的不完整问卷；二是存在重复无效填写的问卷。经过数据清洗，最终得到完整、有效反馈的问卷共 1523 份，问卷有效率为 95.85%。

二、样本描述性统计分析

本研究的样本总体特征如下（表 3-17）：在性别方面，男性 351 人（23.05%），女性 1172 人（76.95%），以女性为主。年级分布较为均衡，以大一和大三年级学生为主，分别为 645 人（42.35%）和 472 人（30.99%），大二和大四年级则相对较少，分别为 261 人（17.14%）和 145 人（9.52%）。在专业分类方面，教育类师范生占较大比例，为 588 人（38.61%），其次是文科类师范生为 409 人（26.85%），理科类有 382 人（25.08%），艺术类有 95 人（6.24%），最后是体育类师范生为 49 人（3.22%）。在学校类别上，省属师范大学学生占较大比例，为 567 人（37.23%），其次是省属一般师院的为 501 人（32.90%），部属师范大学的学生有 242 人（15.89%），其他类别学校的学生为 213 人（13.99%）。地域分布上，以中部地区学生居多，共 885 人（58.11%），东部和西部地区分别为 371 人（24.36%）和 267 人（17.53%）。

表 3-17 样本背景特征统计

项目	类别	人数/人	比例/%
性别	男	351	23.05
	女	1172	76.95
年级	大一	645	42.35
	大二	261	17.14
	大三	472	30.99
	大四	145	9.52
专业	文科类	409	26.85
	理科类	382	25.08
	艺术类	95	6.24

续表

项目	类别	人数/人	比例/%
专业	教育类	588	38.61
	体育类	49	3.22
学校类别	部属师范大学	242	15.89
	省属师范大学	567	37.23
	省属一般师院	501	32.90
	其他	213	13.99
地域	中部	885	58.11
	东部	371	24.36
	西部	267	17.53

注：由于四舍五入，比例加总可能不是100%，余同

三、师范生理想指导现状的整体分析

从表3-18和图3-3的整体结果来看，当前师范生在理想指导的各个层面上的体验存在一定差异，具体呈现为：整体理想指导的平均值为3.748，标准差为0.858，表明师范生在理想指导的整体体验上接近"较好"水平，整体满意度较高但仍有提升空间。在生活理想指导方面，平均值为3.738，标准差为0.868，略低于整体水平，显示出对生活理想的指导较为重视，但仍有提升的需求。职业理想指导的平均值为3.662，是各项理想指导中最低的，标准差为0.889，表明师范生在职业发展指导上普遍感到不足，且个体间的体验差异显著。道德理想指导的平均值为3.895，在各个维度中得分最高，说明师范生对道德理想指导的总体体验较好。社会理想指导的平均值为3.716，略低于整体理想指导的平均值，反映出学生在社会理想维度的获得感和认同感较弱，也说明当前该方面的教育引导效果尚不显著，仍需在内容设计和实践落实方面进一步加强。

表 3-18　描述性统计

比较项	题项	平均值	标准差	方差
生活理想	12	3.738	0.868	0.754
职业理想	11	3.662	0.889	0.791
道德理想	10	3.895	0.904	0.816

续表

比较项	题项	平均值	标准差	方差
社会理想	12	3.716	0.906	0.821
理想指导整体	45	3.748	0.858	0.737

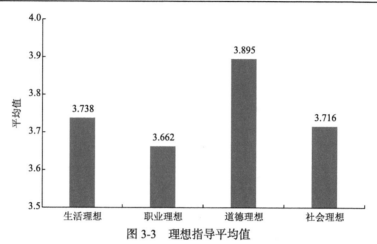

图 3-3　理想指导平均值

四、理想指导不同维度的现状分析

表 3-19 呈现了每个题项以及每个二级指标的得分。

表 3-19　各题项描述统计量

因子	题项	平均值	标准差	方差	因子	题项	平均值	标准差	方差
生活理想	L1.1	4.185	0.811	0.658	职业理想	C1.1	3.875	0.893	0.797
	L1.2	4.033	0.867	0.752		C1.2	3.911	0.873	0.762
	L1.3	4.156	0.912	0.832		C1.3	3.893	0.891	0.794
	L1.4	3.883	0.845	0.714		**C1**	**3.893**	**0.929**	**0.863**
	L1	**4.064**	**0.895**	**0.801**		C2.1	3.424	0.884	0.781
	L2.1	3.546	0.796	0.634		C2.2	3.538	0.822	0.676
	L2.2	3.643	0.853	0.728		C2.3	3.831	0.915	0.837
	L2.3	3.251	0.899	0.808		C2.4	3.692	0.879	0.773
	L2.4	3.309	0.921	0.848		**C2**	**3.621**	**0.838**	**0.702**
	L2	**3.437**	**0.902**	**0.814**		C3.1	3.572	0.859	0.738
	L3.1	4.019	1.358	1.844		C3.2	3.601	0.835	0.697
	L3.2	3.642	0.916	0.839		C3.3	3.439	0.844	0.712
	L3.3	3.721	0.906	0.821		C3.4	3.505	0.741	0.549
	L3.4	3.468	1.093	1.195		**C3**	**3.529**	**0.852**	**0.726**
	L3	**3.713**	**0.924**	**0.854**					

续表

因子	题项	平均值	标准差	方差	因子	题项	平均值	标准差	方差
	M1.1	4.099	0.831	0.691		S1.1	3.603	0.901	0.812
	M1.2	4.257	0.906	0.821		S1.2	3.875	0.897	0.805
	M1.3	4.024	0.878	0.771		S1.3	3.994	0.882	0.778
	M1	**4.127**	**0.880**	**0.774**		S1.4	3.778	0.932	0.869
	M2.1	3.676	0.911	0.830		**S1**	**3.813**	**0.839**	**0.704**
	M2.2	3.571	0.893	0.797		S2.1	3.654	0.825	0.681
	M2.3	3.842	0.876	0.767		S2.2	3.687	0.714	0.510
道德理想	**M2**	**3.696**	**0.903**	**0.815**	社会理想	S2.3	3.542	0.899	0.808
	M3.1	3.839	0.855	0.731		S2.4	3.701	0.873	0.762
	M3.2	3.872	0.931	0.867		**S2**	**3.646**	**0.853**	**0.728**
	M3.3	3.901	0.876	0.767		S3.1	3.712	0.902	0.814
	M3.4	3.871	0.892	0.796		S3.2	3.684	0.857	0.734
	M3	**3.839**	**0.855**	**0.731**		S3.3	3.559	0.943	0.889
						S3.4	3.801	0.922	0.850
						S3	**3.689**	**0.891**	**0.794**

在生活理想指导层面（图 3-4），生存质量平均值为 4.064，生活体验得分为
3.437，生命追求得分为 3.713。这表明，尽管师范生在生存质量方面的指导较为
充分，但在生活体验和生命追求方面的指导存在显著不足，尤其是生活体验得分
较低，反映出师范生在这些方面的理想指导仍有较大改进空间。

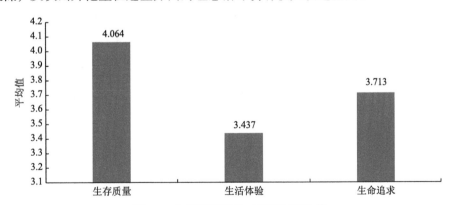

图 3-4　生活理想指导二级指标平均值

在职业理想指导层面（图 3-5），当前师范生职业理想指导的现状呈现出关
怀教育、批判思考力和专业实力等关键方面的不足。数据显示，师范生在"人师"
维度的平均值为 3.893，稍高于"经师"（3.621）和"良师"（3.529）。这表明

在理想教育中，较为重视师范生的教育关怀和情感投入，培养了他们在关怀学生身心健康和洞察学生发展需求方面的意识。然而，得分较低的"经师"和"良师"维度反映了当前职业理想指导存在一些结构性问题，尤其在提升师范生专业技能与实践经验的过程中显现出明显不足。

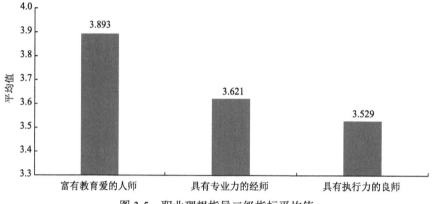

图 3-5　职业理想指导二级指标平均值

在道德理想指导层面（图 3-6），从数据来看，师范生在优良品德（4.127）和崇高公德（3.839）方面得分相对来说较高，而在体现教师职业道德的高尚师德维度得分相对较低（3.696）。这表明高校在培养师范生个人品德、生活言行方面投入较大精力，通过校园规范、生活纪律和个人行为管理等手段帮助学生塑造个人与公共道德意识。相比之下，在师范生师德教育过程中，师范生尚未进入正式的课堂情境中，缺乏真实情境中的道德情感体验，使其教育情怀与教育责任感的培养未能达到理想水平。

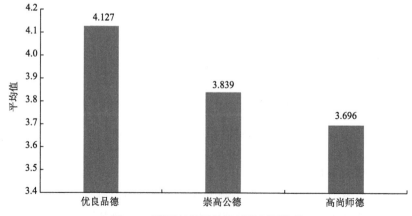

图 3-6　道德理想指导二级指标平均值

当前师范生社会理想指导在爱国情怀、强国志向、报国行动等方面有所成效，但仍存在明显的不足。图 3-7 数据显示，师范生在爱国情（3.813）、强国志（3.646）、报国行（3.689）方面的得分均不高。尤其在爱国情维度中的历史文化认同感较低（3.603）。此外，在强国志和报国行方面的得分较低，特别是教育公平的低分反映出社会理想指导在教育责任感和社会现实问题的引导上存在缺陷。

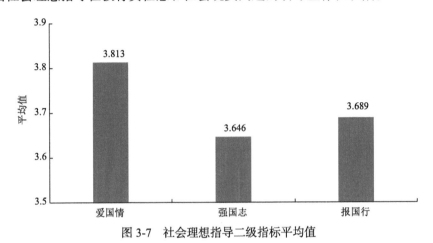

图 3-7 社会理想指导二级指标平均值

五、不同维度在人口统计学上的差异分析

差异性分析用于检验变量之间是否存在可区分的显著差异，通常分为参数检验和非参数检验两种方法。如果数据满足正态分布且方差齐性，差异性分析通常采用 t 检验或方差分析；但当数据不符合正态分布时，需要使用其他方法，如秩和检验或曼-惠特尼 U 检验等。本研究通过差异性分析，检验不同性别、年级、专业、学校类别和学校地域等因素的师范生对所在学校理想指导现状的看法差异。

首先，本研究采用科尔莫戈罗夫-斯米尔诺夫检验（Kolmogorov-Smirnov test，简称 K-S 检验，适用于大样本数据）对 4 个一级指标的数据进行正态性检验。K-S 检验的原假设为"样本数据与正态分布之间无显著性差异"，即数据服从正态分布。当 p 值小于 0.05 时，表明样本与正态分布之间存在显著差异，数据不满足正态性假设。检验结果显示，师范生理想指导四个维度的渐近显著性 p 值均大于 0.05（生活理想：$p=0.375$，职业理想：$p=0.438$，道德理想：$p=0.566$，社会理想：$p=0.832$）。这表明，师范生理想指导各一级指标的得分均符合正态分布特性。因此，后续的差异性分析可采用独立样本 t 检验或单因素方差分析。

（一）不同性别师范生在理想指导不同维度下的差异

从性别分类的角度出发，研究通过独立样本 *t* 检验对 4 个一级指标的分数分别进行了差异性分析，结果显示（表 3-20 和图 3-8），在生活理想、职业理想、道德理想和社会理想指导四个维度上，不同性别的平均值差异均未达到显著水平。从具体得分来看，女生在生活理想、道德理想和社会理想维度的得分略高于男生，在职业理想维度的分数低于男生。

表 3-20　不同性别的独立样本 *t* 检验结果

因变量	性别	样本量	平均值	标准差	*t*	*p*（双侧）
生活理想	男	351	3.701	0.774	1.361	0.187
	女	1172	3.749	0.785		
职业理想	男	351	3.694	0.802	1.007	0.295
	女	1172	3.652	0.690		
道德理想	男	351	3.853	0.879	1.908	0.093
	女	1172	3.908	0.881		
社会理想	男	351	3.691	0.795	1.564	0.138
	女	1172	3.723	0.836		

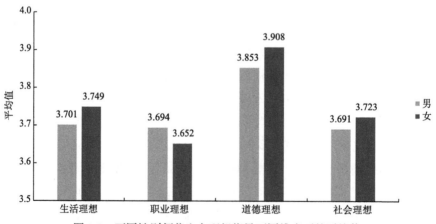

图 3-8　不同性别师范生在理想指导不同维度下的平均值

（二）不同年级师范生在理想指导不同维度下的差异

为探究不同年级的师范生对所在学校的理想指导现状的评价，本研究进行单因素方差分析。首先，在确定各维度数据满足正态分布要求的前提下，本研究进行了方差齐性检验，结果显示显著性 p 值为 0.202，说明数据满足方差齐性要求。随后，以年级为自变量，以生活理想、职业理想、道德理想和社会理想指导得分为因变量分别进行了单因素方差分析。从结果可以看出（表 3-21），生活理想和道德理想在不同年级之间没有显著差异，职业理想和社会理想在不同年级之间呈现出显著性差异，需要进一步进行事后多重比较分析以明确具体差异来源。

表 3-21 不同年级的单因素方差分析结果

因变量	自变量	样本量	平均值	标准差	F	p（双尾）
生活理想	大一	645	3.708	0.906	1.382	0.891
	大二	261	3.732	0.839		
	大三	472	3.769	0.755		
	大四	145	3.781	0.843		
职业理想	大一	645	3.527	1.015	15.715	0.014
	大二	261	3.618	0.983		
	大三	472	3.769	0.927		
	大四	145	3.993	0.988		
道德理想	大一	645	3.875	0.772	1.835	0.541
	大二	261	3.887	0.813		
	大三	472	3.918	0.906		
	大四	145	3.923	0.958		
社会理想	大一	645	3.657	1.154	8.956	0.023
	大二	261	3.715	1.072		
	大三	472	3.763	0.995		
	大四	145	3.827	0.980		

最小显著性差异（least significant difference，LSD）检验的事后多重比较的结果如表 3-22 所示，在职业理想指导方面（图 3-9），各年级的平均值排序为：大四>大三>大二>大一。具体来说，大四与大三、大二和大一之间，以及大三与大二、大一之间的平均值差异均达到了显著水平（$p < 0.05$），大二与大一之间的差异则未达到显著性（$p > 0.05$）。这一结果表明，随着年级的增加，学生在职业理想指导方面的评分有明显提高，特别是在大一和大四之间的差异尤为显著。

然而，在社会理想指导方面，仅有大一和大四之间的差异达到了显著水平（$p=0.032<0.05$），其余各组之间的差异水平不显著（$p>0.05$）。

表 3-22　事后多重比较结果

	（I）名称	（J）名称	（I）平均值	（J）平均值	差值（I-J）	p
职业理想	大一	大二	3.527	3.618	−0.091	0.368
		大三	3.527	3.769	−0.242	0.004
		大四	3.527	3.993	−0.466	0.000
	大二	大三	3.618	3.769	−0.151	0.021
		大四	3.618	3.993	−0.375	0.015
	大三	大四	3.769	3.993	−0.224	0.033
社会理想	大一	大二	3.657	3.715	−0.058	0.368
		大三	3.657	3.763	−0.106	0.154
		大四	3.657	3.827	−0.170	0.032
	大二	大三	3.715	3.763	−0.048	0.091
		大四	3.715	3.827	−0.112	0.132
	大三	大四	3.763	3.827	−0.064	0.533

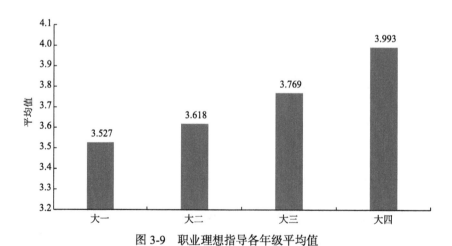

图 3-9　职业理想指导各年级平均值

（三）不同专业师范生在理想指导不同维度下的差异

为探讨不同专业师范生对学校理想指导现状的看法，本研究采用单因素方差分析。首先，对各维度数据进行正态性检验后，进一步进行了方差齐性检验，结果显示显著性 p 值为 0.859，表明数据满足方差齐性假设。在此基础上，以专业类别作为自变量，分别对生活理想、职业理想、道德理想和社会理想指导得分进行单因素方差分析，结果如表 3-23 所示。分析表明，不同专业的师范生在理想指导现状的评价上未呈现显著差异。

表 3-23 不同专业类别的单因素方差分析结果

因变量	自变量	样本量	平均值	标准差	F	p（双尾）
生活理想	文科类	409	3.739	0.815		
	理科类	382	3.723	0.906		
	艺术类	95	3.758	0.894	1.706	0.762
	教育类	588	3.744	0.731		
	体育类	49	3.736	0.922		
职业理想	文科类	409	3.656	0.673		
	理科类	382	3.661	0.744		
	艺术类	95	3.652	0.852	1.433	0.833
	教育类	588	3.671	0.698		
	体育类	49	3.631	0.735		
道德理想	文科类	409	3.863	0.884		
	理科类	382	3.904	0.932		
	艺术类	95	3.876	0.878	1.816	0.544
	教育类	588	3.915	0.735		
	体育类	49	3.889	0.862		
社会理想	文科类	409	3.728	1.005		
	理科类	382	3.714	0.903		
	艺术类	95	3.715	1.124	3.028	0.122
	教育类	588	3.709	0.997		
	体育类	49	3.717	0.931		

（四）不同学校类别师范生在理想指导不同维度下的差异

本研究通过单因素方差分析，探讨不同学校类别的师范生对理想指导现状的评价差异。首先，对各维度数据进行正态性检验，并随后进行方差齐性检验，结果显示显著性 p 值为 0.199，符合方差齐性假设要求。在此基础上，将学校类别设为自变量，生活理想、职业理想、道德理想和社会理想指导得分设为因变量分别进行分析，具体结果如表 3-24 所示。可以看出，不同学校类别的师范生在生活理想、职业理想、道德理想和社会理想各个维度下的评价得分均呈现出显著差异（$p<0.05$），因此需要进行事后多重比较分析确定具体差异来源。

表 3-24　不同学校类别的单因素方差分析结果

因变量	自变量	样本量	平均值	标准差	F	p（双尾）
生活理想	部属师范大学	242	3.821	0.585		
	省属师范大学	567	3.735	0.673	7.568	0.031
	省属一般师院	501	3.719	0.661		
	其他	213	3.696	0.759		
职业理想	部属师范大学	242	3.784	0.853		
	省属师范大学	567	3.652	0.736	9.174	0.027
	省属一般师院	501	3.623	0.819		
	其他	213	3.642	0.906		
道德理想	部属师范大学	242	3.977	0.633		
	省属师范大学	567	3.891	0.697	7.016	0.039
	省属一般师院	501	3.873	0.745		
	其他	213	3.864	0.796		
社会理想	部属师范大学	242	3.814	0.924		
	省属师范大学	567	3.703	0.938	18.352	0.011
	省属一般师院	501	3.697	0.909		
	其他	213	3.684	0.952		

　　LSD 检验的事后多重比较的结果如表 3-25 所示，在生活理想、职业理想、道德理想和社会理想指导四个维度上，部属师范大学师范生的评价得分显著高于省属师范大学、省属一般师范院校（简称师院）以及其他类别学校的师范生。这表明，不同学校类别对师范生理想指导的效果存在显著差异，部属师范大学在理想指导方面表现出更为突出的优势，可能与其更为丰富的教育资源、更高的师资水

平及更完善的指导体系有关。此外，省属师范大学，省属一般师院和其他类别学校的师范生在四个维度上的得分没有显著差异。

表 3-25 事后多重比较结果

比较项	（I）名称	（J）名称	（I）平均值	（J）平均值	差值（I-J）	p
生活理想	部属师范大学	省属师范大学	3.821	3.735	0.086	0.002
		省属一般师院	3.821	3.719	0.102	0.001
		其他	3.821	3.696	0.125	0.000
	省属师范大学	省属一般师院	3.735	3.719	0.016	0.360
		其他	3.735	3.696	0.039	0.068
	省属一般师院	其他	3.719	3.696	0.023	0.123
职业理想	部属师范大学	省属师范大学	3.784	3.652	0.132	0.005
		省属一般师院	3.784	3.623	0.161	0.013
		其他	3.784	3.642	0.142	0.002
	省属师范大学	省属一般师院	3.652	3.623	0.029	0.856
		其他	3.652	3.642	0.010	0.473
	省属一般师院	其他	3.623	3.642	−0.019	0.811
道德理想	部属师范大学	省属师范大学	3.977	3.891	0.086	0.022
		省属一般师院	3.977	3.873	0.104	0.008
		其他	3.977	3.864	0.113	0.015
	省属师范大学	省属一般师院	3.891	3.873	0.018	0.098
		其他	3.891	3.864	0.027	0.132
	省属一般师院	其他	3.873	3.864	0.009	0.158
社会理想	部属师范大学	省属师范大学	3.814	3.703	0.111	0.036
		省属一般师院	3.814	3.697	0.117	0.007
		其他	3.814	3.684	0.130	0.044
	省属师范大学	省属一般师院	3.703	3.697	0.006	0.116
		其他	3.703	3.684	0.019	0.589
	省属一般师院	其他	3.697	3.684	0.013	0.642

（五）不同地域师范生在理想指导不同维度下的差异

为了探讨不同地域的师范生对所在学校理想指导现状的看法，本研究采用单因素方差分析。首先，在确认各维度数据符合正态分布要求后，进行了方差齐性检验，结果显示 p 值为 0.854，表明数据满足方差齐性假设。随后，研究以地域为自变量，以生活理想、职业理想、道德理想和社会理想指导得分为因变量进行单因素方差分析，分析结果见表 3-26。研究发现，不同地域的师范生在生活理想和职业理想指导维度的得分上存在显著差异，而在道德理想和社会理想指导维度上则未表现出显著差异。基于此，进一步对生活理想和职业理想指导得分进行了多重事后比较分析。

表 3-26　不同地域的单因素方差分析结果

因变量	自变量	样本量	平均值	标准差	F	p（双尾）
生活理想	中部	885	3.715	0.772	7.289	0.035
	东部	371	3.759	0.863		
	西部	267	3.700	0.644		
职业理想	中部	885	3.625	0.652	12.731	0.022
	东部	371	3.688	0.713		
	西部	267	3.627	0.591		
道德理想	中部	885	3.902	0.682	3.951	0.103
	东部	371	3.887	0.583		
	西部	267	3.883	0.773		
社会理想	中部	885	3.722	0.792	2.738	0.224
	东部	371	3.717	0.738		
	西部	267	3.695	0.775		

从表 3-27 的结果可以看出，在生活理想和职业理想指导方面，东部地区师范生的评价分数显著高于中部地区和西部地区，中部和西部地区的师范生评价分数没有显著差异。

表 3-27　事后多重比较结果

比较项	（I）名称	（J）名称	（I）平均值	（J）平均值	差值（I-J）	p
生活理想	中部	东部	3.715	3.759	−0.044	0.015
		西部	3.715	3.700	0.015	0.381
	东部	西部	3.759	3.700	0.059	0.002

续表

比较项	（I）名称	（J）名称	（I）平均值	（J）平均值	差值（I-J）	p
职业理想	中部	东部	3.625	3.688	−0.063	0.044
		西部	3.625	3.627	−0.002	0.514
	东部	西部	3.688	3.627	0.061	0.029

综上所述，本研究通过独立样本 t 检验和单因素方差分析，探讨了性别、年级、专业类别、学校类别及地域对师范生理想指导现状评价的影响。研究结果表明，在性别维度下，生活理想、职业理想、道德理想和社会理想指导得分在不同性别之间均未呈现显著差异。在年级维度上，生活理想和道德理想指导得分未呈现显著差异，职业理想和社会理想指导得分则随年级提升呈现一定的显著性差异，其中高年级（特别是大四）学生在职业理想指导方面的评价显著高于低年级学生。在专业类别维度上，不同专业类别的师范生对各维度理想指导的评价未表现出显著差异。在学校类别方面，部属师范大学在生活理想、职业理想、道德理想和社会理想指导 4 个维度的评价显著优于省属师范大学、省属一般师范学院及其他类别学校，这可能得益于其丰富的教育资源、优质的师资力量及系统的指导体系。在地域维度上，东部地区的师范生在生活理想和职业理想指导方面的评价显著高于中部和西部地区，而中部和西部地区间未表现出显著差异。

综合来看，师范生对理想指导现状的评价受年级、学校类别及地域等因素的显著影响，性别和专业类别的影响不明显。这表明，为提升师范生理想指导的效果，应针对不同年级、学校类别和地域的差异化需求制定更有针对性的指导策略。

第四节　师范生理想指导现状的访谈分析

本节将通过访谈分析师范生理想指导现状，补充问卷调查数据，深入了解师范生对理想指导的真实看法与体验。首先，介绍访谈对象的选择标准及访谈内容的设计，确保所选对象能够代表不同背景的师范生群体，并且访谈内容紧扣研究主题。其次，详细说明访谈的流程及数据处理方法，确保访谈过程的规范性和数据的可靠性。最后，分析访谈结果，探讨师范生对生活理想、职业理想、道德理想和社会理想指导的理解与反馈，揭示影响师范生理想指导效果的潜在因素。通过对访谈数据的深入挖掘，本节将为师范生理想指导机制的完善提供更为全面的视角，进一步揭示师范生在理想指导中的需求和问题，为教育实践提供更具针对性的改进建议。

一、访谈对象及内容

本研究的访谈对象为在校师范生。考虑到不同年级的师范生在认知水平和对事物的看法上存在差异，研究选择了来自不同年级的学生作为访谈对象。具体而言，研究分别从大一（freshman，FS）、大二（sophomore，SP）、大三（junior，JN）和大四（senior，SN）年级各选取 5 名师范生参与访谈，共计 20 人。为便于数据整理与分析，所有访谈对象均以其年级代号进行编码。

为了深入了解师范生理想指导的现状，本研究通过访谈法对在校师范生进行调研，旨在分析影响师范生理想形成的各类因素，并评估学校在师范生理想指导方面的教育成效。访谈主要围绕两个方面展开：一是影响师范生理想指导的因素，二是对学校师范生理想指导成效的评价。

二、访谈流程及数据处理

为了深入了解师范生理想指导的现状及其影响因素，本研究设计了系统的访谈流程。首先，在准备阶段，研究人员从不同年级的师范生中筛选 20 名受访者，向受访者详细说明访谈目的和意义，确保访谈内容的保密性。在访谈前一周，研究人员与受访者确认访谈时间和地点，确保访谈顺利进行。

在访谈实施阶段，访谈将在安静、私密的环境中进行，采用半结构化访谈法，研究人员根据事先设计的访谈大纲进行提问，并根据受访者的回答灵活调整问题，以确保受访者能够充分表达自己的看法。访谈过程中，所有内容将通过录音设备全程记录，并进行必要的补充性笔记。

进入数据整理阶段后，所有录音将被转录成文字，转录内容将进行清洗和整理，确保文本的连贯性。随后，研究团队将对整理后的文本进行编码与分类，标记出访谈中的重要信息，并通过定性分析与定量分析相结合的方法，提取出影响师范生理想指导的关键因素及现状。

最后，在结果反馈与总结阶段，研究人员将简要反馈访谈结果给受访者，确保他们对研究进展有所了解，并感谢他们的参与。最终，所有访谈数据将汇总成报告，为师范生理想指导机制的完善提供有力支持。

三、访谈结果分析

（一）师范生生活理想指导的访谈结果

通过对访谈文本的分析，影响师范生生活体验的因素涉及多个方面。造成其对当下生活体验感低的原因主要表现为工作与生活失衡、学校环境和人际关系复杂、职业发展与晋升机会有限、薪资待遇不尽如人意、学习工作压力大等方面。访谈中大一同学 FS1 表示："我们乡村县域和大城市在教育资源和机会上存在显著差距。我是农村孩子，从小接触的教育资源和机会和大城市的孩子是无法比较的。将来毕业还是希望自己能够到城市工作。"随着教育行业的不断发展，在就业地域上，师范生一直面临着城乡差异的问题。一些城市地区的教师岗位竞争激烈，而乡村或偏远地区的教师岗位则相对缺乏吸引力。城乡之间各方面的差距均会影响师范生对物质生活的体验感。此外，工资收入水平也可能是导致其满意程度低的原因之一。访谈中大四同学 SN5 表示："我认为，在坚实的物质基础之上构建健康心理以应对生活挑战至关重要。然而，当前教师，特别是农村及偏远地区教师，面临着工资水平难以匹配高生活成本的问题，亟须关注与改善。"薪资待遇以及生活水平在一定程度上会影响师范生的物质生活体验感。

当谈及学校教育为师范生提供生活理想指导的成效方面，受访师范生普遍认为，尽管学校教育在理想指导上作出了一些努力，但在实际的生活层面，理想指导的效果依然有限。许多学生表示，学校提供的生活理想指导更多是停留在对职业生涯的宏观规划上，而在具体的生活实践和个人发展的细节上，缺乏有效的指导和支持。大部分师范生认为，学校的生活理想指导偏向于理想化的描述，未能充分考虑到他们在面临就业压力、经济困境以及生活选择时的实际需求。

在访谈中，一名大三学生 JN1 提到："学校常常强调理想的教育价值，但我们现实中的生活压力却被忽视了。例如，许多同学在选择职业时，除了考虑自己的兴趣爱好，还要面对生计问题、工作地点的选择等。这些问题没有得到学校充分的关注和指导。"这反映出学校在生活理想指导方面存在的空白，尤其是在帮助师范生平衡理想与现实之间的关系上，学校的引导不够具体和有针对性。

此外，许多受访师范生表示，学校的生活理想指导往往较为单一，缺乏与当下社会现实和学生个体发展需求的契合。例如，大四学生 SN3 提到："我觉得学校总是强调理想主义的价值，但对于现实中的生活选择、职业发展、家庭与事业平衡等具体问题，几乎没有提供什么实质性的帮助。"在面对这些生活中常见的困惑时，师范生往往缺少有效的支持和引导，导致他们在做出重要生活决策时感到迷茫。

另外，有一些受访者指出，学校教育缺乏对学生心理健康和情感需求的关注，尤其是在过渡到社会生活的阶段，许多师范生对自己未来的生活方向感到焦虑和不安，但学校的指导通常较为形式化，无法提供情感上的支持和心理层面的疏导。大一学生 FS2 表示："我们有很多关于职业的讲座和课程，但很少有人讨论我们如何应对进入社会后的压力，如何面对未来的生活困境，如何调整自己的心态去应对这些挑战。"

综上所述，学校教育在为师范生提供生活理想指导方面仍存在不足，主要表现在对学生实际生活困境的关注不足，以及指导的内容过于理想化，缺乏现实性和个性化。为提高师范生生活理想指导的成效，学校应更加注重学生的个体需求，提供更为实际、具体的建议，帮助学生在面对复杂的生活选择时，能够在理想与现实之间找到平衡。同时，学校还应加强心理健康辅导，关注学生的情感需求，帮助他们更好地适应社会生活的挑战。

（二）师范生职业理想指导的访谈结果

师范生的职业理想构筑是一个循序渐进的过程，其核心驱动力在于对教育事业深刻而全面的认知。帮助师范生确立清晰的职业愿景，并围绕此愿景精心规划职业生涯路径，是此过程稳固的基石。在师范教育体系内，职业理想的培育与引导不仅关乎师范生个人的成长蓝图，更是构筑未来教育人才高地、推动教育事业持续繁荣的关键所在。

在深入探究师范生职业理想的多维度影响因素时，访谈发现了几个显著方面：就业市场的严峻形势构成了首要挑战，紧随其后的则是教育信念的动摇、社会负面舆论对职业选择的潜在干扰、未来工作可能带来的巨大压力，以及职业理想的模糊与不清晰。在当前环境下，就业压力已成为影响师范生职业信念稳固性的首要且最为普遍的因素。这一发现进一步强调了缓解就业压力、加强职业规划指导对于巩固师范生职业信念的重要性。

教育行业的竞争压力日益激烈。目前，师范生就业压力大主要表现为学生数量减少、教育供需不平衡、教师招聘体制的变化、对教师的综合能力要求高。访谈中有大四同学 SN1 表示："教师资格制度开放后，非师范专业人员涌入教师行业，尤其是中小学教育领域，岗位有限而应聘者激增，加剧了职业竞争压力。"教育资源配置的地域与性质差异，加剧教师就业偏好，师范生普遍偏好选择发达地区、城市及公立学校，而对西部、农村及私立学校持谨慎态度。访谈中有大二同学 SP1 表示："关于自己的职业目标，希望毕业后能够顺利考上编制，并且希望能够在城市学校工作，不是特别想要回到乡村。"城乡教育差距显著，城市就业竞争激烈，教师岗位缩减及师范生就业流向失衡，共同导致了普通本科师范生就业的困境。

探讨学校教育是否为师范生职业理想提供充分指导这一问题时，研究发现当前面临的主要问题是：职业实践课程成效不明显、教育实习效果不佳、职前岗位认知模糊。尤为突出的是，"职业实践课程成效不明显"这一编码频繁出现，成为访谈中最常被提及的议题，凸显了职业实践课程效果不理想的现状。

职业实践课程效果不理想表现为学校所采取的一些职业生涯规划课程、设置的活动、讲座等效果不佳，对师范生职业理想没有产生预期影响。认为职业实践课程没有显著效果的问题主要集中在高年级师范生群体中，在低年级的师范生群体中也有所涉及。大四师范生 SN1 同学在访谈中就表示："我认为当前职业教育课程偏重理论，缺乏与就业市场的紧密对接。我们更期待课程内容能融入实际就业信息，如毕业生去向、职位入职要求等，以帮助我们更好地为未来职业生涯铺路。"大一同学 FS1 表示："职业规划课程流于形式，比如开就业指导班会什么的，缺乏针对性，没有充分融入实际就业问题，与学生个人生活脱节。"通过对访谈文本的分析发现，生涯规划课程效果不理想的原因主要表现为课堂缺乏吸引力，如课程形式单一、重理论轻实践、师资力量的影响、学生自身的参与度低、学校与社会环境的影响等方面均会影响课堂教学的效果。

（三）师范生道德理想指导的访谈结果

师范生道德理想的指导涉及知、情、意、行各个方面。其指导过程需要各个方面、各个主体协同指导，才能帮助师范生提高道德觉悟，树立道德理想，践行实践。在实际道德理想指导中，既存在师范生缺乏道德理想的现象，也存在缺乏对师范生道德理想培养的问题。通过编码频率看，学校教育对师范生道德培养效果不佳是最为主要问题，具体表现为学校教育重知识轻实践、师范生自身因素影响道德培育效果、社会环境影响三方面因素。

大四学生 SN2 表示："虽然在学校我们师范生都接受过师德的教育，但我发现我们实习的时候，我们所学的理论知识难以解决实践中的问题。并且实习期很短，道德践行能力在短期内很难得到快速的提升。"大三学生 JN4 表示："师德行为是师范生践行师德的具体表现，也是检验师范生是否达到师德教育的重要指标，但学校却缺少这样的平台，让学生去展现自己的师德师风，所以现在师范生道德践行能力不足。"这或可说明师范生的现状：师范生在本科期间接受过师德教育，师范类院校也构建了比较完整的师范生师德养成课程体系，理论知识储备比较充足。然而，学校并没有为师范生提供足够的实践空间，另一个导致师范生道德行为欠缺的原因是在师范生道德理性教育中存在重理论轻实践的现象。大四师范生 SN3 表示："我本科是师范类专业，所在学校就有开展相关的德育课程，理论方面的知识会有，但缺少实践机会，自己也不知道怎样去争取。"由此可知，师范生自身因素也会影响培育效果。在访谈中，一名大一学生 FS3 表示："我知道理想教育，在学校也接受过道德教育，但是关于道德理想教育是不清晰的。"

通过他们的阐述可以看出，无论是师范生道德理想教育重理论轻实践，还是个人素质参差不齐，或是缺乏实践机会，诸多问题都影响着师范生道德理想与培养。其中，最重要的问题是学校教育对师范生的培育效果不佳。因此，学校应加强实践教育，为师范生提供更多实践锻炼的机会，让他们在实践中学习和应用道德知识。

师范生道德理想培养是帮助师范生具有较高的道德品质，能成为教师典范。对访谈文本进行分析后发现，现行的师范生对教师道德典范与品质认识不足，主要表现在对师德规范内容理解不全面、对高尚教育情怀的认同度低。

在访谈过程中，大多数师范生认为他们对师德的内容理解不全面。例如，SN2 表示："师范生对师德内容的理解大多集中在做好教书育人的工作，许多师范生是被动选择师范专业，比如父母的要求，专业调剂，因不知道自己喜欢什么专业而被迫选择师范类专业，对未来教师职业尤其是教师职业道德的认识非常匮乏。"一些学生也说出他们的想法，其中大一学生 FS4 说："大多教师通过理论知识的讲解让学生明白师德规范，然而这些教育内容和方法缺乏有效性，学生缺乏实践经验。"多数师范生从《教师职业道德规范》角度说出了自己对师德的理解。师德准确说应该是教师公德，是教师为了维护社会公共利益应该遵守的社会公共道德。大二学生 SP1 表示："社会环境和文化背景也可能对师德规范的内容产生影响，各种价值观和文化观念交织在一起，可能对师范生的师德观念产生冲击和影响。如果缺乏足够的辨识能力和批判思维，就可能在面对复杂的道德问题时感到困惑和迷茫，无法准确理解和应用师德规范。"

通过对以上访谈分析可知，师范生对师德规范内容理解不全面的问题主要表现在缺乏实践经验、各种价值观和文化价值观念的影响、师范生自身认知与态度欠缺、教育内容与方法缺乏有效性等方面。

（四）师范生社会理想指导的访谈结果

社会理想是指社会全体成员的共同理想，它是在全体社会成员中占主导地位的共同奋斗目标。针对社会理想的问题进行编码，发现当前师范生的社会理想问题主要涉及两个方面：师范生对社会角色与责任不明晰、社会理想树立层次偏低。

师范生的社会理想不是一朝一夕形成的。因此，需要帮助师范生树立正确的价值观。在对访谈数据进行分析时，师范生对社会角色与责任不明晰是主要因素。大四学生 SN3 就认为："现在的师范生对职业的选择大多只把它当作一份工作，或者受家庭影响选择了这个专业，不太了解应该承担的社会角色和责任，作为师范生，我们的使命是肩负起教育事业的重任，为社会培养合格的人才。"他认为师范生不清楚教师这份职业的社会角色和责任，在对师范生的教育中应涉及社会理想方面的教育，以帮助其提升社会理想层次。大三学生 JN1 也表示："师范生应该有引领作用，同时还应该是示范作用、榜样作用，如果学校能给我们提供更多的实习机会，我们或许更能理解教师的社会角色和责任。"这名师范生只谈到作为教师怎样做学生的榜样和表率，而忽略了社会角色和责任。大四学生 SN5 表示："作为一名师范生，我们未来肯定是要成为一名人民教师，我们所能做的肯定是比较少的，但是我觉得我们成为老师之后应该对自己的职业角色和责任认知很清晰，我们每个人的教育背景不同，学校教育内容也有局限，对社会角色和责任有不同的看法。"总之，学校德育重理论轻实践、家庭环境的影响、教育背景和教育内容的局限性以及社会舆论的影响，都会导致师范生的社会角色不明晰。

师范生社会参与责任的影响因素主要包括两方面：一是个人理想高于社会理想，二是社会理想内容缺乏针对性。大二学生 SP3 也表示："我可能觉得先实现自己的职业理想，再实现社会理想，因为自己的道德水平达不到、思想水平达不到，也很难说实现社会理想。"大一学生 FS4 在采访中也提及："社会理想对我来说太远大了，不知道何时才能实现，对我来说，现阶段先把个人的事情做好，实现自己的个人理想最为重要。"除此之外，社会理想教育内容缺乏针对性也是因素之一，在采访中大三学生 JN2 也表示："因为我们在平常的教育中很难明白自己的社会理想是什么，怎么塑造自己的社会理想。"根据该同学的观点，师范生自己不太明白理想教育，学校也没有关于社会理想的相应活动，帮助学生塑造社会理想。由此可知，大多数师范生将个人理想放在首位，一方面是对个人理想和社会理想的关系认知不清晰，另一方面是因为社会理想实现难度太大。

在讨论学校教育对师范生社会理想指导情况中，研究发现师范生认为当前的社会理想指导未能充分引发他们的积极思考，尤其是在传统文化认同和教育公平意识方面的指导存在明显不足。一个大四学生 SN4 表示："我们在大学中接触到的传统文化课程较少，而且内容过于简单，更多关注应试教育的目标，而不是如何培养我们对历史和文化的深刻理解。"这表明，师范生对传统文化课程的认知与期望之间存在较大差距，且课程内容的单一性与应试性质使得他们对传统文化的认同感和兴趣难以得到提升。

同时，许多受访者提到，虽然学校在一定程度上进行了社会理想的教育，但教育内容的广度和深度仍需加强。大三学生 JN3 提到："虽然有课程提到教育的社会责任，但对教育公平等社会问题的讨论不够深入，更多的是一些表面的理论。"尤其是在谈到教育公平时，受访者普遍认为，教育体系应更加注重培养师范生的教育公平意识。大一学生 FS2 表示："我们学习教育学时，学校更多的是讲授教育理论，而对如何实现教育公平的讨论较少。我们作为未来的教师，应该有更多关于教育公平的认识，而不仅仅停留在理论的层面。"这种观点进一步凸显了教育公平意识在师范教育中的缺失，这不仅影响了师范生对社会理想的理解，还可能削弱他们未来在教育实践中推动教育公平的能力。

第五节　师范生理想指导存在的问题及成因

本节将聚焦分析师范生理想指导中存在的问题及其成因。通过前述的问卷调查和访谈分析，揭示当前师范生理想指导在实施过程中面临的主要挑战和不足。这些问题不仅涉及教育内容的单一性和实践指导的缺乏，还包括理想指导与现实需求之间的脱节、教育资源的不足、个性化支持的缺乏。本节将深入探讨这些问题的成因，分析教育体系、课程设置、师资力量、教学方法等因素对师范生理想指导的影响。同时，将结合师范生的实际反馈，探讨个体差异、社会环境等外部因素对师范生理想指导效果的制约。通过问题与成因的系统梳理,为优化师范生理想指导机制提供理论依据和实践指导,推动教育政策的完善和教育实践的改进。

一、师范生理想指导中存在的问题

(一)生活理想指导的瓶颈:生活多样性匮乏与生命追求难以落实

在当今社会,师范生常常面临生活理想指导的瓶颈,主要体现在生活多样性的匮乏以及生命追求的难以落实上。生活多样性的匮乏,使得其日常生活变得单调乏味,缺乏色彩和活力;对生命追求难以落实,则让其感到迷茫和无力,仿佛总在原地踏步,难以实现内心的渴望和梦想。在师范生理想指导的过程中,生活体验缺乏多样性,对生存质量的过度强调可能导致师范生过分关注个人物质条件和生活享受,而忽视了教育事业的长远发展和精神追求。在生活理想指导方面,平均值为 3.738,标准差为 0.868,略低于整体水平,说明师范生教育虽然对生活理想的指导较为重视,但仍有待提升。这种现象在一定程度上反映了社会对物质生活的过度追求对师范生理想指导的影响。

在师范生理想指导的过程中,生活体验缺乏多样性的情况尤为突出。生存质量的过度强调可能导致师范生过度关注个人物质条件和生活享受,而忽视了教育事业的长远发展和精神追求。学校的生活理想指导往往侧重于物质层面,忽视了生活体验的丰富性和多样性,特别是在面对职业发展、个人成长和社会适应等方面。许多受访学生提到,学校的指导内容偏向于宏观规划,但在实际的生活层面,缺乏切实的帮助和个性化支持。生活理想指导的现状反映了社会对物质生活过度追求的影响。部分学生表示,他们常常感到迷茫,不清楚如何平衡理想与现实,尤其是在面对家庭与事业平衡、经济压力等实际问题时。生活理想指导需要更加注重对学生内心深处的精神追求和价值观的培养,而不仅仅是关注物质层面的满意度。

在当前的师范生理想指导过程中,普遍存在缺乏具体、实际和个性化建议的问题。大部分师范生表示,学校的指导过于理想化,缺乏现实性,尤其是在如何应对就业压力、职业选择、经济困境等具体问题上,学校的帮助和支持远未到位。教师职业的吸引力和满足感不仅取决于工作本身的意义,还受到物质条件、个人发展机会和生活质量的影响。学校应更多关注学生的具体需求,从个性化的角度出发,帮助他们在理想与现实之间找到平衡。

生命追求是师范生理想指导中常被忽视的重要方面。尽管师范生在教育过程中学习到知识技能，但在个人生命追求和职业规划方面获得的指导依然存在很大的不足。许多师范生对自己未来的职业方向感到迷茫，缺乏明确的职业规划和人生目标。理想指导应加强对学生精神性追求的引导，帮助他们在忙碌的学习和工作中找到自我实现的路径，尤其是要重视如何通过教育事业实现人生的意义。由于课业压力大、实习机会有限等原因，许多师范生难以获得丰富的生活体验。尽管理论上，师范生应通过真实的生活体验来提升生存技能和职业素养，但现实中，他们很少有机会参与到模拟或实际的教育情境中，导致他们的生活体验和教育体验极为有限。缺乏亲身经历和实践机会，使得他们在走上工作岗位时难以快速适应。为了激发师范生对教育事业的热爱和责任感，学校应通过提供更丰富的实践机会和生活体验来弥补这一缺失。

总体而言，当前师范生生活理想指导的不足，主要表现在过度关注物质层面和生存质量、忽视精神追求与个人发展需求的平衡、指导内容缺乏针对性和个性化等方面。为了提升生活理想指导的效果，学校应更加关注师范生的个性化需求，提供更具体的建议，并帮助学生找到理想与现实之间的平衡点。与此同时，学校还应注重培养师范生的精神追求和职业规划，提供更多实践机会，帮助学生在多样的生活体验中找到人生的意义和价值。

（二）职业理想指导的偏差：情感关怀过度与实践能力培养不足

在当前社会，职业理想指导对于师范生个人的成长与发展具有重要意义。然而，实践中常常出现一种偏差，即情感关怀过度而实践能力培养不足。情感关怀是职业理想指导中不可或缺的一环。它体现在对个体的尊重、理解与支持上，有助于个体建立自信、形成积极的职业态度。然而，当情感关怀过度时，可能产生一系列问题。例如，过度保护可能导致个体缺乏面对挑战的勇气，过度赞美可能使个体陷入自我陶醉的境地，无法客观认识自己的能力与局限。与情感关怀相比，实践能力的培养在师范生职业理想指导中同样重要。实践能力是指个体在解决实际问题、完成工作任务时所表现出的能力。它是师范生职业素养的重要组成部分，也是实现职业目标的关键。然而，在当前的师范生职业理想指导中，实践能力的培养往往被忽视。这主要体现在以下几个方面：一是缺乏实践机会，个体难以将所学知识应用于实际工作中；二是实践指导不足，个体在面对实际问题时缺乏有效的解决策略；三是实践评估体系不完善，无法准确反映个体的实践能力水平。

　　在当前师范生职业理想指导的过程中，对情感关怀教育的片面重视成了一个不容忽视的问题。这种现象往往导致师范生在专业技能和道德修养方面的发展失衡，从而引起师范生实践能力与思辨能力训练薄弱。职业理想指导的平均值为3.662，是各项理想指导中最低的，标准差为 0.889，表明师范生在职业发展指导上普遍感到不足，且个体间的体验差异显著。一是，这种偏重情感教育的课程设置，虽然在一定程度上能够提升师范生的人文关怀能力，但对其过分强调可能导致师范生在面对实际教学挑战时缺乏必要的专业技能和应对策略。尤其是师范生在培养国际视野和批判思考力方面的实践机会有限，缺乏接触国际教育资源的渠道，这进一步制约了他们的问题解决力和批判思考力的发展。二是，情感关怀教育的片面重视还可能造成师范生在个人品德与公共道德方面的培养出现偏差。以约翰·杜威的教育理论为例，他强调教育应当是生活的一部分，而不仅仅是生活的准备。然而，如果教育实践过于侧重关怀教育，可能导致师范生在理解杜威所倡导的"教育即生活"的理念时产生偏差，从而忽视了教育在培养公民责任和道德判断方面的重要性。三是，当前师范生职业理想指导的失衡中，专业技能培养的缺失尤为突出。当前师范教育体系中，过于偏重理论知识的灌输，忽视了将理论与实践相结合的重要性，导致师范生在面对真实课堂情境时显得手足无措。许多师范生反映，职业实践课程成效不明显，教育实习效果不佳，职前岗位认知模糊，尤其是高年级学生普遍认为职业教育课程缺乏与就业市场的紧密对接。职业实践课程往往偏重理论，缺乏实际就业信息和具体的职业发展指导，导致学生未能充分了解未来职业生涯的挑战与机会。此外，师范生还缺少合作交流的平台及在实际教学情境中锻炼执行力的机会，未能形成行之有效的反思-实践提升机制。实践技能的提升应建立在实践、反思、再实践的循环过程中，而传统的指导方式未能提供有效的反思与反馈，使得师范生的专业能力和批判性思维的成长受限。

　　因此，必须强化专业技能与批判思维的培养，并为师范生提供更多与实际教学情境相结合的实践机会，使其能够更好地适应未来教育的挑战。

（三）道德理想指导的盲区：师德教育中的理论与实践脱节困境

　　师德教育作为提升教师专业道德水平、加强教师职业操守的重要途径，一直备受关注。然而，在实际操作中，师德教育却常常陷入理论与实践脱节的困境，这成了一个亟待解决的问题。在师德教育中，理论研究的薄弱性是一个不可忽视的问题。目前，师德理论研究相对滞后，缺乏系统性与前瞻性，导致教师在具体实施师德行为时常常感到困惑。学校的师德教育往往依赖于零星的案例讲解，缺乏理论支撑，使得师德教育的实践性不强。这种理论上的不足，使得教师在面对实际教学场景时，难以将师德理念转化为具体行动。

在师范生理想指导的过程中，个人品德与公共道德的重视是构建未来教师职业素养的基石。道德理想指导的平均值为3.895，在各个维度中得分最高，说明师范生对道德理想指导的总体体验较好。在师范生理想指导的过程中，个人品德与公共道德的重视是构建未来教师职业素养的基石。通过对访谈内容的分析，我们可以进一步阐述这一点。根据访谈，师范生普遍反映，尽管接受过师德教育，但是学校在道德理想的实际培养方面存在一定的不足，尤其是在实践机会的提供和理论与实践相结合上。实际的师范生道德理想指导体验表明，个人品德的培养是师范生道德成长的核心。

首先，个人品德的培养至关重要。亚里士多德认为教育的目的在于发展人的理性。理性和个人品德关系紧密，理性是个人品德形成与发展的基础，个人品德则是理性在道德实践中的体现，二者相互依存、相互促进，共同构成完整人格。师范生作为未来的教育工作者，其个人品德的形成不仅影响自身的发展，也直接影响学生的成长与教育质量。因此，师范教育应将个人品德的培养纳入课程设置中，通过不同的课程和活动，如德育课程、师德案例分析以及实践活动，来帮助师范生树立正确的价值观和道德观。

其次，公共道德的培养也是师范生理想指导中的一大重点。访谈中提到，社会环境和文化价值观的冲击影响了师范生对师德的理解和实践。因此，教育不仅要强调个人品德的养成，还应重视师范生对社会责任感和公民意识的培养。在社会多元价值观的背景下，师范生需要学会在尊重他人差异的同时，承担社会责任，维护公共利益，促进社会和谐。通过参与社会服务、模拟实践、课程学习等途径，师范生能够更好地理解并践行公共道德，为日后成为具备高尚师德的教育工作者奠定基础。

然而，在当前师范教育中，师德培养的最大缺陷就在于缺乏真实情境的支撑。许多师范生在访谈中指出，尽管在学校接受了师德理论教育，然而缺乏实践经验和有效的实践机会，这导致他们难以将理论知识应用于实际教学中。对于师德教育来说，仅依赖课堂讲授和理论知识的灌输是远远不够的。因此，学校应强化将理论与实践相结合的教学方法，如通过模拟教学、角色扮演等方式来让师范生在实际情境中体验师德的应用。这不仅能提高他们的道德觉悟，还能帮助他们在未来的教育工作中，更好地履行教师的道德责任。

（四）社会理想指导的短板：传统文化认同缺失与教育公平意识薄弱

传统文化认同的缺失，一方面源于教育体制改革的推进过程中，传统文化在学校教育中的地位逐渐被边缘化。学生对传统文化的了解和认同程度大大降低，导致其对传统文化的精髓和意义认识不足。另一方面，随着社会的快速发展和变革，外来文化的涌入对传统文化产生了冲击。部分年轻人更加崇尚西方文化，忽视传统文化的重要性，导致传统文化在社会中的传承和发展受到阻碍。师范生社会理想指导的短板，特别是在传统文化认同缺失与教育公平意识薄弱方面，是当前师范生社会理想指导中亟待解决的问题。

在探讨师范生社会理想指导失衡的问题时，传统文化认同的不足尤为突出。当前师范教育体系中的传统文化教育缺乏系统性和深度，未能有效激发学生对历史文化的兴趣和认同感。根据调查结果，社会理想指导的平均值为3.716，略低于整体理想指导的平均值，表明虽然师范生的社会理想教育存在一定的均衡性，但仍有进一步改进的空间。超过一半的师范生表示，在大学期间接触的传统文化课程数量不足，且内容多以应试教育为导向，缺乏对历史文化的深入探索。这种现象不仅削弱了师范生对本国历史文化的理解，也影响了他们作为未来教师在传承和弘扬传统文化、培养学生历史意识方面的能力。孔子曾言："温故而知新，可以为师矣。"这句话强调了教育者对历史知识的回顾和理解的重要性。然而，当前师范教育中对历史文化的忽视，使得师范生难以"温故"，更谈不上"知新"，从而造成了对师范生社会理想指导的严重缺失。

另外，教育公平意识的培养也存在明显的缺陷，特别是在"强国志"（得分3.646）方面，师范生对教育公平的理解和关注度较低。教育公平是社会公平的基石，它不仅直接影响个体的发展机会，也是衡量一个国家教育进步与文明程度的重要指标。然而，当前的师范教育体系在培养教育公平意识方面显得相对薄弱。联合国教科文组织曾指出，教育是实现可持续发展的关键，而教育公平是实现这一目标的基础。作为未来的教育工作者，若师范生在学习阶段未能树立起对教育公平的深刻认识，将难以在日后的教育工作中有效推动教育公平的实现。因此，师范教育亟须加强教育公平理念的灌输，并在实践中培养学生的教育公平意识。

总之，传统文化认同和教育公平意识是当前师范教育中亟待加强的两个关键领域。只有通过全面深化这些领域的教育，才能有效提升师范生的社会理想意识，帮助他们树立更为明确的社会责任感和使命感，进而为他们将来承担教育事业的重任做好充分准备。

二、师范生理想指导的问题成因

（一）教育体系内部因素的影响

在探讨师范生理想指导的失衡问题时，教育体系内部因素的影响不容忽视。首先，课程设置与教学方法的局限性严重影响了师范生的理想指导。传统师范教育课程体系大多注重理论知识的灌输，却忽视了实践技能的培养。许多师范院校的课程设计仍然以应试教育为导向，侧重基础教育理论和教学法，而实践课程则显得相对薄弱。调查研究显示，超过半数的师范生认为课程内容与实际教学需求脱节，这直接导致了他们在面对真实教育场景时的不适应，尤其是在教学方法的创新和课堂管理等实际操作能力方面。这种课程设置上的偏差，导致了师范生理想的空泛化，无法与教育实践形成有效的连接。

其次，教学方法的单一性限制了师范生批判性思维的发展。当前，许多师范院校仍然采用传统的讲授式教学方式，师范生主要通过听讲、记笔记等被动学习方式获取知识。这种方法虽然有助于传授基础理论知识，但难以培养师范生的批判性思维能力、创新能力和教育实践能力。师范生对教育理论的掌握还停留在书本上，缺乏在多变的教育情境中灵活应对的能力。尤其是在面对日益复杂的教育问题时，传统的教学模式无法提供足够的情景体验和思维训练。理想教育不仅仅是传授目标和价值，它应当通过互动、体验、讨论、案例分析等方式，激发师范生对教育使命和责任的深入思考和实践能力。

更为重要的是，教育体系内部缺乏对师范生理想指导的情景化、实践化、及时的反馈与个性化评估体系。在当前的教育体系中，师范生对社会理想的认知多停留在理论层面，缺乏在具体情境中的应用体验。学校和教师应当提供更多的实践平台，通过模拟课堂、教学实验、教学观摩等方式，让学生在实践中体会教育的责任和使命。当前教育体系往往未能及时根据学生的成长进程和教育需求，提供有针对性的反馈和评价。许多师范生反馈，学校的评估机制过于注重定量化的成绩，而忽视了师范生在教学实践中的成长和实际表现。因此，建立及时反馈和个性化评估体系，是改进师范生理想指导的关键之一。

此外，教育体系还缺乏个性化的资源平台和指导。每名师范生的兴趣、职业理想和教育目标都不同，但当前的教育资源和教学平台大多呈现出统一化、标准化的特点，缺乏针对个人发展的灵活性和多样性。尤其是进入教学实习阶段，师范生往往面临资源的匮乏或选择的局限，无法根据自己的兴趣和职业规划获取合适的教学实践机会和指导资源。教育技术的应用，尤其是虚拟现实技术，能够为师范生提供更加个性化和沉浸式的学习体验。例如，虚拟现实技术可以模拟真实课堂场景，提供各种教育情境的虚拟体验，帮助师范生在无压力的环境下进行反复练习和调整，不仅能提升其教学技能，还能加深他们对教育使命的认知。

　　然而，目前大多数教育体系并未充分利用现代教育技术的优势，特别是在虚拟现实等前沿技术的应用方面。虚拟现实技术能够打破时空的限制，提供身临其境的教学体验，使学生能够在不同的教育情境中实践和反思。通过虚拟课堂，师范生不仅能体验到教学中可能遇到的各种问题，还能在模拟环境中即时得到反馈与指导。这种技术的应用，能够有效弥补传统教育模式中实践环节的不足，提升师范生的实际教学能力和教育责任感。

（二）社会文化背景与价值观变迁的影响

　　随着经济全球化和信息技术的飞速发展，当代社会对教育的需求日益多元化，这不仅要求师范生具备扎实的专业知识和技能，更要求他们拥有跨文化的沟通能力、创新思维和终身学习的意识。其一，在探讨师范生理想指导的失衡问题时，社会文化背景与价值观的变迁是一个不可忽视的重要因素。根据联合国教科文组织的数据，21世纪的教育目标已经从传统的知识传授转变为培养学生的全人发展，这包括批判性思维、创造力、合作精神和文化敏感性。然而，当前师范教育体系中，课程设置与教学方法往往还停留在传统的知识灌输模式上，未能及时适应社会文化背景的转变和价值观的更新。其二，社会文化背景的变迁也带来了对教师角色的重新定义。在传统观念中，教师被视为知识的传递者和道德的楷模，但现代教育理念更强调教师作为引导者、协作者和学习者角色的重要性。例如，美国教育家约翰·杜威曾提出"学中做、做中学"，强调教育应注重实践和经验的积累。然而，当前师范生在理想指导方面，往往缺乏将这些现代教育理念融入实践的机会，导致其在面对真实教育情境时显得准备不足。这种理想与现实的脱节，不仅影响了师范生的个人发展，也对教育质量和社会进步产生了负面影响。其三，在探讨师范生理想指导的失衡问题时，教师职业发展路径的单一性是一个不容忽视的因素。当前，教师职业发展线性晋升模式忽视了教师个体差异和多样化的职业发展需求。师范生在教育体系中接受的指导往往强调其成为优秀教师的标准化路径，忽视了教师作为教育者、研究者、社会活动家等多重角色的可能性。为了打破这种单一性，师范教育体系需要进行创新和改革，提供更加灵活和多元的职业发展路径。我们可以借鉴国外的教师职业发展模型，如美国的"教师专业成长阶梯"模型，该模型不仅包括传统的晋升路径，还包括教师专业学习社群、教育领导力发展，以及教育创新和创业等多维度的发展机会。通过这样的改革，师范生可以更加全面地发展个人理想，进而实现其教育事业的多样化和个性化。

（三）教育政策与资源分配的影响

教育政策在师范教育中扮演着至关重要的角色，它不仅为师范生的理想指导提供了方向，还影响着师范生的培养质量和未来教育实践的能力。其一，根据教育部发布的《教师教育课程标准（试行）》，师范教育不仅要注重对学生专业技能的培养，还要注重对学生道德理想和生活理想的指导。然而，现实中，由于教育政策的执行力度和资源分配的不均衡，师范生在专业技能与关怀教育之间往往难以找到平衡点。其二，教育政策的导向作用还体现在对师范生个人成长背景与经验差异性的重视上。政策制定者需要认识到，每个师范生的成长环境和经历都是独特的，因此在理想指导上应采取更为个性化的教育策略。政策应鼓励师范生在学习过程中结合自身经历，探索适合自己的教育理念和方法，以实现个人理想与职业理想的和谐统一。其三，教育政策在资源分配上的作用不容忽视。资源的合理分配能够为师范生提供更全面的教育体验，从而促进其理想指导的均衡发展。教育资源分配的不均衡，对师范生的全面发展和未来教育实践能力的培养产生了深远的影响。师范生在资源匮乏的地区接受教育，往往面临师资力量薄弱、教学设施落后、实践机会稀缺等问题。一项针对西部地区师范院校的调查显示，由于缺乏先进的教学设备和丰富的教学资源，师范生在模拟教学和实践操作方面的能力培养受到了限制。这种不均衡的资源分配，不仅影响了师范生的个人发展，还削弱了他们将来在教育实践中实现理想的能力。

（四）师范生个人因素的作用及影响

在探讨师范生理想指导的失衡问题时，自我认知与职业规划的不明确及个人成长背景与经验的差异性成了影响师范生个人成长不容忽视的因素。一则，自我认知与职业规划的不明确。根据一项针对师范生的调查研究显示，超过40%的学生在选择教育专业时，并未充分考虑个人兴趣与职业目标的一致性，而是更多地受到就业前景和社会地位的影响。这种缺乏自我认知的决策，往往导致师范生在学习过程中缺乏动力和方向，难以形成与个人理想相匹配的职业规划。例如，孔子曾言："知之者不如好之者，好之者不如乐之者。"这句话强调了个人兴趣与职业选择的重要性。当师范生未能清晰地认识到自己的兴趣所在，以及如何将这些兴趣与教育事业相结合时，他们就难以在教育实践中找到乐趣，进而影响到他们对教育事业的投入和热情。二则，职业规划的不明确还表现在对未来教育趋势的把握不足。随着社会的快速发展，教育领域正经历着前所未有的变革。师范生若不能及时更新自己的知识结构，适应新的教育模式和教学方法，就可能在未来的教育实践中感到迷茫和不适应。例如，数字化教学、个性化教育等新兴教育理念的兴起，要求教师不仅有扎实的专业知识，还具备创新能力和技术应用能力。若师范生未能在学习阶段就明确自己的职业发展方向，并针对性地进行技能培养，那么他们将难以在未来的教育领域中脱颖而出。因此，师范生在理想指导过程中，必须重视自我认知与职业规划的重要性。通过参与实习、教育项目、研讨会等活动，师范生可以更好地了解自己的兴趣和优势，同时对教育行业的发展趋势有一个清晰的认识。在此基础上，结合个人特点和市场需求，制定出切实可行的职业规划，从而在未来的教育实践中实现个人理想与职业目标的和谐统一。三则，个人成长背景与经验的差异性显得尤为重要。例如，根据一项针对师范生的调查研究显示，来自不同社会经济背景的师范生在职业理想指导方面表现出显著差异。来自低收入家庭的师范生往往更关注生存质量，忽视了生活体验与生命追求的重要性。这种现象在一定程度上反映了社会经济地位对个人价值观和理想追求的深刻影响。通过这些经历，师范生能够更深刻地理解多元文化，形成更为全面的教育公平意识。因此，师范生的个人成长背景与经验，在一定程度上不仅塑造了他们对教育的理解，还影响了他们对理想教育的追求和实现。为此，学校可开展成长经验交流会，让不同背景的师范生相互分享成长故事，拓宽彼此的视野；组织教育实践活动，引导师范生在实践中深化对理想教育的认知并探索实现路径；提供个性化职业规划指导，助力师范生结合自身背景与经验，明确追求理想教育的方向与策略。

第四章

虚拟现实赋能师范生理想指导的转型机遇

虚拟现实是融合计算机图形技术、人机接口技术、传感技术、仿真技术以及人工智能等多学科的新兴技术，在一个集成了多感官刺激的三维虚拟世界中，用户借助先进的设备与人造环境进行互动，这种互动方式使得用户能够接收来自不同渠道的多元信息，进而营造出一种近乎真实的感知体验。《国家教育事业发展"十三五"规划》《关于加快推进虚拟现实技术产业发展的指导意见》中均指出了虚拟现实在教育领域中的重要价值及应用推进策略。其在师范生理想教育中的沉浸性、交互性、构想性及全息多态感知性等特征能够有效激发师范生实现生活理想、职业理想、道德理想和社会理想，为师范生理想指导提供了新的可能和广阔空间。因此，挖掘虚拟现实在师范生教育中的深层次应用，尤其是将其有效融入师范生理想指导中解决现实问题，剖析其本质特征、价值性、适切性及局限性势在必行。

第一节　虚拟现实的本质特征

虚拟现实技术作为一种前沿人机交互方式，正在深刻改变我们感知和理解世界的方式。它通过模拟三维环境，为用户提供沉浸式体验，极大地拓展了人类的认知边界。在教育领域，虚拟现实不仅能够创设逼真的学习场景，还能够培养学生情感共鸣、道德教育和社会技能。本节将深入探讨虚拟现实的本质特征及其内涵，揭示其如何通过沉浸性、交互性、构想性和全息多态感知性等特征，为师范生提供理想指导的强有力支持。通过对虚拟现实技术进行全面解析，我们可以更好地理解其在教育革新中的潜力与价值。

一、虚拟现实的内涵

虚拟现实的本质内涵是其作为一种前沿的人机界面与交互方式，核心目标在于增强人类的认知能力，它通过模拟并呈现一个三维的虚拟世界，使得人们能够以视觉、听觉、触觉等符合人类习惯的方式，去感知和理解这个由计算机生成的环境。虚拟现实技术结合多种高科技的最新发展成果，具有沉浸性、交互性、构想性以及全息多态感知性四大特征。

（一）虚拟现实是创设具身性教育场景的技术

虚拟现实是一种创新的信息交互方式，其在教育领域中的应用，成为创设具身性教育场景的重要技术手段。根据具身认知理论，人类的认知过程并非仅限于大脑内部的信息处理，而是受到身体状态及与外部环境互动的深刻影响。这一理论强调了身体体验在学习过程中的核心地位。虚拟现实技术正是基于此理论，通过构建高度逼真的三维数字环境，为学习者提供了一种仿若身临其境的体验，从而开启了教育实践的新篇章。从技术角度出发，虚拟现实技术集成了包括但不限于计算机图形学、人机交互界面设计、传感器技术在内的多种先进技术成果，共同构建了一个完整的感知-响应体系。用户佩戴上专为此设计的头戴式显示设备时，便能够完全沉浸在由计算机所生成的三维虚拟世界之中。该虚拟环境具备极强的互动性，能够依据用户头部位置的变化等细微动作做出即时响应，自动调整视角展示相应的图像信息，从而创造出较为逼真的沉浸式体验。此外，通过采用先进的触觉反馈系统和空间音频定位技术，虚拟现实进一步加强了用户的感官体验，使其仿佛真的置身于另一个物理世界中。这种多维度的感官输入不仅能极大激发学习者的兴趣与好奇心，还能为促进深层次知识建构奠定基础。

（二）虚拟现实是搭建育人性教学实践的工具

育人性教学是指旨在培养全面发展的人格特质、道德情操和社会责任感的教学活动。虚拟现实通过提供沉浸式、交互性学习环境，不仅能够丰富学生知识结构，还能在情感教育、道德教育和社交技能培养等多个层面上发挥作用，从而成为构建育人性教学实践的有效工具。首先，虚拟现实技术能够创造出身临其境的学习体验，这有助于增强学生的情感共鸣。例如，在历史课程或文学课程中，虚拟现实可以再现历史事件发生的情境或文学作品中的场景，使学生能够"亲身"经历那些关键时刻，加深对历史人物情感的理解，或是更深入地体会作品背后的文化内涵。这种直接的感官体验有助于培养学生的人文关怀和社会责任感。其次，虚拟现实技术在道德教育中的应用也值得关注。通过模拟现实生活中的伦理困境，如环境保护、公平正义等问题，虚拟现实能够让学生成为决策者，体验不同选择带来的后果。这种方式不仅可以帮助学生理解抽象的道德原则，还能让他们在实践中学习如何做出负责任的选择。最后，虚拟现实可以促进学生社会性交互。许多虚拟现实应用程序提供了多人在线互动的机会，学生可以在虚拟环境中与来自世界各地的同学交流、合作完成任务。这种跨文化的交流体验有助于拓宽学生的视野，增进其对不同文化背景的理解和尊重。

（三）虚拟现实是促进师范生职业规划的载体

师范生是未来教育事业的基石，其职业准备不仅涵盖深厚的学科知识积累，更涉及教学技能的精进、职业认同感的塑造以及对未来教育发展趋势的洞察。虚拟现实技术以其独特特性，为师范生提供了一个理想平台，助力他们在多个维度上进行职业准备和发展。

在传统的教师培训过程中，实习教学通常是师范生获取实际教学经验的主要途径，但由于时间有限、机会不均等因素，这种经验往往难以充分满足每位学生的需求。借助虚拟现实技术，师范生可以在一个高度仿真的虚拟教室环境中进行教学实践。这种模拟教学不仅能够覆盖从备课到授课的全过程，还能够根据不同的教学目标和学生群体特性设置多样化的情景，如特殊教育需求学生的教学、多文化背景下的教学等。更重要的是，虚拟现实平台支持即时反馈机制，允许师范生通过虚拟学生的表现和导师的点评迅速调整自己的教学策略，从而在反复实践中不断优化自己的教学技艺。除此之外，借助虚拟现实技术，可以增进师范生的职业认同感。职业认同感是个体对自己职业角色的认知与情感投入程度，对于即将步入职场的师范生来说尤为重要。借助虚拟现实技术，师范生能以第一人称视角体验多种教育岗位的工作状态，包括但不限于普通教师、班主任、教研组长等角色。这种角色扮演式的体验不仅能够加深他们对不同教育岗位工作内容和责任的理解，还能够让他们在虚拟环境中预演解决实际问题的过程，比如处理学生间的冲突、与家长沟通等，从而增强对自身未来职业身份的认同感。

（四）虚拟现实是促进师范生理想塑建的利器

虚拟现实以其高度的沉浸性和互动性，为师范生提供了前所未有的机会，使其能够在模拟的真实环境中探索、体验和反思，从而有助于形成更加明确和坚定的职业理想。

虚拟现实能够为师范生提供一个沉浸式的教学实践环境，使他们能够在接近真实的情况下体验教师角色。通过虚拟现实，师范生可以进入一个高度仿真的教室，与虚拟学生进行互动，这种体验远远超出了传统的观察和理论学习所能达到的效果。在这样的虚拟现实教育环境中，师范生不仅能够练习和磨炼自己的教学技能，如课堂管理、提问技巧和评估方法，而且能够在遇到突发情况时学习如何快速反应和调整策略。例如，他们可以体验如何处理学生的注意力分散、如何解决课堂中的纪律问题，以及如何激励不同类型的学习者。这种实践经历对于师范生来说是宝贵的，因为它让师范生在正式走上讲台之前就积累大量的"实战"经验，有助于他们建立起自信并更加清晰地认识自己作为教师的使命和责任。此外，在虚拟现实教育场景中，师范生可以体验不同的教学模式，如蒙台梭利教育法、项目式学习等，并观察这些方法在实际教学中的应用效果。通过这样的体验，师范生可以更深入地思考什么样的教学方法最适合自己的教学风格，以及如何根据不同学生的需求来调整教学策略。这种反思性的学习过程能够帮助师范生亲身体验到虚拟现实技术为教育带来的变革，进一步加深对教育理想与信念的理解，从而促进师范生坚定教育信念，为其未来教育事业提供有力指导。

二、虚拟现实的特性

虚拟现实技术以其独特特性，为教育领域带来革命性变化，不仅改变了学习方式，还深刻影响师范生理想指导。本节将详细探讨虚拟现实的四大核心特征：沉浸性、交互性、构想性和全息多态感知性。通过对这些特征进行分析，可以更好理解虚拟现实如何促进师范生具身性体验、育人性建构、标志性检验以及集体性行动。每一种特性都为师范生提供全新的学习和成长机会，使他们能够在高度仿真的环境中进行实践、反思和创新，从而为未来的教育事业奠定坚实的基础。通过对这些特性的深入解析，笔者希望能够揭示虚拟现实在师范生理想指导中的巨大潜力和实际应用价值。

（一）沉浸性：促进师范生具身性体验

沉浸性是虚拟现实最引人注目的特征之一，它深刻地描绘了体验者在虚拟环境中所达到的独特心理状态。这种状态不仅是视觉上的震撼，更是多感官体验的综合结果，包括对听觉、触觉甚至嗅觉等多方面的同步激发。通过这种全方位的感官输入，虚拟现实技术能够将体验者的注意力牢牢吸引到预设的任务或场景中，创造出一种超越传统媒介的沉浸感。这种沉浸不仅是对现实与虚拟边界的温和跨越，更是心灵在无限想象与创造力之间自由翱翔的体现。

雅斯贝尔斯认为，教育是人对人的主体间灵肉交流活动，包括知识内容的传授、生命内涵的领悟、意志行为的规范，并通过文化传递功能将文化遗产教给年轻一代，使他们自由地生成，并启迪其自由天性[1]。师范生理想指导在虚拟现实赋能之下更能促进当前师范生的生活教育、情感教育、个性教育与自由责任教育，促进师范生的全面发展，克服传统师范教育培养模式下追求的书本化、归一化和功利化的风险性倾向。虚拟现实赋能师范生理想，使其不再受困于传统教室的束缚和抽象理论的空谈。虚拟现实的沉浸式特征在于它能够将真实场景与虚拟场景完美地融合，为师范生呈现出一个活灵活现、既真实又富有想象力的学习空间。正如马克思所言，人正是通过身体的感性活动，才演化出真正的"现实性"，才表明人挣脱抽象化、形式化、神秘化，个体安身立命的现实性，即身体存在的感性—对象性[2]。虚拟现实的引入，不仅让师范生的学习更加直观、生动，还使他们在虚拟情境中的身体达到了"非自然的巅峰状态"，仿佛置身于一个无限可能的世界。

---

① 张宏：《雅斯贝尔斯之本真教育》，山西人民出版社 2018 年版，第 144 页。

② 李昕桐：《马克思的"身体现实性"思想初探》，《社会科学战线》2016 年第 8 期。

（二）交互性：实现师范生育人性建构

交互性赋予虚拟现实体验者前所未有的能力，使他们能与虚拟世界中的元素直接互动，这种互动深刻且即时，体验者不仅可施加影响，还能收获相应的反馈。虚拟现实以其独有的交互性特征，能够根据用户的感官反馈而动态调适画面呈现，并通过沉浸式体验而提升用户的感知能力[①]。"从本质上看，技术是被捕获并加以利用的现象的集合，或者说，技术是对现象有目的的编程"[②]，虚拟现实在指导师范生理想培养中应用，它不仅仅是对现实现象的简单模拟，更是对现实世界的"编程"和再创造。虚拟现实的目标是创造一种全新的人机交互界面，在这个界面中，既非人体适应机器，也非机器适应人体，而是在机器与人体之间建立了一种互动变化的关系，进而获得一种最佳的和谐状态——自然化的身体运动方式。[③]将虚拟现实技术引入师范生教育培养系统实际上是创造一个新的生态系统，它在提升、改善原有师范教育系统的同时，让所有参与其中的师范生都形成了一种新的"自然化的身体运动方式"。虚拟现实内嵌至师范生理想指导过程中，能最大限度地呈现多元互动形式，采用问题导向教学、锚定教学、认知学徒制以及有意义教学等基于建构主义教学方式，使师范生有效地实现对当前所学教育教学知识的意义建构的目的。将虚拟现实融入师范生教育，通过创设界面具体、形象直观的交互式教育环境和图文声像并茂的多维感官综合刺激，克服了师范生被动接受教育学类知识、缺乏真实教育体验的弊端，可以有效促进师范生理想形成与发展。

（三）构想性：助力师范生标志性检验

构想性是虚拟现实的一个关键特征，它不仅能够创造高度仿真的环境，还能激发用户对未来的想象和创新。虚拟现实技术的构想性可为师范生标志性检验提供有力支持，具体体现在以下三个方面。

一是模拟道德情境。虚拟现实能够创建高度仿真的道德情境，使师范生在虚拟环境中面对各种复杂的伦理挑战。这种模拟不仅能够锻炼师范生的道德判断力和道德敏感性，还能帮助他们在实际工作中更好地应对类似问题。例如，师范生

[①] 温旭：《虚拟现实技术赋能高校思想政治教育的价值与应用》，《思想理论教育》2021 年第 11 期。

[②] [美]布莱恩·阿瑟：《技术的本质：技术是什么，它是如何进化的》，曹东溟，王健译，浙江人民出版社2018 年版，第 53 页。

[③] 杭云，苏宝华：《虚拟现实与沉浸式传播的形成》，《现代传播（中国传媒大学学报）》2007 年第 6 期。

可以模拟处理学生之间的欺凌事件、应对家长的不合理要求、处理学术不端行为等。通过这些情境模拟，师范生不仅能够体验到现实中的复杂性和不确定性，还能够在多次演练中找到最优解决方案。这种情境模拟既是对师范生道德能力的检验，也是对其道德素养的培养。通过反复演练，师范生可以逐步提升自己的道德判断力和应对能力，从而在未来的教育实践中更加从容不迫地处理各种道德困境。

二是促进自我道德反思。在虚拟环境中，师范生可以记录自己的每一个决策和行动，并通过回放和分析这些记录来进行自我反思。这种自我评估的过程是标志性检验的重要组成部分，它帮助师范生更客观地认识自己的道德水平，并能制定针对性的改进计划。例如，师范生可以在虚拟环境中模拟处理学生心理问题的情境，通过回放和分析自己的表现，发现自己的不足之处并加以改进。通过不断地自我反思和自我评估，师范生可以逐步提升自身的道德素质，更好地践行高尚的道德理想。这种自我反思的过程不仅有助于师范生在实际工作中更加自信和从容，还能够帮助他们在职业生涯中不断进步。

三是实践道德理想。通过模拟真实的教学场景，师范生可以体验如何在实际教学中贯彻道德原则，如关爱学生、严谨治学、廉洁从教等。例如，师范生可以在虚拟教室中模拟如何处理学生的心理问题、如何在课堂上进行公正评价等。这种实践不仅能够检验师范生的道德素养，还能够帮助他们在实际工作中更好地履行教师职责。通过在虚拟环境中进行实践，师范生可以将道德理论转化为实际行动，从而在未来的教育实践中树立良好的榜样。此外，虚拟现实技术还可以模拟家庭生活和社会交往等情境，帮助师范生在个人私德与公众公德之间找到平衡，实现个人品德与社会公德的统一。这种综合性的道德培养不仅有助于师范生在个人生活中树立良好的形象，还能够提升他们在社会中的道德影响力。

（四）全息多态感知性：助推师范生开展集体性行动

全息多态感知性不仅意味着虚拟环境的高度仿真和多感官的综合体验，还涵盖了虚拟世界中的集体互动和协作。通过虚拟现实，可实现师范生在多个层面上的集体性行动，从而更好地促进师范生社会理想的形成与发展。

一是促进师范生集体协作。虚拟现实技术的全息多态感知性为师范生提供了一个高度仿真的集体协作平台。在虚拟现实所创设的场景中，师范生可以跨越地理限制，与来自不同地区甚至不同国家的同伴进行实时互动和协作。这种虚拟协作不仅能够增强师范生之间的沟通与合作能力，还能够促进他们共同探讨教育问题、分享最佳实践,并共同制定解决方案。例如,师范生可以组成虚拟教学小组,共同设计和实施教学项目,通过虚拟课堂进行模拟教学,评估教学效果,并进行反馈和改进。这种集体协作的经验不仅有助于师范生在实际工作中更好地与同事合作,还能够培养他们的团队精神和领导能力。通过虚拟现实的技术支持,师范生可以在更加真实和多维的环境中进行集体协作,从而为未来的教育事业奠定坚实的基础。

二是促进共同价值传递。通过借助虚拟现实,师范生可以身临其境地体验历史事件、文化传统和社会变迁,从而增强对国家和民族的情感认同。例如,借助虚拟现实,师范生可以参观革命圣地、见证国家发展历程中的重要时刻,甚至参与模拟的历史事件。这种沉浸式的体验不仅能够加深师范生对国家历史和文化的理解,还能够激发他们的爱国情怀。此外,虚拟现实还可以用于展示国家的教育方针和发展规划,让师范生更加直观地了解国家的发展蓝图。通过虚拟现实中的情感共鸣和价值传递,师范生能够更加坚定地树立远大的强国志向,将个人的理想追求融入国家的发展大局。

三是增强社会责任意识。虚拟现实技术所具备的全息多态感知性,为师范生搭建起了实践表达和履行社会责任的平台。在虚拟现实所创设的场景中,师范生可以模拟实际的教学场景,进行教育实习和支教等活动。这种虚拟实践不仅能够帮助师范生提前适应未来的工作环境,还能够让他们在安全可控的环境中进行教学创新和实验。例如,师范生可以在虚拟环境中模拟农村学校的教学条件,了解和应对实际教学中的挑战。通过这种虚拟实践,师范生可以更好地理解基层教育的需求,培养自身的社会责任感。此外,虚拟现实还可以用于教育科学研究,师范生可以利用虚拟现实数据,探索教育规律,为教育政策的制定与实施提供科学依据。通过在虚拟现实中开展实践表达并承担社会责任,师范生能够将所学知识转化为解决实际问题的能力,为提升教育质量、促进教育公平贡献力量。

三、虚拟现实的类别

虚拟现实技术即"沉浸式多媒体"或"计算机模拟现实",被认为是 21 世纪重要的发展学科以及影响人们生活的重要技术之一。1987 年,"虚拟现实"一词由 VPL Research 的创始人杰伦·拉尼尔(Jaron Lanier)提出。早在 1960 年,美国学者约瑟夫·利克莱德(Joseph C. R. Licklider)就发表了《人机共生》

（"Man-Computer Symbiosis"）一文，提出电脑越来越向人脑靠近，与人脑的思维相似，与人交互方式非比寻常，激发了人们对虚拟现实研究的思考与兴趣。2016年迎来了虚拟现实元年，虚拟现实如雨后春笋一般在各行各业蓬勃发展，在教育、医疗、军事、娱乐等领域发挥着越来越重要的作用，如前文提到的，我国政府在2022年颁布的《虚拟现实与行业应用融合发展行动计划（2022—2026年）》中将虚拟现实列入信息技术领域重点开展的3项前沿技术之一。与本书密切相连的是将虚拟现实从技术的复杂程度、应用效果、应用方式以及用户数据或者说是"沉浸感"和"交互感"方面进行阐述，将其分为四种类型，分别是桌面式虚拟现实系统、沉浸式虚拟现实系统、增强式虚拟现实系统、分布式虚拟现实系统。[①]

（一）桌面式虚拟现实系统

桌面式虚拟现实系统也被称为窗口式虚拟现实系统，是虚拟现实技术中最为基础且应用广泛的一种形式。这种系统通过计算机屏幕或投影屏幕来呈现虚拟环境，并利用键盘、鼠标或触摸屏等输入设备进行交互。尽管其沉浸感和互动性不如沉浸式虚拟现实系统强烈，但因其较低成本和易于实现特点，在教育、培训、设计等多个领域得到广泛应用。桌面式虚拟现实系统的技术架构相对简单，主要由硬件和软件两部分组成。硬件方面通常只需要一台配置适中的计算机和标准的显示设备，如显示器或投影仪。在某些情况下，为增强体验可能会使用立体眼镜来提供三维视觉效果。软件方面则需要专门的虚拟现实开发平台和应用程序，这些程序能够生成并渲染出逼真的三维场景，并允许用户通过简单的输入设备与虚拟世界进行互动。由于不需要复杂的穿戴设备或专用的传感器，桌面式虚拟现实系统的成本远低于其他类型的虚拟现实系统，这使得它成为许多教育机构和个人用户的首选方案。

桌面式虚拟现实系统在教育领域的应用尤为突出，教师可以利用这种系统为学生创建丰富的学习资源，例如模拟实验、历史场景再现、地理探索等。这些内容不仅能够增加课堂的趣味性和互动性，还能够帮助学生更好地理解和掌握抽象概念。此外，桌面式虚拟现实系统还可以用于语言学习，通过模拟不同文化背景下的交流情境，帮助学生提高语言运用能力和跨文化交际能力。在师范生理想指导过程中，桌面式虚拟现实系统可以为师范生提供低成本、高效率的教学实践平台。例如，师范生可以通过虚拟教室来练习课堂教学技巧，包括讲解、提问、讨

[①] 郑颖立：《体验式虚拟实验研究》，博士学位论文，华东师范大学，2008年，第20-22页。

论等多种教学方法。虽然缺乏真实的师生互动，但这种虚拟环境仍然能够让师范生熟悉教学流程，积累初步的教学经验。当然，桌面式虚拟现实系统还可以用来模拟学校管理、家校沟通等非教学活动，让师范生提前接触未来职业中可能遇到的各种情况，从而提升他们的综合素质和树立正确的理想。

（二）沉浸式虚拟现实系统

沉浸式虚拟现实系统又称为佩戴型虚拟现实系统，是虚拟现实技术中最具代表性和沉浸感的一种形式。这种系统通过头戴式显示器（head-mounted display，HMD）、数据手套、运动捕捉设备等高级硬件设备，将用户完全包围在一个由计算机生成的三维环境中，从而提供高度逼真的视觉、听觉乃至触觉体验。与桌面式虚拟现实系统相比，沉浸式虚拟现实系统能够极大地增强用户的沉浸感和参与度，使其仿佛置身于一个真实的世界之中。沉浸式虚拟现实系统的硬件配置是其实现高度沉浸感的关键。头戴式显示器是最核心的组成部分，它不仅提供了广阔的视野范围，还具备高分辨率和刷新率，确保图像清晰流畅。现代的头戴式显示器通常配备有内置的追踪传感器，可以实时监测用户的头部运动，并相应地调整显示内容，以保持视觉的一致性。此外，为进一步提升用户体验，一些高端系统还集成了空间音频技术，使声音能够根据用户位置和方向进行精确定位，从而创造出更加真实的听觉环境。除视觉和听觉外，触觉反馈也是沉浸式虚拟现实系统的一个重要方面。数据手套和力反馈装置可以模拟物体的质地和重量，让用户在虚拟世界中感受到触摸的真实感。

沉浸式虚拟现实系统在师范生理想指导过程中有重要的技术价值。通过创建高度仿真的教学情境，师范生可以在安全可控的条件下进行各种教学实践，这有助于他们在没有实际教学风险的情况下积累宝贵的经验。此外，这种系统还可用来模拟复杂的课堂管理问题，如处理学生冲突或突发事件，使师范生能够在虚拟环境中练习有效的应对策略。这些实践经验不仅提高了师范生的教学技能，还增强了他们的自信心和职业认同感。诚然，沉浸式虚拟现实系统在情感层面也具有独特的优势。通过高度逼真的感官体验，这种系统能够激发用户的情感共鸣，从而加深他们对教育价值的理解和认同。沉浸式虚拟现实系统还能用于心理健康教育，通过创设放松的自然环境或冥想场景，帮助师范生缓解压力，提高情绪调节能力。这种情感上的支持对于师范生形成稳定的职业理想和积极的心态至关重要。

（三）增强式虚拟现实系统

增强式虚拟现实系统，也称为增强现实（augmented reality，AR）系统，是一种将数字信息与用户所处的真实环境相结合的技术。与完全沉浸于虚拟世界的沉浸式虚拟现实系统不同，增强现实技术通过在现实世界中叠加虚拟元素，创造出一种新的混合体验。这种技术不仅保留了现实世界的物理存在感，还增加了额外的信息层，使得用户能够在真实环境中获得更多的互动和信息支持。增强式虚拟现实系统已经在教育、医疗、工业设计等多个领域得到广泛应用，并展现出巨大的潜力。在增强式虚拟现实系统中，硬件和软件配置是其实现的关键。从硬件角度来看，常见的设备包括智能手机和平板电脑，这些设备通常配备了摄像头和屏幕，可以捕捉现实世界的图像并显示叠加的虚拟内容。此外，还有专门的增强现实眼镜，如 Microsoft HoloLens，这些设备提供了更为直观的视觉体验，允许用户在自由移动的同时看到虚拟信息。软件方面，开发人员使用专门的增强现实开发平台和工具包，如 ARKit（苹果公司）、ARCore（谷歌公司）等，来创建和部署增强现实应用程序。这些平台提供了丰富的功能，如空间定位、物体识别和实时渲染，确保虚拟内容能够无缝地融入现实环境。

在教育领域，增强式虚拟现实系统为师范生的理想指导带来新的可能性。通过将虚拟教育资源与实际教学场景相结合，师范生可以在真实的教室环境中进行模拟教学。例如，他们可以通过增强现实应用在黑板上展示动态的教学图表、动画或三维模型，使学生更容易理解和记忆复杂的概念。增强现实还可以用于教师培训，让新教师在真实课堂中接受资深教师的指导，同时看到虚拟提示和反馈，帮助他们更快地掌握教学技巧。这种实时辅助和支持有助于提高师范生的实际操作能力，增强他们的自信心和教学效果。此外，增强式虚拟现实系统在师范生理想指导过程中，还可为师范生提供不同的职业路径和发展机会预览，帮助他们做出更加明智的职业选择。例如，增强现实应用可以展示未来教师的工作环境、日常工作流程以及可能面临的挑战，让师范生提前做好心理准备。这种基于实际情境的职业指导有助于师范生形成清晰的职业目标，并为其职业生涯的发展奠定坚实基础。

（四）分布式虚拟现实系统

分布式虚拟现实系统是虚拟现实技术与网络技术相结合的产物，它通过互联网将位于不同地理位置的用户连接到同一个虚拟环境中，实现多人实时互动和信息共享。这种系统不仅克服了传统虚拟现实系统的单人使用限制，还极大地扩展了虚拟现实的应用范围，使其在教育、培训、远程协作等多个领域展现出巨大的潜力。分布式虚拟现实系统的技术架构较为复杂，主要由客户端-服务器模型或对等网络（P2P）模型构成。在客户端-服务器模型中，有一个中央服务器负责管理和协调所有用户的活动，客户端则通过网络连接到服务器，并接收和发送数据。这种架构适用于需要集中控制和管理的应用场景，如大规模在线教育平台。而在对等网络模型中，每个用户既是客户端也是服务器，能够直接与其他用户进行通信，这种方式更加灵活，适合小规模的协作项目。但无论采用哪种架构，分布式虚拟现实系统都需要强大的网络支持，以确保数据传输的低延迟和高可靠性。

在教育领域尤其是师范生理想指导过程中，分布式虚拟现实系统提供了全新的教学模式和学习体验。通过这种系统，师范生可以参与跨学校、区域甚至国界的文化交流项目，与来自世界各地的同学共同完成复杂的教学任务。例如，一个虚拟现实实验室可以让多名师范生同时进行实验操作，每个人都可以看到其他人的动作并进行讨论。这样的合作不仅提高了学习效率，还促进了跨文化交流和团队协作能力的发展。分布式虚拟现实系统还可以用于远程实习和观察，让师范生有机会访问全国各地的优秀学校和课堂，了解不同的教育理念和方法，从而拓宽视野并提升专业素养。此外，分布式虚拟现实系统也可促进教育公平和资源共享。许多偏远地区由于教育资源匮乏，难以提供高质量的教育服务。而通过分布式虚拟现实系统，优质教育资源可以跨越地理界限，覆盖更广泛的地区。例如，优秀教师可以通过虚拟教室为偏远地区的学生授课，分享最新教育理念和技术。

第二节　虚拟现实赋能师范生理想指导的技术优势

在中国式现代化进程中，要办好师范教育，提升师范生人才培养质量需要建设高素质教师教育师资队伍，需要构建高质量教师教育培养体系，抓好师范教育的根本质量、整体质量、服务质量，高质量完成立德树人根本任务，加快改革创新发展，发挥师范大学在人才培养中的全局性、先导性作用，为建设教育强国开辟新赛道，把各方面优秀人才集聚到党和人民事业中来，为全面建成社会主义现代化强国、实现中华民族伟大复兴保驾护航。[①]虚拟现实的迅猛发展为师范生理想指导提供前所未有的技术价值，如何使虚拟现实内嵌至教育领域尤其是师范教育中，业已成为教育研究的热点。虚拟现实利用计算机仿真等前沿技术，为师范生精心打造了逼真的三维虚拟环境，在赋能师范生理想指导过程中具有无可替代的技术优势。

本书基于 1523 名师范生理想指导的现状进行调研，结果发现，师范生理想指导存在的问题集中表现在：其一，生活理想指导的瓶颈，即生活多样性匮乏与生命追求难以落实；其二，职业理想指导的偏差，即情感关怀过度与实践能力培养不足；其三，道德理想指导的盲区，即师德教育中的理论实践脱节困境；其四，社会理想指导的短板，即传统文化认同缺失与教育公平意识薄弱。为了满足师范生对理想指导的迫切需求，笔者致力于建立一个基于虚拟现实技术的师范生理想指导机制。从师范生理想指导的关联性出发，深度剖析虚拟现实赋能师范生理想指导的内在机理，有助于推进师范生理想教育的变革与转型，加快师范生教育的现代化发展。通过将虚拟现实应用于师范生理想指导过程中，可以更好地适应数字化时代的需求。这一赋能过程是全方位、系统化的，同时又充满复杂性的师范生理想指导空间的可能延展。

虚拟现实技术在教育领域的应用，尤其是在师范生理想指导方面，具有多维度、全方位且深入的价值。虚拟现实通过创建沉浸式、交互式的虚拟环境，极大地丰富了师范生的教学实践体验。一是增强师范生的专业认知；二是提升师范生的专业技能；三是促进师范生的专业发展。鉴于师范生是未来教育领域的核心力量，即文化的传承者和知识的传播者，因此，在虚拟现实知识的应用与普及中，师范生应被视作中坚力量，肩负起推动虚拟技术融入教育教学的重任。虚拟现实具备的沉浸性、交互性、构想性以及全息多态感知性等特征为师范生理想教育带来了新的活力与体验，具有强化师范生生活理想的生命享受、充盈师范生职业理想的专业素养、会通师范生道德理想的行为准则、赋能师范生社会理想的报国情怀等价值。

一、虚拟现实利用"沉浸"以强化师范生生活理想的生命享受

师范生生活理想是指师范生对未来美好的生存质量、生活体验和生命追求的

---

① 徐玲：《以高质量的师范教育助力推进中国式现代化》，《社会科学家》2023 年第 10 期。

向往，是其在个人发展、人文素养及健康生活等方面的目标和期望。虚拟现实技术能够提升师范生的自我认知水平，升华他们的生活理想。通过虚拟现实技术，师范生有机会体验到不同的文化环境和生活状态，进而深化对生活理想的认识。生活理想为职业理想、道德理想及社会理想提供了动力，是师范生实现其他理想的基础和前提。通过调查分析师范生四个维度理想指导的现状可知，生活理想指导偏重生存质量，忽视生活体验与生命追求。虚拟现实的"沉浸式"优势能够有效强化师范生对生活理想的生命享受。

（一）虚拟现实的"沉浸"优势丰富师范生的生存质量

虚拟现实技术在师范教育中的应用，为提升师范生的生存质量开辟了新的途径。首先，通过构建沉浸式的教学环境，师范生能够体验到与真实课堂相似的场景，从而在安全的虚拟空间中进行教学实践。这种场景"能够突破时间、空间以及学习者感官的限制"[①]，拓宽其物质生活感官体验和视野，增强其认知能力。其次，在师范生的教育中，沉浸式体验可以模拟真实的教学场景，让师范生在虚拟环境中进行教学实践，从而在没有实际教学风险的情况下获得宝贵的教学经验。此外，沉浸式体验还能促进师范生的情感发展，通过模拟不同学生背景和需求的场景，帮助师范生更好地理解并适应多样化的教学环境，从而提升他们的同理心和教学适应性。最后，虚拟现实技术还可以与人工智能等其他先进技术相结合，为师范生提供个性化的学习路径和反馈，进一步提升教学效果。随着虚拟现实技术的不断发展和完善，我们有理由相信，它将成为提升师范生生存质量的重要工具，给未来的教育工作带来革命性的变化。

（二）虚拟现实的"沉浸"优势提升师范生的生活体验

虚拟现实技术的沉浸式体验，为师范生提供了全新的生活和学习方式。通过虚拟现实，师范生可以身临其境地参与教育教学活动，感受不同教学场景，增强教学实践能力。这种沉浸体验也能丰富师范生的休闲娱乐生活，提升师范生的生活体验。首先，虚拟现实技术不仅能提升师范生的教学实践能力，还能帮助他们更好地理解和掌握复杂的教育理论，增强自信心。通过虚拟现实技术，还可以模

---

① 王志临：《基于虚拟现实技术的师范生信息化教学能力提升策略研究》，《湖北开放职业学院学报》2023年第36期。

拟特殊教育场景，让师范生体验和理解不同学生的需求，培养他们的同理心和包容性，从而提升教育实践体验。其次，虚拟现实技术可以提供丰富的创意工具和场景，激发师范生的创新思维和创造力，通过虚拟现实，师范生可以与同学一起参与团队项目，提升合作能力和沟通技巧。虚拟现实可以模拟压力场景，帮助师范生提高应对压力的能力。师范生可以利用虚拟现实进行娱乐活动，如虚拟旅行，以缓解学习和生活的压力。最后，虚拟现实可以根据师范生的学习进度和兴趣，提供个性化的学习内容和反馈，提升学习效果。师范生可以通过虚拟现实体验特殊教育环境，学习如何应对特殊需求学生的需求。使用虚拟现实技术，师范生可以提高对现代教育技术的理解和应用能力，提升生活体验，为未来教学做好准备。

（三）虚拟现实的"沉浸"优势激发师范生的生命追求

虚拟现实技术的沉浸式体验，可以帮助师范生更深入地理解生命的多样性和价值，激发他们对教育事业的热爱与生命追求。通过虚拟现实，师范生可以身临其境地感受不同环境下的教学挑战，加深对生命教育的认识，从而增强责任感与使命感，并具有自我超越与奉献的精神。首先，虚拟现实技术不仅能提供沉浸式的学习体验，还能模拟真实课堂环境，让师范生提前适应教学场景，提升教学技能。通过虚拟现实，师范生可以与虚拟学生互动，练习课堂管理、提升问题解决和情感引导等关键能力，还能更加坚定地追求教育的意义和价值。其次，虚拟现实技术还可以用于模拟特殊教育场景，让师范生体验和学习如何应对有特殊需求的学生。这种沉浸式体验能够培养他们的同理心和包容性，使他们能够更好地理解和满足不同学生的需求。虚拟现实不仅有助于优化师范生的教学实践技能，还可以提升他们的综合素质，使他们更好地追求教育的本质和生命的意义。最后，虚拟现实技术还可以用于历史和文化的沉浸式学习，让师范生穿越时空，亲身体验不同历史时期的教育场景和文化背景。这种体验不仅能增强他们的历史和文化素养，还能激发他们对教育传承的责任感和使命感。通过这些多方面的应用，虚拟现实技术为师范生提供了一个全面提升自我、追求卓越的平台，使他们能够在未来的教育事业中更好地实现自我价值和社会价值。

二、虚拟现实引导"交互"以充盈师范生职业理想的专业素养

师范生职业理想是指"就读师范专业的全日制大学生对未来所从事的职业及

事业获得成就的追求和向往"①。职业理想是为了实现生活理想，满足生理需要、安全需要、归属与爱的需要、尊重需要、自我实现的需要而提出的理想追求。具体而言，"生活理想的寄托，归属的情感需要，个人才能的施展，个人价值的体现，个体自我能力的确证都体现在职业理想的实现程度上"②。因此，职业理想的正确树立有利于师范生"认识到岗位没有高低贵贱之分，只有分工的不同，与实现共同理想相联系就能使平凡的工作获得不凡的意义"③。虚拟现实技术增强师范生对教育事业的使命感，拓展他们的职业理想。在师范生职业理想教育当中，虚拟现实技术能够给师范生提供大量的实践机会。师范生职业理想的形成是一个循序渐进的过程，它涵盖了从对教师职业的初步认知，到对教师职业情感的投入，到投身教育事业的职业信念，最后付诸职业实践的完整逻辑链条。

（一）虚拟现实的"交互"优势引领师范生成为富有教育爱的人师

虚拟现实技术为师范生提供了一个独特的平台。通过模拟真实教学情境和提供即时反馈，它不仅帮助师范生提升教学技能，还能够培养他们的教育爱心。这种技术增强了师范生的教学实践体验，提升了他们的教育热情与关爱学生的能力。这为培养富有教育爱心的优秀教师提供了有力支持，使他们最终成为富有教育爱的人师。虚拟现实在引领师范生成为富有教育爱的人师的优势主要体现在以下几个方面。

一是，虚拟现实技术为师范生提供了一个沉浸式的学习环境，使他们能够在虚拟课堂中模拟真实的教学情境。虚拟现实技术还可以用于模拟不同的教育环境和教学情境，如偏远地区的教学条件、多元文化背景下的课堂管理等。这不仅有助于师范生拓宽视野，增强适应能力，还能培养他们应对各种教学挑战的能力。通过这种多样化的体验，师范生能够更好地理解教育公平的重要性，坚定他们为教育事业奉献的决心。这种交互式体验不仅能够提高师范生的教学技能，还能增强他们对教育事业的热爱和责任感。通过虚拟现实，师范生可以反复练习教学技巧，观察学生的反应，并及时调整教学方法。这种即时反馈机制有助于他们更好地理解学生的需求，培养同理心和耐心。

---

① 胡容：《高师院校师范生职业理想培育研究》，硕士学位论文，西华师范大学，2018 年，第 12 页。
② 胡咚：《当代大学生个体理想教育探析》，硕士学位论文，广西师范大学，2012 年，第 12 页。
③ 黄训达：《消费主义影响下大学生道德理想弱化问题研究》，硕士学位论文，河北师范大学，2011 年，第 42 页。

二是，虚拟现实技术还可以模拟各种复杂的教学场景，如处理课堂突发事件、与不同类型的学生互动等，帮助师范生在正式走上讲台之前做好充分准备。例如，虚拟现实可以模拟学生在面对学习困难时的心理状态，让师范生亲身体验学生的焦虑和无助感。通过这种体验，师范生能够更好地理解学生的内心世界，从而在教学中更加注重情感支持和心理辅导。这种共情能力的提升，有助于师范生在未来教学中建立更加和谐、信任的师生关系，促进学生的全面发展。它还可以用于展示优秀教师的教学案例，让师范生更直观地学习先进的教学理念和方法。这种直观的学习方式能够激发他们的学习兴趣和教学热情，进一步增强他们成为优秀教师的愿望。

三是，虚拟现实技术不仅在教学技能培养方面具有显著优势，还在教育心理学的应用上展现出巨大潜力。通过虚拟现实，师范生可以深入体验学生的视角，理解他们在学习过程中的心理变化和情感需求。这种共情能力的培养对于教师来说至关重要，因为它直接影响到教师与学生之间的互动质量和教学效果。总的来说，虚拟现实技术在师范生培养中的应用，不仅提升了他们的教学技能和共情能力，还增强了他们的教育爱心和责任感。通过这种全方位的培养，师范生能够更好地适应未来教育的需求，成为真正富有教育爱的人师。

（二）虚拟现实的"交互"优势锻造师范生成为具有专业力的经师

虚拟现实在锻造师范生成为具有专业力的经师的优势主要体现在以下几个方面。

一是，虚拟现实技术的交互特征可以为师范生提供沉浸式教学实践环境，增强其专业技能的实操经验，从而培养出具有专业力的经师。通过虚拟现实，师范生可以在虚拟课堂中进行教学模拟，体验不同教学情境，锻炼其课堂管理能力和教学技巧。此外，虚拟现实还可以模拟各种复杂的教学场景，如特殊教育需求学生的课堂环境，帮助师范生更好地理解和应对多样化的教学需求。通过这种互动式学习，师范生不仅能提升教学技能，还能培养其创新思维和解决问题的能力，深化自身专业素养以至满腹经纶，为未来的教育事业打下坚实基础。

二是，虚拟现实技术的交互优势不仅限于课堂教学模拟，还能为师范生提供全方位的专业能力培养平台，助力其成为经师。例如，虚拟现实可以模拟真实的学校环境，让师范生体验从备课、上课到课后辅导的完整教学流程，帮助他们更好地理解教学管理的各个环节。此外，虚拟现实还可以用于模拟教育心理学实验，让师范生更直观地观察和理解学生的心理变化及行为模式，从而提升其教育心理学应用能力。

三是，通过虚拟现实技术，师范生还可以在虚拟环境中进行团队合作和教学研讨，培养其协作能力和沟通技巧，使其逐渐成长为具有专业力的经师。这种沉浸式的学习体验不仅能够提高师范生的专业素养，还能增强其自信心和职业认同感，为其未来的教育工作奠定坚实基础。总之，虚拟现实技术的交互优势为师范生提供了一个全新的学习和实践平台，使其能够在安全、可控的环境中不断探索和创新，最终成为具备专业能力和创新精神的教育工作者。

（三）虚拟现实的"交互"优势培养师范生成为具有执行力的良师

虚拟现实技术的交互特征可以为师范生提供沉浸式的教学实践环境，增强其教学执行力，熔炼出能够有效应对各种教学场景并具有有效执行力的良师。

一是，通过虚拟现实技术，师范生可以在虚拟课堂中进行模拟教学，实时获得反馈和改进建议。这种交互式学习方式不仅提高了他们的教学技能，还增强了他们的自信心和应变能力。此外，虚拟现实还可以模拟各种复杂的教学情境，让师范生在安全的环境中学习和应对挑战，从而在实际教学中更加从容应对各种突发情况。虚拟现实技术的应用，使得师范生的教学实践更加多样化、个性化，有助于熔炼培养出具有高度执行力和创新能力的良师。

二是，虚拟现实技术不仅在教学实践方面提供了巨大的优势，还在教育心理学和教学方法的研究中发挥了重要作用。通过虚拟现实，师范生可以深入了解学生的学习心理和行为模式，从而设计出更符合学生需求的教学方案。这种深入的理解和实践，使得师范生在未来的教学中能够更好地激发学生的学习兴趣，提高教学效果，还可以用于教师培训和专业发展。通过虚拟现实，教师可以随时随地进行学习和培训，提升自身的专业素养和教学能力。这种灵活的学习方式，不仅节省了时间和资源，还使教师能够持续地更新知识和技能，以保持教学的前沿性和创新性。

三是，通过虚拟现实技术，师范生不仅能够提升自身的教学技能，还能够在未来的教育工作中更好地应对各种挑战，具备良师素养，为学生的成长和发展提供更优质的教育服务。通过虚拟现实，学校管理者可以更直观地了解学校的整体运作情况，优化资源配置，提高管理效率。同时，虚拟现实技术还可以为偏远地区和资源匮乏的学校提供高质量的教育资源，缩小教育差距，促进教育公平。总之，虚拟现实技术的交互优势为师范生提供了丰富的实践机会和个性化的学习体验，有助于培养出具有高度执行力和创新能力的良师。

三、虚拟现实发挥"构想"以会通师范生道德理想的行为准则

道德理想是指人们基于特定社会或阶级的道德原则和规范，以及对社会和个人当前道德状况的批判性反思，所向往和追求的完善社会道德风尚以及理想化的道德人格。它体现了个体在生活理想与职业理想上的精神需求与水平，以及对社会道德的期望和对完美道德典范的追求。而师范生的道德理想主要是指师范生在生活理想与职业理想中形成的既符合社会理想发展的期望与要求，又能够使其自身思想、道德以及行为得到充分且和谐发展的一种理想人格。虚拟现实技术增强师范生的道德信念感，升华他们的道德理想。通过调查分析师范生四个维度理想指导的现状可知，师范生道德理想指导重视个人品德与公共道德，但在师德培养方面缺乏真实情境的支撑；在师范生师德教育过程中，由于师范生尚未进入正式的课堂情境中，缺乏真实情境中的道德情感体验，使其道德思辨与教育责任感的培养未能达到理想水平。虚拟现实的构想性优势能有效地调动和刺激师范生的创造性和创新力，推动多形态的联想方式，有助于培养师范生的道德理想、优化师德典范与品质，以会通师范生道德理想的行为准则。

（一）虚拟现实的"构想"优势锤炼师范生优良品德

虚拟现实技术在师范教育中的应用，有助于锤炼师范生优良品德。"道德理想教育过程是一个道德理想渗透和塑造的过程"[①]，虚拟现实的"构想"优势在培养师范生的道德理想方面起着重要作用。通过模拟真实的教育场景，师范生可以在虚拟环境中练习如何处理复杂的教育问题，从而提升职业道德感和个人素养。在虚拟环境中，师范生可以不断尝试和修正，培养出对学生的关爱、尊重和责任感，这些都是严私德的重要组成部分。

其一，虚拟现实技术不仅提供了沉浸式的学习体验，还能通过数据分析和反馈机制，帮助师范生识别自身在职业道德和行为规范方面的不足之处。通过反复模拟和反思，师范生可以逐步形成良好的职业习惯和行为规范。虚拟现实技术还

---

① 黄翠翠，于濂清：《道德理想教育的必要性和现实路径分析》，《当代职业教育》2015年第4期。

可以模拟各种突发事件和道德困境，帮助师范生学会在压力下做出正确的决策。这种训练不仅提高了师范生的应变能力，也增强了他们的道德判断力和责任感。

其二，通过虚拟现实技术，师范生可以在安全的环境中进行试错和反思，从而更好地理解和践行严私德的内涵。这不仅有助于他们在未来的教育工作中树立良好的职业形象，也能为学生树立榜样，促进整个教育行业的健康发展。虚拟现实技术的应用不仅限于课堂教学，还可以延伸到师范生的日常学习和生活中。例如，学校可以开发虚拟现实课程，涵盖职业道德、教育法律法规、心理健康教育等方面的内容。通过这些课程，师范生可以系统地学习和掌握相关知识，并在虚拟环境中进行实践和体验。

其三，虚拟现实技术还可以用于模拟家长会、师生互动等场景，帮助师范生提高沟通技巧和应对能力。通过这些模拟训练，师范生可以学会如何更好地与学生、家长和同事进行有效沟通，建立良好的师生关系和家校合作关系。虚拟现实技术的引入，不仅丰富了师范生的学习方式，还提高了他们的学习兴趣和积极性。通过这种新颖的学习方式，师范生可以更加深入地理解和掌握严私德的内涵，并在实际工作中加以应用。

（二）虚拟现实的"构想"优势形塑师范生良好公德

虚拟现实提供互动式学习体验，让师范生通过参与决策过程，加深对公德规范的理解和认同，涵养师范生高尚师德。道德理想作为个人的可选择性行为，常常表现为超义务行为和分外行善①。利用虚拟现实的构想优势特征，师范生能深入高度仿真的环境并尽情施展想象力，优化教师道德典范与品质，为其未来的教育职业生涯奠定深厚的道德底蕴。通过虚拟现实技术，创建真实的道德困境，使师范生能够在安全的环境中体验和反思守公德的重要性。

其一，通过虚拟现实技术，师范生可以扮演不同的社会角色，体验不同身份和责任下的公德行为，增强责任感和同理心。加之新颖的虚拟现实技术能够吸引学生的兴趣，提高学习的积极性和主动性，虚拟现实可以根据师范生的学习进度和反应，调整教学内容和难度，实现个性化教育。它可以记录师范生的学习历程，便于长期跟踪和评估师范生的公德教育效果，还可以模拟不同文化背景下的社会环境，让师范生体验和理解不同文化中的公德规范，培养跨文化意识和包容心。在虚拟环境中，师范生的行为可以立即得到反馈，有助于及时调整行为模式，培

---

① 李红文：《论道德理想与道德义务》，《武汉理工大学学报（社会科学版）》2019年第6期。

养良好的公德意识。

其二，虚拟现实可以支持多人同时在线学习，促进师范生之间的交流与合作，共同探讨和实践守公德的行为准则。"将道德理想内化为社会绝大多数人的内心信念与准则才是最终落脚点。"[1]利用虚拟现实技术重现真实或打造虚构的道德案例，让师范生进行深入分析和讨论，提高他们分析和解决道德问题的能力。虚拟现实提供的沉浸式体验能够增强学生的情感参与度，使其更深刻地理解和感受守公德的意义，可以将理论知识与实际应用相结合，让师范生在虚拟环境中实践守公德的行为，提高实际操作能力。

其三，虚拟现实技术可以整合多种教育资源，如视频、音频、图文等，提供丰富的学习材料，满足不同学生的学习需求。随着虚拟现实技术的不断发展，其在师范生守公德教育中的应用也将不断创新，为培养高素质的教师队伍提供新的途径和方法。利用虚拟现实技术展示真实的教育案例，让师范生进行深入分析和讨论，培养其批判性思维和道德判断能力，帮助师范生树立正确的道德观念和行为标准。将虚拟现实中的道德训练与现实生活中的实践活动相结合，能够使师范生在真实环境中保持良好的守公德行为。

（三）虚拟现实的"构想"优势涵育师范生修为大德

虚拟现实技术通过构建逼真的教学场景，使师范生能够身临其境地体验教育实践，从而深化对教师职业的理解和认同。这种体验不仅有助于涵育师范生的道德观念和职业素养，还能激励他们追求高尚品质、塑造理想人格，明确作为师范生（大学生）关于做人的最高道德标准或基本方向[2]。通过实际操作，师范生可以培养责任感，明确教育使命，进而树立正确的道德标准和人生方向。通过虚拟现实模拟真实教学环境，师范生能够直观感受到教师职业道德的重要性，增强道德认知。在虚拟环境中体验教学互动，师范生能够更加深刻地理解师德对学生成长的影响，激发学生内在的情感共鸣。

其一，虚拟现实教学中往往需要团队合作，团队合作有助于培养师范生的集体主义精神和协同工作能力。在虚拟现实教学的团队合作中，可以模拟各种复杂的教育情境，使师范生面对不同的道德挑战，从而提高自己处理实际问题的能力。

---

[1] 叶豪芳：《孔子君子道德理想人格思想及其现代价值》，硕士学位论文，云南大学，2010 年，第 7 页。

[2] 黄训达：《消费主义影响下大学生道德理想弱化问题研究》，硕士学位论文，河北师范大学，2012 年，第 27 页。

师范生在团队合作和模拟情境中，将更加明晰感知自身在社会中的位置和责任，"使自己的理想与实际结合，实现大学生全面发展，从而适应社会发展的需要"①，进而能够全面看待世界、国家、社会和个人的道德理想问题。在虚拟现实教学的团队合作和模拟情境中，师范生不仅可以面对道德挑战，还可以体验不同学生的视角和感受，培养对学生的理解和同理心。在虚拟教学实践后，师范生可以反思自己的行为和决策，进一步明确职业道德规范。

其二，虚拟现实技术可以帮助师范生更好地理解学生的个体差异，从而在未来的教学中更好地因材施教。师范生可以立即获得反馈，了解自己的教学效果和道德表现，从而不断改进。虚拟现实可以模拟不同国家和地区的教育环境，为师范生提供了创新的教学方法和工具，激发他们在教学设计和课堂管理中的创造力，帮助师范生了解全球教育现状，培养国际视野和跨文化沟通能力。

其三，通过使用虚拟现实技术，师范生可以提高自身的技术应用能力，适应现代教育技术的快速发展。这可以帮助师范生更好地认识自己的优势和不足，从而有针对性地进行自我提升。师范生可以更深入地理解教育的社会价值，增强他们的职业使命感和责任感。虚拟现实提供了一个安全的空间，让师范生可以在没有实际教学风险的情况下进行尝试和犯错，从而更好地掌握教学技能和道德规范。为实现这些道德准则，师范生"必须能够充分发挥他们的积极性和创造性，能够把社会的要求和大学生的能动自为相结合"②，通过不断地自我提升和实践，实现社会与个体在道德理想层面的优化互动，从而推动社会道德风尚的进步与发展。

四、虚拟现实感知"多态"以赋能师范生社会理想的报国情怀

社会理想作为人类集体意识的结晶，是基于对社会发展总体价值目标的追求，以及对现实生活状态的批判性审视，而形成的一种共同意志的凝练体现。社会理想在生活理想、职业理想及道德理想中居主导地位，影响其他理想的发展方向和实现程度，是个体生活理想、职业理想和道德理想发展的趋势。

师范生社会理想是指师范生对自己作为未来教育工作者在社会中所扮演的角

---

① 陈玮：《大学生道德理想构建的路径：坚持和发展中国特色社会主义教育》，《学术探索》2014年第4期。

② 黄训达：《消费主义影响下大学生道德理想弱化问题研究》，硕士学位论文，河北师范大学，2012年，第12页。

色和所追求的价值目标的期望，饱含着师范生对职业和社会发展的美好憧憬，成为驱动其努力学习、提升专业素养和践行教育使命的动力源泉。虚拟现实技术有助于培养师范生的社会责任感，促进他们实现自身的社会理想。社会理想教育旨在培养师范生的社会责任感和公民意识。

通过调查分析师范生四个维度理想指导的现状可知，在社会理想指导方面，当前师范生社会理想指导在爱国情怀、强国志向、报国行动等方面有所成效，但其文化认同感和民族情感的培养不足。虚拟现实"全息多态感知"优势助力师范生社会理想感知交互的广度和深度，有助于其追求社会理想与价值观、担当社会责任与贡献、关注学生的社会理想教育，从而赋能师范生社会理想的整全成长。

（一）虚拟现实"多态"优势激发师范生爱国情

虚拟现实技术的多态优势能够通过创造沉浸式历史场景，让师范生亲身感受国家发展的历程和伟大成就。"社会理想作为改造现实社会的精神动力，它的力量就在人的主体能动性和实践性之中。"① 虚拟现实"全息多态感知"优势可以为师范生追求社会理想与价值提供有力支持。

首先，虚拟现实技术可以模拟重大历史事件，让师范生身临其境地体验国家在关键时刻的抉择和奋斗。同时，它能创造虚拟的爱国主义教育基地，提供更加便捷和丰富的学习资源；展示国家在不同领域的创新和突破，增强师范生的民族自豪感；搭建跨文化交流的虚拟平台，让师范生体验不同国家的文化差异，更深刻地理解和珍惜本国文化；开展爱国主义主题的创作和展示，激发师范生的创造力和表达欲望。此外，它还能提供交互式历史人物对话，增强师范生对国家英雄和先烈的认同感；模拟现实中的社会问题，激发师范生的社会责任感和爱国情怀。

其次，利用虚拟现实技术展现国家的自然风光和文化遗迹，能够加深师范生对国家文化的理解并增强其自豪感。创设模拟教学环境，让师范生在教学中自然融入爱国主义教育元素。

最后，虚拟现实技术可以提供虚拟的爱国主义教育活动，如虚拟升旗仪式、红色旅游等，增强师范生的参与感和体验感。利用虚拟现实技术进行爱国主义教育的评估和反馈，能够帮助师范生更好地理解和内化爱国情感。

---

① 兰婉莹：《新时代大学生社会理想教育研究》，硕士学位论文，西北大学，2021年，第9页。

（二）虚拟现实"多态"优势助力师范生强国志

全息多态感知的丰富、全面的融入体验能够激发师范生的同理心，树立与社会发展趋势相符的理想价值观。虚拟现实技术的多态优势不仅提升了师范生的教学能力和综合素质，还为培养其强国志提供了新的途径和可能性。

首先，虚拟现实技术为师范生提供了无限的创新空间，培养师范生创新精神。他们可以设计和开发新的教学内容和形式，激发其教育创新精神，培养其成为教育改革的中坚力量。通过虚拟现实技术，师范生可以亲身体验不同地区和背景的教学环境，深入了解教育公平的重要性，从而增强其服务教育事业的使命感和责任感。虚拟现实技术可以整合多学科知识，帮助师范生构建跨学科教学框架，培养其综合运用知识的能力，使其能够更好地应对未来教育的多样化需求，以培养时代新人为己任，激发师范生强国志向。

其次，虚拟现实技术的不断发展要求师范生持续学习和适应新技术，培养其终身学习的意识和能力，使其能够在职业生涯中不断进步和创新。虚拟现实技术可以为师范生提供模拟领导和管理教育机构的机会，培养其教育领导力和管理能力，使其能够在未来教育中发挥更大的作用。"社会理想随着个人的进步、社会的发展而变化。"①虚拟现实技术可以打破地域限制，让师范生体验不同国家的教育模式，加快个人成长的脚步，培养其国际视野和跨文化交流能力，使其能够适应全球化背景下的教育发展趋势，增强师范生主体的强国志向。

最后，通过虚拟现实技术的多态优势，师范生可以在多个维度上提升自身素质，为成为优秀的教育工作者奠定坚实基础，从而更好地服务于教育强国战略，推动教育事业的全面进步。全息多态感知提供更多维度、更多层次、更多结构的全息式的具身感知体验，师范生可以直面各种道德困境和伦理挑战，通过自主决策和反思，理性审视当前理想教育，坚定道德理想，进而科学而理性地树立正确的社会理想目标，为其未来在职业中担当社会责任提供有力的支撑。

（三）虚拟现实"多态"优势催生师范生报国行

通过虚拟现实技术的"多态"优势，师范生能够在安全、灵活和创新的环境中进行教学实践，提升综合素质和专业能力，为未来的教育事业打下坚实基础，助力他们更好地践行报国行。通过虚拟现实技术，师范生可以身临其境地体验贫

---

① 兰婉莹：《新时代大学生社会理想教育研究》，硕士学位论文，西北大学，2021 年，第 9 页。

困地区的生活环境，了解教育资源匮乏的现状，从而激发他们投身教育事业、回报社会的决心。虚拟现实技术的应用促使师范生不断探索新的教学方法和技术应用，培养他们的创新思维和解决问题的能力，为未来教育改革贡献力量，让师范生可以更早地体验教师角色，感受教育事业的使命感和责任感，增强职业认同感和归属感。

首先，虚拟现实的全息多态感知性助力创设的是开放的、360°多感知的智能环境，能够根据师范生的信息，如体感、手势、眼球、声音、力度、气味等，实时智能地做出相应反馈，根据师范生的运动方向、移动倾向等信息自行调整影像呈现画面的视角、宽度或深度。[①]虚拟现实技术的多态优势不仅能提升师范生的教学能力，还能激发他们的爱国情怀和社会责任感，蓄力师范生的报国行。虚拟现实技术的应用使师范生能够熟练掌握现代教育技术，提高信息技术与教育教学深度融合的能力，适应未来教育信息化发展的需求。虚拟现实环境中的教学实践往往需要多人协作，有助于培养师范生的团队合作精神和协作能力，为未来的教学团队工作做好准备。它还可以模拟跨学科的教学场景，帮助师范生理解和实践跨学科教学，培养综合思维能力。

其次，虚拟现实的全息多态感知性有助于拓宽教学视野，培养创新思维。虚拟现实系统可以实时提供教学反馈，帮助师范生及时发现和纠正教学中的问题，提高教学效果。通过虚拟现实的全息多态感知技术，师范生可以"根据学生的个体差异来进行不同的设计，也可以由学生自己按照自己的需求在虚拟环境中创建自己所需的物体和场景"[②]，挖掘教学资源的个人价值和社会价值，引导学生建构社会理想，通过亲身体验、感悟、理解并得以内化，因人而异提供个性化理性化的教育方案。通过虚拟现实技术，师范生可以体验不同地区、不同类型的学校和教育模式，开阔视野，丰富教学经验。虚拟现实技术的应用有助于激发师范生的创新思维，鼓励他们在教学实践中不断探索新的教学方法和策略。

最后，虚拟现实的全息多态感知性有助于提高教学自信心，助力终身学习。通过在虚拟环境中反复练习和实践，师范生可以逐步提高教学自信心，为未来的实际教学工作做好准备。虚拟现实技术可以为偏远地区或资源匮乏的学校提供优质教学资源，帮助师范生了解和实践教育公平的理念，虚拟现实技术为师范生提供了持续学习和自我提升的平台，培养终身学习的意识和能力。通过虚拟现实技

---

① 张旭耀：《"织梦栖居"：虚拟现实艺术研究》，博士学位论文，福建师范大学，2022 年，第 10 页。

② 丁楠，汪亚珉：《虚拟现实在教育中的应用：优势与挑战》，《现代教育技术》2017 年第 2 期。

术的"多态"优势，师范生能够在多方面得到全面提升，不仅提高了专业能力，还增强了职业认同感和责任感，为他们未来在教育领域的报国行奠定坚实基础。这种创新的学习方式将帮助他们更好地适应未来教育的发展趋势，成为推动教育改革和创新的中坚力量。

　　虚拟现实在教育领域的应用为师范生理想指导注入了新的活力与机遇。虚拟现实技术作为一种先进的教育技术工具，其作用远远超出了理想教育的范畴，为师范生的全面发展提供了一个多元化的学习平台，在一定程度上扩展并丰富了传统的教育模式。其特性在师范生多维度理想塑造中价值凸显。本书引入建构主义学习理论等，阐释多模态学习等在师范生社会化中的作用，虚拟现实的高度沉浸感可强化师生间的情感联结。数智时代，家国情怀作为中国文化内核关键部分，借虚拟现实可转化为具操作性、趣味性的理想指导内容，助力师范生树立正确价值观与理想信念。基于虚拟现实构建的师范生理想链式发展的指导机制，不断驱动师范生对集体、社会、国家的核心文化价值形成认同，以提升师范生理想指导的价值引领力。

第三节　虚拟现实赋能师范生理想指导的实践逻辑

　　本章已针对虚拟现实的本质特征及虚拟现实赋能师范生理想指导的技术优势等方面进行了深入探讨，论证了虚拟现实赋能师范生理想指导的转型机遇。基于此，本节对虚拟现实赋能师范生理想指导的实践契机、实践特征及实践融合等三方面展开详尽分析，以揭示虚拟现实赋能师范生理想指导的实践逻辑，为基于虚拟现实构建师范生理想指导机制奠定基础。

一、虚拟现实赋能师范生理想指导的实践契机

　　习近平总书记强调："教育数字化是我国开辟教育发展新赛道和塑造教育发展新优势的重要突破口。"[①]虚拟现实已成为教育数字化的新载体和新引擎。在师范生教育实践中，虚拟现实不仅给师范生带来了前所未有的学习体验，还

---

　　① 习近平：《习近平在中共中央政治局第五次集体学习时强调：加快建设教育强国　为中华民族伟大复兴提供有力支撑》，《人民日报》2023 年 5 月 30 日第 1 版。

为他们提供了丰富的理想指导资源，使他们在学习过程中能够更加全面、深入地了解教育教学，为未来的教育事业奠定坚实的基础。需要指出的是，"在万物皆可赋予情感的数字化时代，数字呈现的情感转向愈加凸显"[①]，这无疑为师范生理想指导奠定了坚实根基。因此，研究将结合虚拟现实的功能特点，从数以载情、数以载境、数以载事三个方面，探讨虚拟现实赋能师范生理想指导的可能契机。

（一）数以载情：以虚拟现实为载体提供师生交往新范式

人是一切社会关系的总和。哈贝马斯以"言语行动理论"作为出发点和基础，提出了著名的"交往行动理论"，他认为交往行为是"按照语言活动类型不同而形成的各种交往行动"。[②]通过交往对话，师范生能够和教育者资源共享、共生发展，进而促进师生形成教学相长的情感氛围，同时促进师范生更好地成为一名优秀教育工作者。但是，在传统的师范教育中，师生交往通常受限于时间和空间的限制，导致交流不够深入和全面。然而，随着虚拟现实的迅猛发展，虚拟现实打破了这一局限，为师生交往提供了全新的范式。通过构建逼真的虚拟教育环境，师范生通过身临其境，体验各种虚拟现实教学场景，并在体验过程中更深入地理解教学内容和教学方法。同时，师生可以不受地理位置和时间空间的限制，师范生可以在虚拟环境中与教师进行实时互动，提出自己的疑问和想法，获得及时的反馈和指导。不难看出，随着虚拟现实的不断进步和应用场景的拓展，技术已经成为重塑和改变学生、教师、学校、道德、价值等重要力量[③]。虚拟现实在师范教育中的应用确实为师生交往提供了全新的范式，通过廓清师生伦理本位、维系师生关系平衡、构建新型师生和谐关系，不断深化师生之间的情感交流，进而提高教育效果。

第一，虚拟现实有助于廓清师生伦理本位。在虚拟现实环境中，虽然师生交往的形式发生了变化，但师生之间的伦理关系仍然是教育活动的核心。在明晰教育数字化背景下师生伦理的核心地位时，可以了解到数字化时代教育环境中"教师"与"学生"之间的角色界定和身份转换，是确保教育实践活动有序进行的重

---

① 宫长瑞，张乃亮：《思想政治教育数字叙事的生成逻辑、问题表征与路径优化》，《思想理论教育》2024年第3期.

② 哈贝马斯：《交往与社会进化》，重庆出版社1989年版，第139页。

③ 尹后庆，祝智庭，顾建军：《教育数字化背景下的未来教育与基础教育学建设（上）》，《基础教育》2022年第4期。

要条件。因此，通过虚拟现实，师生可以更加平等、开放地进行交流，这有助于廓清师生之间的伦理本位。究其原因，主要有以下几点。首先，在传统教育文化中，教师往往处于权威地位，其主导地位在师生关系中占据核心。然而，数字技术和互联网的迅速发展，打破了这一传统固化模式。如今，教师不再是知识的唯一传递者，师范生可以通过各种在线资源和平台获取大量知识，教师在教学活动中的绝对主导地位逐渐减弱。这种变化使得师生伦理关系变得更加复杂和多元化，难以用单一视角来解读。因此，在数字教育时代，教师需要不断提升自身的专业伦理素养，才能满足师范生对丰富知识的渴求。其次，师生伦理的平衡对中国教育数字化和现代化进程具有重要意义。良好的师生伦理关系是教育发展的基石，只有在这种关系下，师范生才能感受到教师的尊重，教师也才能将师范生视为平等的主体。这种积极的互动关系有助于师范生的身心健康成长。然而，数字技术对师范生感知的影响尚不明确，需要我们进一步探讨和研究。最后，从政治和法律的角度来看，师范生和教师都是国家的公民，享有平等地参与社会政治生活的权利，并在法律规定的地位、权利和义务上保持平等。因此，在具体的教育活动中，师生之间应当保持平等关系，摒弃"唯上与唯权"的文化观念。这种平等关系不仅有利于师范生树立远大理想以不断成长，同时也有助于教师的专业发展。综上所述，提高教育数字化背景下教师的专业伦理素养，对于维护师生关系的平衡、促进教育的健康发展具有重要意义。

第二，虚拟现实有助于维系师生关系平衡。在传统的师范教育中，师生之间的交往时常受到时间和空间的限制，导致师生关系容易失衡。并且，随着教育方式和交流渠道的多样化，师生之间的关系也面临着新的挑战和变革。而虚拟现实为师生交往提供了更加灵活、便捷的方式，有助于维系师生关系的平衡。虚拟现实的引入，以其独特的沉浸式体验和互动性，为师生关系的维系和发展注入了新的活力。首先，虚拟现实打破了传统教育的时空限制，使得师生交流不再受地理位置和时间安排的束缚。在虚拟的教育空间中，师生可以实时互动、共同学习，无论是在线授课、小组讨论还是实验模拟，都能通过虚拟现实实现。这种灵活多样的交流方式，使得师生之间的联系更加紧密，有助于维系师生关系的稳定性。其次，虚拟现实为师生提供了更加丰富多样的教育资源和体验。通过虚拟现实，教师可以创建逼真的教学场景，让师范生身临其境地感受知识的魅力。这种沉浸式的学习方式能够激发其学习兴趣和好奇心，增强他们的学习动力。同时，师范生也可以在虚拟环境中自由探索、互动交流，获得更加丰富的学习体验。这种共享的教育资源和体验，有助于增进师生之间的了解和信任，促进师生关系的和谐发展。再者，虚拟现实还能够有效缓解师生之间的矛盾和冲突。在传统教育中，由于沟通不畅或理解偏差等原因，师生之间可能出现一些矛盾和冲突。虚拟现实提供了更加直观、生动的交流方式，便于师生之间沟通。在虚拟环境中，师生可以更加平等、开放地交流，共同探讨问题、解决问题。这种积极的互动方式有助于化解师生之间的矛盾和冲突，增进彼此之间的理解和尊重。最后，虚拟现实还有助于培养师生之间的情感联系。在虚拟环境中，师生可以共同经历各种学习场景和挑战，共同分享成功的喜悦和失败的教训。这种共同经历为师生提供了互动和交流的机会，使得他们能够在学习过程中相互支持、相互理解。例如，在虚拟实验室中，师生可以一起完成复杂的实验任务，共同解决遇到的技术难题；在虚拟课堂讨论中，师生可以就某个学术问题展开深入的交流和探讨。这种互动不仅促进了知识的传递和理解，还增强了师生之间的情感联系和信任感。通过共同面对挑战和分享成果，师生之间的关系更加紧密和稳固。同时，虚拟现实还能够为师生提供情感支持和安慰，在师生面临困难和挑战时给予帮助和鼓励。综上所述，虚拟现实以其独特的优势和特点，为维系师生关系平衡提供了新的途径和可能。通过打破时空限制、提供丰富多样的教育资源和体验、缓解矛盾和冲突以及培养情感联系等方式，虚拟现实有助于建立更加和谐、稳定的师生关系，促进教育事业的健康发展。

第三，虚拟现实有助于构建新型师生关系。"亲其师，信其道。"良好的师生关系可以营造愉快的学习气氛，是调动师生双方积极性的内驱力。新型师生关系是一种依靠主体间性建立起来的较为民主的师生关系，其实质就是通过学生和教师之间的心灵沟通和思想交流，实现师生的人格魅力的互相影响，实现师生双方的和谐发展，以取得较好的教学效果。[①]虚拟现实作为一种前沿的教育工具，在师范生理想指导的过程中，通过融合情感和数据，可以打造出"尊师爱生、民主平等、教学相长、心理相容"的全新师生关系。首先，虚拟现实有助于营造"尊师爱生"的氛围。在虚拟环境中，师范生可以通过更加生动直观的方式理解和掌握知识，从而对教师的教导充满敬意。同时，虚拟现实的沉浸式体验可以让师范生更深入地了解教师的辛勤付出，从而更加珍惜和感激教师的教诲。这种尊重与感激的氛围，有助于形成尊师爱生的良好师生关系。其次，虚拟现实促进了"民主平等"的交流方式。在虚拟世界中，师生之间的身份差异被淡化，每个人都能

---

① 杜建军：《论新型师生关系的构建：基于哈贝马斯交往行为理论的研究》，《河南大学学报（社会科学版）》2018年第4期。

够以平等的身份参与到学习和讨论中。这种平等的交流方式，让师范生敢于表达自己的观点和想法，同时也让教师更加关注每个师范生的声音。在这样的氛围下，师生之间的关系变得更加和谐、融洽。再次，虚拟现实实现了"教学相长"的教育模式。在虚拟环境中，师范生可以通过自主探索和实践，发现问题并解决问题，这种主动的学习方式有助于提高师范生的学习效果。同时，教师在引导师范生学习的过程中，也可以从师范生的反馈和疑问中不断完善自己的教学方法和内容。这种师生之间的互动和交流，使得教学过程不再是单向的灌输，而是双向的启发和进步。最后，虚拟现实有助于建立"心理相容"的师生关系。在虚拟环境中，师范生可以在轻松愉悦的氛围中学习，减少焦虑和压力。同时，教师可以通过观察师范生在虚拟环境中的行为表现，了解师范生的心理状态和需求，从而提供更加贴心和有效的帮助。这种心理相融的师生关系，有助于提高师范生的心理健康水平，促进他们的全面发展。总之，虚拟现实以其独特的优势，在构建新型师生和谐关系方面发挥着重要作用。通过营造"尊师爱生、民主平等、教学相长、心理相容"的师生关系，可以为师范生提供更加优质的教育服务，促进他们的全面成长和发展。

（二）数以载境：以数字孪生衍生教育叙事新形态

"数字孪生是在处理数据、传输数据和存储数据中联动现实与虚拟、融合抽象与还原、整合概念与实存，复刻而非复现的技术真实。"[1]在师范生教育领域中，数字孪生技术以其独特的优势，可以衍生出虚拟现实的空间形态，为师范生教育的叙事传播开辟了新的道路，实现与现实世界的实时交互。通过数字孪生技术，使得每个师范生都能成为叙事的主体，通过数字表达以接收和传播知识，同时也在虚拟世界中实现个性化学习和实践。这种新形态的教育叙事方式，必将为教育事业的发展注入新的活力。这种教育叙事的新形态不仅有助于师范生更好地理解教学知识理论，也有助于培养他们的创新能力和想象能力，进而启发理想、追逐理想、实现理想。基于此，研究将从叙事主体、叙事形式、叙事传播三个方面来探讨，数字孪生技术对师范生理想指导的重要催化作用。

首先，网络环境中每个鲜活的个体都能成为叙事主体。[2]随着数字技术的广泛应用，叙事主体的范围已经扩大到了网络环境中的每一个独立个体，每个网络

---

① 涂良川：《"数字孪生"拓展实践技术逻辑的哲学叙事》，《理论与改革》2023 年第 4 期。
② 李伟，原于茜：《网络时代主流意识形态的符号叙事探析》，《理论导刊》2022 年第 11 期。

用户都成为价值观的积极传播者和深入表达者。这种变革使得网络空间成为一个充满活力和创造力的平台，也使得每个师范生都能成为叙事的主体，能够自由地发声表达、分享观点、交流心得，并对他人的思想和行动产生影响。这种个体化的叙事方式不仅激发了师范生的学习热情，也促进了他们之间的互相学习和成长。一方面，网络环境也为师范生提供了一个跨越时空的交流平台。在这个平台上，他们可以与来自不同地区、不同背景的同学和教育者进行深入的交流和讨论。这种跨文化的交流不仅拓宽了师范生的视野，也让他们更加深入地理解了教育的多元性和复杂性。通过与他人的交流和互动，师范生能够不断地完善自己的教育理念和教学方法，为未来的教育事业做好准备。另一方面，网络环境为师范生提供了无限的可能性和广阔的舞台。在这个开放的平台上，每名师范生都能成为叙事主体，借助博客、微博、微信公众号等网络平台，记录学习过程、教学反思和成长经历。这些内容既是对自身学习历程的回顾，也是对未来教育事业的展望和规划。这种个体化的叙事方式，不仅极大地激发了师范生的学习热情，使他们从被动的接受者转变为积极的探索者和实践者，还通过分享经验和心得，促进了自身成长，激发了其他同学的学习兴趣和动力。这种互相学习和成长的过程，不仅提高了师范生的学习效果，而且增强了他们的团队协作能力和创新精神。

其次，数字表达成为被师范生所接受的叙事形式。对于师范生而言，掌握数字表达的技巧和能力，已经成为他们适应未来教育环境、提升教育质量的必经之路。其一，数字表达以其直观、生动的特点，吸引了众多师范生的关注。与传统的文字叙述相比，数字表达能够更加直观地展现数据和信息的内在规律，使抽象的概念具体化、形象化。这种表达方式有助于师范生更好地理解知识，提高学习效率。同时，数字表达还能够通过图像、图表等形式，生动地展示教育现象和教育问题，激发师范生的学习兴趣和探究欲望。其二，数字表达在师范生培养中发挥着重要作用。在教育实践中，师范生需要运用数字表达来呈现教学内容、分析教学问题、评估教学效果等。例如，在制作课件时，师范生可以利用数字表达来展示教学内容的结构和脉络；在分析学生的学习情况时，师范生可以运用数据图表来直观地展示学生的学习成果和进步情况；在评估教学效果时，师范生可以通过数据分析来找出教学中的优点和不足，为改进教学提供依据。其三，数字表达还有助于师范生提升教育创新能力。随着教育技术的不断发展，新的数字表达工具和技术层出不穷，为师范生提供了更多的创新空间。师范生可以运用这些工具和技术，创造出更加丰富多样的教育叙事形式，使教育过程更加生动有趣、富有感染力。这种创新能力的培养，不仅有助于师范生在教育实践中取得更好的成绩，还有助于他们在未来的教育生涯中持续发展和成长。综上所述，数字表达以其直观、生动的特点，吸引着师范生的关注和兴趣，并有助于提升师范生的教育创新能力。因此，在师范生教育中，应该加强对师范生数字表达能力的培养和训练，为他们未来的教育生涯打下坚实的基础。

最后，数字孪生技术促进师范生教育的叙事传播。数字孪生技术以其独特的优势，丰富了教育叙事的手段和形式，实现了个性化的教育叙事，并为师范生提供了一个跨越时空的教育叙事传播平台。这些都将有力地支持着师范生们追求教育理想的步伐，为未来的教育事业注入新的活力。第一，数字孪生技术为师范生提供了一个高度仿真的模拟平台，使得他们能够在虚拟环境中实践自己的教育理念。师范生们可以借此机会，在无须面对真实学生的情况下，模拟各种教学场景，试验不同的教学方法和策略。这不仅加深了师范生对教育教学的理解，还为他们提供了一个展示和检验自己教育理想的舞台。第二，数字孪生技术丰富了师范生教育叙事的手段和形式。传统的教育叙事往往局限于文字和图片，难以生动形象地展现教育场景和过程。而数字孪生技术则可以通过三维建模、虚拟现实等技术手段，将教育场景、教学过程等以更加直观、生动的方式呈现出来。这种创新性的叙事传播方式，不仅使教育内容更加引人入胜，还增强了师范生的叙事能力，使他们能够更好地向他人传达自己的教育理念和教学方法。第三，数字孪生技术有助于师范生实现个性化的教育叙事。每个师范生都有自己独特的教育理想和教学风格，数字孪生技术可以根据师范生的需求，为他们量身定制个性化的教育叙事方案。通过数字孪生技术，师范生可以轻松地创建自己的教学模型、设计教学实验等，将自己的教育理想融入其中，形成具有个人特色的教育叙事。第四，数字孪生技术为师范生提供了一个跨越时空的教育叙事和传播平台。在这个平台上，师范生可以将自己的教育叙事分享给全球的教育同人，与他们交流教育经验和成果。这种跨越时空的交流方式，不仅拓宽了师范生的视野，还激发了他们追求教育理想的热情。同时，它也为师范生提供了一个展示自己才华和能力的机会，让他们能够在更广阔的舞台上实现自己的教育梦想。

（三）数以载事：以数据泛在构筑理想指导新内容

在虚拟现实的支持下，数据泛在成为可能。数据泛在是指通过各种传感器和设备收集和分析数据，以实现对环境和行为的全面感知和理解。"量化需要以数字化为基础。"①在师范生理想指导中，大数据的量化分析为师范生理想指导提供了重要数据来源和全新教学工具，使其能够构筑起最具吸引力、说服力和感染力的指导内容，为师范生提供更为精准、有效的教育支持，从而有助于师范生实现他们的教育理想。

首先，数据泛在使得师范生理想指导的内容更具吸引力。在数字化浪潮的推动下，数据泛在不仅为师范生提供了海量的信息资源，更通过精确的数据分析，满足了他们的个性化需求，提供了精准化服务，助力实现智能化培养。其一，数据泛在满足了师范生的个性化需求。在传统的教学模式中，教师往往难以针对每个学生的特点和需求进行个性化指导。然而，在数据泛在的支持下，教师可以通过收集和分析师范生的学习数据，深入了解每个师范生的学习习惯、兴趣爱好、能力水平等，从而为他们提供个性化的学习建议和指导。这种个性化的指导内容能够更好地满足师范生的需求，激发他们的学习兴趣，提升他们的学习动力。其二，数据泛在为师范生提供了精准化服务。在传统的教学模式下，教师往往难以准确把握学生的学习状态和问题。然而，通过数据泛在，教师或相关教学系统可以实时收集学生的学习数据，如课堂参与度、作业完成情况、考试成绩等，师范生（未来作为教师时）可通过数据分析发现学生的学习问题和困难。基于这些精准的数据分析，可以为师范生（未来开展教学时）提供针对性的帮助和解决方案，如提供额外的辅导、调整教学策略等。这种精准化的服务能够更有效地解决师范生（未来面对学生时）的学习问题，提高教学效果。其三，数据泛在助力实现智能化培养。随着人工智能和机器学习等技术的不断发展，数据泛在的应用也越来越广泛。在师范生教育中，运用这些技术可以对师范生的学习数据进行深度挖掘和分析，发现其中的规律和趋势。基于这些分析结果，可以为师范生提供智能化的学习建议和资源推荐，如根据师范生的学习进度和兴趣推荐相关的学习资料、根据师范生的学习表现预测其未来的发展趋势等。这种智能化的培养方式能够更加科学、高效地指导师范生的学习和发展，为他们的未来职业生涯奠定坚实的基础。在未来，随着技术的不断发展和应用的深入，相信数据泛在将在师范生教育中发挥更加重要的作用，为培养更多优秀的教育工作者作出更大的贡献。

其次，数据泛在增强了师范生理想指导内容的说服力。数据的泛在性为师范生理想指导内容的构建提供了强有力的支撑。我们可从数据搜集的广泛性、实证

---

① 申小蓉，潘云宽：《大数据时代高校精准思政的主要特征、运行机制和实践策略》，《学校党建与思想教育》2023 年第 23 期。

分析的科学性和反馈的及时性三个方面，探讨泛在数据如何影响并提升师范生理想指导内容的说服力。论及数据搜集的广泛性，数据的收集不再局限于传统的问卷调查、访谈等有限方式，而是可以通过各种在线平台、社交媒体、教育应用等渠道获取海量数据。这种数据的广泛性使得师范生能够更全面、更深入地了解自身的学习状态、兴趣偏好、行为模式等，从而为他们提供更加精准、个性化的理想指导。通过广泛搜集数据，教师也能够更加清晰地把握师范生的实际需求，使理想指导的内容更加贴近师范生的内心世界，从而增强其说服力。论及实证分析的科学性，大数据不仅提供了丰富的数据资源，还提供了强大的分析工具和方法。通过运用各种统计软件、数据挖掘技术，可以对收集到的数据进行深入挖掘和分析，揭示数据背后的规律和趋势。这种实证分析的科学性使得教师能够更加客观、准确地评估师范生的实际情况，为他们提供更加科学、合理的理想指导。通过实证分析，师范生能够避免主观臆断和偏见，使理想指导内容更加具有说服力。论及实时反馈的及时性，大数据技术的应用使得数据的获取和分析过程变得更加迅速、高效。教师可以实时追踪师范生的学习动态和行为变化，及时调整和优化理想指导内容。这种反馈使得教师能够更加及时地发现和解决问题，为师范生提供更加及时、有效的帮助。通过实时反馈，师范生能够感受到教师的关注和关心，由此增强自身对理想指导内容的认同感和信任感。

最后，数据泛在使得师范生理想指导的内容更具感染力。在数据泛在的时代背景下，师范生理想指导的内容不仅仅依赖技术的力量，更融入了深厚的人文关怀和文化育人的理念。这种融合使得指导内容更具感染力，能够深入学生内心，激发他们的共鸣和成长动力。第一，数据泛在为教师提供了深入了解师范生的途径，使指导内容充满人文关怀。在传统教育中，教师往往难以全面了解每个学生的内心世界和成长经历。然而，随着数据的广泛存在，教师可以通过各种数据平台和分析工具，收集和分析师范生的学习数据、行为数据、情感数据等，从而更深入地了解每个师范生的个体差异、兴趣偏好和需求。基于这些数据，教师可以设计出更具人文关怀的指导内容，关注师范生的全面发展，关注他们的身心健康和情感体验，让指导内容更加贴近师范生的生活实际和内心需求。第二，数据泛在使得教师能够更好地坚持文化育人的理念，将优秀传统文化与现代教育相结合。在数据泛在的支持下，教师通过将这些文化资源融入指导内容中，可以引导师范生深入了解中华文化的博大精深，培养他们的文化自信和文化认同感。师范生可以更加便捷地获取到各种优秀的文化资源，如经典文学作品、历史文化遗产、民族艺术等。同时，教师还可以借助数据分析工具，了解师范生对文化内容的接受程度和兴趣偏好，从而有针对性地调整和完善指导内容，使其更具吸引力和感染力。第三，数据泛在还促进了教师与师范生之间的互动和交流，增强了指导内容的感染力。在数据泛在的时代背景下，师范生可以利用各种社交媒体、在线平台等渠道，与同学进行实时互动和交流。通过与同学朋辈分享自己的学习经验和感悟、解答同学的疑惑和困惑、鼓励同学发表自己的观点和看法等，师范生可以建立起更加紧密和信任的朋辈关系，使指导内容更具感染力。这种互动和交流不仅有助于提高师范生的学习兴趣和积极性，还能够促进师范生的思考和成长，帮助他们形成正确的价值观和人生观。

二、虚拟现实赋能师范生理想指导的实践特征

师范生理想既彰显了师范生对教育事业的深厚热情与不懈追求，也折射出他们对未来社会的美好憧憬与热切期待。它要求师范生既具备扎实的教育理论知识和实践技能，又拥有敢于突破陈规、勇于创新的勇气和智慧，从而不断激发自身的批判性思维和创新精神。师范生在激发自身的批判性思维和创新精神后，通过超越现有的教育框架和模式，勇于尝试新的教育理念和方法，以探索适合学生发展的教育模式。具有超越现实精神的师范生，其理想所囊括的生活理想、职业理想、道德理想和社会理想等多维内容，均具有超越现实的特质。这些理想内容融合了虚拟现实的全息生活体验、无限扩展的丰富教学资源、跨越时空的道德需求供给以及与时俱进的现代化社会理念等多个方面，才展现出超越现实的特质，并共同构筑了一个全面而宏大的教育愿景。

（一）全息生活体验的虚拟现实性

虚拟现实应用建构师范生"现实+虚拟"的全息生活是一个充满前瞻性和创新性的愿景。这一理想不仅体现了师范生对于未来教育技术的憧憬和追求，更展示了其对于生活品质和教育方式变革的深刻思考。

全息生活体验为师范生提供了一个沉浸式的学习环境，将为师范生的教育学习带来革命性的变革，使他们能够模拟真实的教学场景，深入感受教育的多元性和复杂性，有助于他们更好地理解和应用教育理论知识，助力他们成为未来教育事业的中坚力量。首先，拥有虚拟现实的全息生活体验意味着师范生期望在未来的教育实践中，能够借助先进的技术手段，为学生创造一个更加真实、生动的学

习环境。传统的教育方式往往受限于现实条件，而虚拟现实则能够突破这些限制，为师范生呈现出丰富多彩、立体化的学习内容。师范生通过全息生活体验，可以模拟各种教学场景，让学生在虚拟环境中进行实践操作，从而提高学生的学习效果和兴趣。①其次，虚拟现实的全息生活体验对于师范生的个人成长和发展也具有重要意义。在教育实践中，师范生需要不断尝试新的教学方法和手段，以适应不断变化的教育需求。通过全息生活体验，师范生可以在虚拟环境中进行多次尝试，通过不断实践持续总结经验，提升自己的教育教学能力。这种体验不仅能够增强师范生的教育实践能力，还能够培养他们的创新精神和批判性思维。此外，拥有虚拟现实的全息生活体验还能够促进师范生与教育行业的深度融合。随着虚拟现实的不断发展，教育行业将迎来更多的变革和创新。师范生通过全息生活体验，可以更加深入地了解虚拟现实在教育中的应用前景和发展趋势，从而更好地适应未来的教育工作。例如，在师范生培养过程中，可以利用虚拟现实构建虚拟校园、虚拟课堂等场景，让师范生在模拟的环境中进行教育实践和学习。这样的应用不仅能够提高师范生的学习效果和实践能力，还能够降低教育成本和提高教育资源的利用效率。同时，我们也需要关注虚拟现实在教育应用中的挑战和限制。例如，虚拟现实技术的设备成本、技术门槛等问题可能限制其在教育领域的普及和应用。因此，在追求师范生生活理想的过程中，我们需要不断探索和创新，寻找更加适合教育领域的虚拟现实技术解决方案。

（二）丰富教学资源的无限扩展性

师范生理想往往与师范生对教育的热爱和对知识的追求紧密相连。在这个数字化、信息化的时代，师范生对于教学资源的期待已经不再局限于传统的教科书和课堂，而是希望拥有无限扩展的丰富教学资源。虚拟现实的发展促使教育资源的获取变得更为便捷和丰富，为师范生提供了更广阔的学习空间，促使其全面地了解教育的多样性和复杂性。

拥有无限扩展的丰富教学资源是符合时代发展和教育变革趋势的必然选择。通过虚拟现实平台充分利用现有的丰富教学资源，师范生可以不断锤炼自己的专业素养，并激发创新活力，从而为未来的教育事业注入新的活力并作出积极贡献。首先，丰富教学资源为师范生职业发展奠定素质基础。虚拟现实在提高师范生的

---

① 高阳，冷雪敏，许傲然，等：《电力系统 VR 仿真综合实践平台的建设与共享》，《高教学刊》2020 年第 4 期。

"思想素质、专业素质、能力素质等的综合素质方面起到了重要载体作用"①。具言之，丰富的虚拟现实教学资源为师范生提供了更多的灵感和启发，他们可以从中汲取不同的观点和思路，从而激发自己的创新思维，有助于在教育实践中不断探索和尝试新的教学方法和策略。随着社会的快速发展和教育改革的不断推进，未来的教育需求将更加多元化和个性化，"价值取向的多元性必然会引起道德发展需求的不稳定性。由社会变革引起的各种观念的冲撞"②，师范生的道德素质呈现出多元化的特点，亟须拥有无限扩展的丰富教学资源，以更好地适应这些变化，满足师范生多样化的学习需求。其次，师范生在职业发展过程中又不断积累丰富的教学资源。互联网和数字化技术为师范生提供了便捷获取教学资源的途径。他们可以通过在线课程平台、教育资源网站、社交媒体等途径获取新的教育理念和技术，从而更易形成扎实的教育理论基础。这些技术还帮助师范生实现远程学习、在线协作等，从而提高学习效率。师范生可以通过参加教育实习、志愿服务、学术交流等活动，亲身感受和实践丰富的教学资源。师范生应该树立自主学习和终身学习的观念，不断丰富完善自己的知识架构和信息素养，实现自我提升和职业发展。最后，在追求无限扩展的丰富教学资源的过程中，师范生也会面临一些挑战和困难。例如，海量的教学资源可能导致信息过载和选择困难；不同来源的教学资源可能存在质量参差不齐的问题；同时，利用数字化技术获取教学资源也可能面临网络安全和隐私保护等风险。为了应对这些挑战，师范生应制定明确的学习目标和计划，避免盲目追求教学资源的数量而忽视质量；学会筛选和鉴别教学资源的真实性和权威性，选择优质的教育资源进行学习；加强网络安全意识和隐私保护意识，确保个人信息安全。

（三）道德需求供给的跨越时空性

师范生作为未来教育事业的中坚力量，他们的道德理想不仅关乎个人的成长和发展，更关乎整个社会的道德风貌和教育品质。在这个快速发展的时代，道德教育是教育的核心组成部分，它关系到学生的全面发展和社会的和谐稳定。基于虚拟现实，师范生需要关注不同文化、历史和社会背景下的道德观念，形成自己的道德判断和价值观。这种跨越时空的道德探索有助于师范生培养出更具社会责任感和道德情怀的学生，助力他们在教育实践中所秉持的道德信念、道德原则以

---

① 孙小晨：《地方高校师范生社会实践育人机制研究》，《淮南职业技术学院学报》2017年第2期。
② 莫琼玉：《大学生道德教育与社会道德需求合理契合的途径》，《湖南科技学院学报》2013年第6期。

及道德追求，以应对复杂多变的教育环境和社会挑战。

随着社会的快速发展和教育改革的不断深入，师范生会面临越来越多的教育环境和社会挑战。他们需要不断提升自己的道德素养和能力，以应对这些挑战。虚拟现实技术可以提供跨时空的道德探索和实践，这不仅要求师范生具备开放的心态和全球视野，更要求他们具备批判性思维和创新能力，能够在实践中更加深入地理解教育的本质和目的，更加准确地把握学生的需求和特点，从而更加有效地开展教育工作。因而，虚拟现实赋能师范生道德理想具有教育连续性、实践多样性、判断自主性等特点。这些特点使得师范生的道德理想能够适应不同文化、历史和社会背景下的道德需求，为社会的和谐稳定和学生的全面发展提供有力的道德支撑。首先，虚拟现实赋能师范生道德教育的连续性。道德教育是一个持续不断的过程，师范生需要树立终身学习的观念，不断提升自己的道德素养和能力。师范生作为未来的教育者，他们接受的道德教育不仅继承了传统的道德智慧，还融合了现代社会的道德要求和创新理念。这种连续性与创新性的结合，使得师范生的道德理想既能够延续传统道德价值观，又能够适应现代社会的发展变化，满足新的道德需要。其次，虚拟现实赋能师范生道德实践的多样性。师范生通过参与各种道德实践活动，能够体验到不同文化、历史和社会背景下的道德观念和行为方式。这种道德实践的多样性，使得师范生能够理解和尊重不同的道德观念，形成开放的道德视野，从而提供跨越时空的道德需要供给。最后，虚拟现实赋能师范生增强道德判断的自主性。师范生作为独立的个体，需要具备自主的道德判断能力。他们能够根据自己的道德理想和价值观，对不同文化、历史和社会背景下的道德问题进行独立思考和批判性分析。这种自主性的道德判断，使得师范生能够提供符合时代要求的道德供给，满足社会的道德需要。综上所述，虚拟现实赋能师范生道德理想的教育连续性、实践多样性和判断自主性等特点使得他们能够提供跨越时空的道德需要供给。这些特点不仅有助于师范生个人的成长和发展，更为整个社会的道德风貌和教育品质的提升作出了积极贡献。

（四）现代化社会理念的与时俱进性

教育需要随着社会的发展和进步不断变革。师范生的社会理想，作为他们未来投身教育事业和社会发展的精神指南，需要具备与时俱进的现代化社会理念。这种理念不仅是简单地跟随时代的潮流，而是在深刻理解现代化社会的本质要求基础上，将其融入个人的职业规划和社会实践中，以实现个人价值与社会发展的和谐统一。基于虚拟现实，师范生可以关注社会的最新动态和趋势，了解现代教育理念和技术，将最新的教育成果应用到自己的教育实践中。这种虚拟现实赋能下的积极探索有助于培养出更具创新精神和实践能力的学生，为现代化社会的发展作出贡献。

在科技日新月异、社会变革加速的当下，虚拟现实赋能的现代化社会理念已成为引领时代进步的重要指针。其中，创新驱动、智能引领的科技发展战略尤为关键，它不仅推动了科技进步与社会发展的深度融合，更在深层次上塑造了社会的面貌和未来的走向。对于师范生而言，拥有与时俱进的现代化社会理想，并借助信息技术、人工智能、虚拟现实等前沿技术，将这一理想融入社会生产和教育实践，从而引领其发生深刻变革，提高社会的智能化水平。这不仅是对个人职业发展的规划，更是对社会责任的担当。具体来说，虚拟现实赋能后的师范生社会理想应当具备以下三个方面的特点。第一，技术驱动的教育创新。在信息技术和人工智能快速发展的背景下，师范生需要不断更新自己的知识体系，掌握最新的科技发展和应用。同时，师范生应当积极拥抱信息技术和人工智能等现代科技，将其融入教育实践中。通过在线教学、智能辅导、虚拟实验等手段，打破传统教育的时空限制，实现教育资源的优化配置和高效利用。这不仅能够提升学生的学习体验和学习效果，还能够培养学生的科研创新能力，为社会的科技创新提供源源不断的动力。第二，不断强化社会责任与担当。师范生作为未来的教育工作者，应当具备强烈的社会责任感和使命感。他们应当关注社会的热点问题，积极参与社会公益事业，用自己的行动践行社会理想。在教育实践中，通过运用信息技术和人工智能等虚拟现实手段，师范生可以突破地域和经济的限制，让更多的孩子享受到优质的教育资源。同时，他们还应当积极参与教育扶贫等公益事业，为弱势群体提供更多的教育机会和帮助。第三，跨界融合与合作共赢。师范生应当具备跨界融合的思维，积极与其他领域进行交流和合作。通过与科技、文化、经济等领域的融合，师范生可以拓宽自己的视野和思路，为教育实践注入新的活力和灵感。同时，他们还应注重合作共赢，与其他教育工作者、学者、企业等建立紧密的合作关系，共同推动教育事业的进步和发展。通过这些努力和实践，师范生不仅能够为个人的职业发展打下坚实的基础，更能够成为推动社会和谐稳定与可持续发展的中坚力量。

三、虚拟现实赋能师范生理想指导的实践融合

师范教育的核心目标是培养具备专业素养和教育理念的未来教师。虚拟现实

通过模拟真实的教学场景，叠加"现实与奇幻"的理想沉浸，促使师范生能够在实际操作中激勉生命道德体验；虚拟现实能够联通"显性与隐性"的互动反馈，为师范生提供直观、生动的学习体验，促进教学资源的有效利用，推动师范生的职业发展；虚拟现实为师范生提供一种映照"实体与倒影"的构想衔接方法，激活师范生道德的创新灵感；虚拟现实促使师范生秉持"真实与虚拟"的全息多态感知，全身心感知社会理想价值。

（一）目标：叠加"现实与奇幻"，激勉师范生生命道德体验

生活理想是所有理想的现实表现，而虚拟现实技术能够将"现实与奇幻"与师范生的生活理想体验巧妙结合，在此基础之上保证生存质量和生活体验，有效激勉师范生的生命道德体验，进而促进其专业成长和个人价值观念的形成。

1. 提供现实环境增强生存能力

虚拟现实为师范生提供了一个高度仿真的现实环境，使其能置身于真实的教育场景之中增强自身的生存能力。无论是城市的繁华校园，还是乡村的宁静教室，师范生均能够通过虚拟现实设备在其中亲身体验，进而在虚拟世界中体验和学习真实教学情境中的各种技能。例如，师范生可以模拟处理各种课堂管理问题，如学生注意力不集中、课堂纪律混乱等，逐步提高自己的课堂管理能力，学会如何有效管理课堂，保证教学活动的顺利进行。在虚拟现实创设的环境中，师范生还能够进行教案编写、课堂教学等实践活动，能够在安全、低成本的情况下反复练习与反思，逐步提高自己的技能和教育实践能力。虚拟现实建造的现实体验使师范生"感受虚拟世界的奇幻和美妙，在体验和感受中完成对知识的意义建构"[1]。同时，虚拟现实进入教学，"结合游戏化学习、情景化学习、协作学习、在线教育等多种手段"[2]，师范生教育能够解决以往难以应对的教育难题，有效激发师范生的教育敏感度，提高了师范生的生存能力，为未来的教育工作打下坚实基础。此外，师范生还可以通过虚拟现实更加深入地了解社会的各个方面和人类的多元文化。例如，在组织师范生进行社会实践考察时，对于一些现存遗址，尽管师范生能够进行实地考察，但受限于遗址的保存状况，其历史原貌往往难以完整呈现。此时，利用虚拟现实技术对遗址原貌进行还原，就能让师范生更直观地感受历史

---

[1] 韦艳娇：《沉浸式虚拟现实课堂设计方案研究》，硕士学位论文，上海师范大学，2017年，第24页。

[2] 陈莹：《VR+教育，你看到了什么》，《科技日报》2016年6月15日第5版。

风貌，从而更深入地了解相关的社会历史和多元文化。师范生还可以通过虚拟现实观察、分析和反思现实生活中的问题，提升自己的综合素质及解决问题的能力。

2. 创造奇幻环境丰富生活体验

虚拟现实"是创设真实情境的最有效工具，其通过构建事物发展变化的虚拟环境，不仅对参与者产生视觉、听觉、触觉、嗅觉等各种感官刺激信息"[①]，从而丰富了师范生的生活体验。在师范生学习的过程中，虚拟现实可以创设多元化的媒体形式、个性化的表达以及富有刺激性的人机交互。学习内容被包装成一个个富有趣味性和创意性的学习场景，让师范生"完全置身于一个'超越现实、身临其境'的综合学习环境中"[②]，并在这样的学习环境中产生更加直观、生动的体验，激发其好奇心和探索欲望。例如，师范生可以置身于未来教室中，感受未来教育技术的发展趋势；或者置身于一个历史场景中，体验古代教育的风貌。"虚拟现实技术通过呈现个性化特征、丰富多彩的媒体形式和刺激性的对话促进学习者的学习动机"[③]，带来了更加愉悦友好、合作平等的协作学习氛围，实现了视觉、触觉和听觉的和谐统一。同时，师范生还可以通过虚拟现实感受不同地域、不同角色、不同身份的生活状态，了解不同文化、不同背景的人们的生活方式和价值观，"将课堂拓展到现实生活，将情境的外延拓展到学生的未来生活"[④]，也有助于师范生在体验丰富基础之上建立自己的生命追求。师范生还能通过虚拟现实来模拟实现目标的过程和结果，凭借情境认识、感悟世界，提高其认知和能力，增强自己的生活体验，为未来的生活做更好的准备。丰富的生活体验能够帮助师范生拓宽视野，带来愉悦的情感体验，增强社会适应能力，从而更加明确自己的职业理想和生活目标。此外，虚拟现实还为师范生提供扮演多重生活角色的机会。虚拟环境可以营造一个充满友好、平等且协作的生活氛围的平台，在平台中师范生可以拥有各自的虚拟形象，不再局限于传统意义上的接受者和观察者，可在该环境中扮演多重角色。例如，在虚拟社区中，师范生扮演着多重角色，他们既是观察者、模仿者，又是教学活动的积极参与者、意见的表达者，还是具有建设性的建议者和问题解决的贡献者。当师范生遇到生活难题时，可以将问题发

---

① 汤跃明：《虚拟现实技术在教育中的应用》，科学出版社 2007 年版，第 76-84 页。
② 史铁君：《虚拟现实在教育中的应用》，硕士学位论文，东北师范大学，2008 年，第 14 页。
③ 刘德建，刘晓琳，张琰，等：《虚拟现实技术教育应用的潜力、进展与挑战》，《开放教育研究》2016 年第 4 期。
④ 沙璇：《利用虚拟现实技术的初中语文情境教学探索》，硕士学位论文，扬州大学，2023 年，第 49 页。

布至交流或疑难解答板块，与其他师生进行深入交流和探讨，通过从多个角度审视问题和总结经验以实现个人生活技能的提升与成长。可以说，虚拟现实为师范生提供一种融入未来生活的全新方式。

3. 深化生活体验体现生命追求

师范生理想指导应当源于其生活，植根于实践，直接经验与感受至关重要。虚拟现实"跨越虚拟与现实之间的'分界线'，连接与校园生活、家庭生活、社会生活实际相关的场景，创设的情境贴近生活，还原生活，体味生活"①，让师范生在拟真的虚拟情境中更加直观地感受到生活，在丰富的生活体验基础上建立起自己的追求。虚拟现实在生活理想指导的最高层次目的是激勉师范生建立自己的生命追求。例如，虚拟现实通过真实、动态的三维虚拟影像生动地再现教材内容。这一方式使学生能够全身心地沉浸在虚拟学习环境中，通过强烈的感官体验深化对知识的理解和记忆，进而实现最佳的学习效果。这种自由的氛围有助于师范生摆脱现实生活中的束缚和限制，释放内心的创造力和想象力。在这种氛围中，师范生能够更深刻地体验到教师职业带来的乐趣，增强对自身生活理想的认同感，同时也能更强烈地感受到为实现道德理想和社会理想所抱有的责任感、成就感。因此，虚拟现实的应用不仅能帮助师范生提高生存能力，保证生存基础，还能深化他们的生活体验，体现生命追求。通过虚拟现实，师范生可以亲身体验到教育的力量和意义，从而更加坚定地投身于教育事业。虚拟现实所带来的"现实和奇幻"的体验不仅能激发师范生的教育热情和使命感，还能帮助他们更好地理解教育的深层次意义，从而在未来的教育工作中更加自信和从容。

（二）内容：联通"显性与隐性"，提升师范生育人信仰能力

在当今教育领域，培养优秀的师范生是确保教育质量的关键环节。而师范生的育人信仰能力，对于他们未来的教育实践起着至关重要的作用。育人信仰是师范生专业成长的核心要素，它不仅包括显性的教育知识和技能，更涵盖隐性的教育情感和价值观。拥有坚定的育人信仰，师范生才能在教育实践中充满热情地投入工作，关注学生的全面发展，传递和践行正确的教育信念。随着科技的不断发展，虚拟现实技术为提升师范生育人信仰能力提供了新的途径和方法。通过联通

---

① 沙璐：《利用虚拟现实技术的初中语文情境教学探索》，硕士学位论文，扬州大学，2023年，第19页。

"显性与隐性"的教育内容，虚拟现实技术能够有效地赋能师范生理想指导，提升他们的育人信仰能力。

1. 培养富有教育爱的人师

在教育的宏伟蓝图中，培养具有深厚教育爱的师范生是塑造未来教育的关键。教师工作是情动的实践，教学是情感充盈的活动。[①]教育爱，作为教师职业灵魂的核心，是连接教师与学生、知识与生活、理论与实践的桥梁，它不仅关乎知识的传授，更关乎心灵的触动和价值观的塑造。虚拟现实技术通过模拟真实的教育场景，使师范生能够在虚拟环境中与学生建立情感联系，产生情感共鸣。这种情感共鸣有助于师范生理解学生的需求和感受，培养同理心，从而在教育实践中更好地关注学生的全面发展。在虚拟现实环境中，师范生面对道德和价值挑战，能够反思和认同教育的核心价值观，如公平、尊重和责任。这种价值认同有助于师范生形成坚定的教育信念，提升其育人信仰。同时，虚拟现实技术的应用，使得师范生能够在一个沉浸式的环境中体验教育情感和价值观的传递。通过与虚拟学生的互动，师范生能够体验到教育情感的力量，这种力量是隐性的，但它能够显著影响教育的效果。例如，当师范生在虚拟环境中模拟解决学生的问题时，他们不仅需要运用显性的教育知识，还需要展现出关心和理解，这种关心和理解是隐性的，但对于建立师生之间的信任和尊重至关重要。通过这样的实践，师范生能够深刻理解到教育不仅仅是知识的传递，更是情感和价值观的交流。

2. 形塑具有专业力的经师

在教育的数字化转型浪潮中，虚拟现实技术为师范生专业力的提升开辟了新天地。通过将显性的教育知识和隐性的教学经验相结合，虚拟现实锻炼了师范生在复杂教学情境中的应变能力，为培养高素质的教师队伍奠定了坚实基础，从而形塑出既具备理想教育情怀又拥有扎实专业技能的"经师"。首先，虚拟现实技术为师范生提供了一个模拟的教育环境，使他们能够融合显性的教育知识和隐性的教学经验。师范生能"运用网络、多媒体、教学软件等信息技术工具帮助自己掌握相关知识和技能"[②]，"满足师生之间、学生之间的合作与交流、资源共享、

---

① 王平：《教师情感素养：理据、内涵与提升路径》，《教育研究与实验》2024 年第 3 期。

② 刘松梅：《基于虚拟现实平台的中学信息技术课程设计与应用》，硕士学位论文，四川师范大学，2012 年，第 20 页。

知识构建和专业发展需求"①。师范生利用虚拟现实学到的知识将是"带有情境性的包含隐性知识在内的完整的、丰满的知识"②，并对情境中大量素材和对象进行可控的叠加、分解、重组，而不只是骨架式的抽象的显性知识。其次，有利于师范生理想教育理念的传递。通过虚拟现实技术，可以将先进的教育理念和教育思想以直观、生动的方式呈现给师范生。师范生得以实践启发式教学、探究式学习等教学方法，这要求他们将抽象的理论知识与具体的教学情境相结合，有效地锻炼和提高教学技巧和专业力。例如，可以设计一些虚拟的教育改革案例，让师范生身临其境地感受教育理念的变化对教学效果的影响。这种体验有助于师范生形成正确的教育观，明确自己的教育理想。最后，有利于师范生教学技能的提升。虚拟现实技术提供了一个安全且灵活的实验平台，使师范生能够在没有实际教学风险的环境中尝试创新的教学方法和策略。这种实验不仅能够激发师范生的教育创新思维，还能够提升他们的实践能力。例如，师范生可以在虚拟环境中模拟一个课堂讨论，他们需要运用显性的知识来引导讨论，同时也需要运用隐性的经验来判断讨论的氛围和学生的参与度，从而调整教学策略。这样的实践有助于师范生在真实的教育环境中更加灵活和有效地运用教育知识，使其专业力大幅提升，增强其育人能力。

3. 造就具有执行力的良师

在教育实践中，师范生的执行力是实现教学目标和提升教学质量的关键。一方面，虚拟现实技术为此提供了一个独特的训练场，使师范生能够在一个无实际教学风险的环境中锻炼和提升自己的执行力。虚拟现实为师范生提供了一个理想的自我观察、自我反思和自我提升的职业发展平台，"可产生环境、认知和身体高度融合的在场体验"③，并且"在形式、内容、表现手法、教学功能等方面，实现对真实学习环境的模拟"④，为师范生提供了安全、可控的职业成长的职业实践环境。通过这一技术，师范生不仅有机会在模拟的教学结束后进行深入的反思和自我评估，还能够即时观察并调整自己的教学行为，从而在真实的教学场景中更加得心应手。在虚拟环境中，师范生可以在虚拟教学结束后，回顾自己的教

---

① 黄洁，王运武：《基于虚拟现实的师范生教学技能训练模式研究》，《软件导刊》2019 年第 2 期。

② 史铁君：《虚拟现实在教育中的应用》，硕士学位论文，东北师范大学，2008 年，第 16 页。

③ 刘革平，王星，高楠，等：《从虚拟现实到元宇宙：在线教育的新方向》，《现代远程教育研究》2021 年第 6 期。

④ 吴祥恩：《虚拟现实技术在"现代教育技术"课程中的应用研究》，《中国电化教育》2011 年第 3 期。

学过程，分析教学效果，从而进行自我反思和改进，增强教学执行力。他们可以观察到自己的教学行为对学生的影响，这种及时的反馈有助于他们快速调整教学方法。此外，虚拟现实环境中的协作网络还能够提升师范生的教育协作能力，这也是执行力的重要部分。虚拟现实为师范生"提供与虚拟学习环境进行深度交流的机会，同时也为不同学习者之间的深度合作提供平台"[①]。在虚拟环境中，师范生可以与其他虚拟角色或真实的参与者进行互动和协作，这种协作不仅能够提升师范生的教育协作能力，还能够促进知识和经验的共享，从而构建一个教育共同体。通过与他人的交流和合作，师范生能够拓宽视野，吸收多元的教育观点，从而在教育实践中更加自信和从容。

虚拟现实技术为提升师范生育人信仰能力提供了新的机遇和挑战。通过联通"显性与隐性"的教育内容，虚拟现实技术能够在培养教育爱、提升专业力、增强执行力等方面发挥重要作用。"虚拟课堂环境的真实情境性、参与性、体验性以及沉浸感和存在感，在促进教学者的教学、帮助学生对知识的理解、发挥学生的主动性等方面将有积极影响。"[②]在师范生理想指导的实践融合中，我们应该充分利用虚拟现实技术的优势，提升师范生的育人信仰能力，为培养优秀的教育人才作出贡献。

（三）方法：映照"实体与倒影"，激活师范生修身守德动力

在师范生理想指导教育中，道德理想的培养占据着举足轻重的地位。而虚拟现实结合"实体与倒影"的构想性基于对现实与虚拟环境的互动和对比，既能够创造出实体的环境，有助于师范生进行实际的操作和体验，又能够创造出倒影的环境，有助于师范生观察、分析并反思自身的行为和决策。此种"实体与倒影"的衔接推动师范生在虚拟与现实的交错中，对道德理想有更深刻的理解和追求，激活其修身守德的不竭动力。

1. 培育师范生的优良品德

有学者指出，"道德理想作为个人的可选择性行为"[③]，"是对现实道德状

---

① 邱亚萍：《虚拟现实技术在高等教育领域的价值逻辑与发展策略》，《攀枝花学院学报》2019 年第 1 期。
② 李小志，陈宥辛，叶新东：《基于虚拟课堂的师范生技能训练实验平台设计与开发》，《中国教育信息化》2019 年第 17 期。
③ 李红文：《论道德理想与道德义务》，《武汉理工大学学报（社会科学版）》2019 年第 6 期。

态的反思与超越"①，道德理想虚拟现实提供的"实体与倒影"双重体验，对师范生的优良品德的培养具有综合效应。首先，师范生从中可以观察到自己和其他角色的行为和决策，以及对这些行为和决策进行的道德反思与超越，从而提升个人品德修养。一方面，师范生通过模拟真实的教育场景和情境来感受实体的道德力量和价值，检验和提升自己的道德品质和道德行为。师范生将自己的实体经验——他们在现实生活中的学习、实践、观察和体验——带入虚拟环境中。这种带入不是简单地复制，而是将现实世界的元素和情境在虚拟环境中进行重构和再创造，使他们能够在模拟的教育场景中亲自感受，并以一种全新的视角来审视和反思自己的实体经验并实践道德决策。通过这样的实践，师范生可以更加深刻地理解优良品德在教育实践中的重要性，"将道德理想内化为社会绝大多数人的内心信念与准则"②，这是道德理想的最终落脚点。另一方面，虚拟现实为师范生提供了"倒影"的道德反思。批判性反思能力不仅是师范生道德理想培养的重要组成部分，更是体现师范生职业发展的核心能力。虚拟环境可以帮助师范生获得个性化的身体体验，从多个角度审视教育中特殊的道德问题，思考和调整自己的道德理念和职业实践，深入思考自己的教育实践是否符合道德标准。其次，优化了师范生道德理想的学习方式，管理和指导自身日常言行操守。"道德理想出自人的最高层次的道德需要"③，为了更好地引导师范生树立并践行道德理想，虚拟现实以其卓越的模拟能力，能够精准地重现各种错综复杂的道德理想问题场景。在此基础上，践行"因材施教"的教育理念，就能为师范生提供更加全面和系统的道德理想指导。例如，学生的道德困境、培养学生的道德观念等问题，虚拟现实可以通过创设高沉浸性的仿真环境④，通过模拟道德困境、角色扮演、小组讨论等方式，促使师范生沉浸式观察道德困境的现象，并深入体验道德情感和道德判断的动态演变，以更具针对性和启发性的方式深化对道德问题的理解和应对能力，严守日常言行操守。最后，有助于师范生在未来教育实践中形成为人处世的风格。师范生由传统的被动观察者转变为积极的教学活动参与者。师范生的角色逐渐从台前移至幕后，更多地担任着引导、监督、组织及帮助的角色。师范生在面临道德理想挑战时，会主动搜集相关材料和信息，并在学习共同体（包括教师和其他同学）的协助下，通

---

① 黄翠翠，于濂清：《道德理想教育的必要性和现实路径分析》，《当代职业教育》2015 年第 4 期。

② 叶豪芳：《孔子君子道德理想人格思想及其现代价值》，硕士学位论文，云南大学，2010 年，第 7 页。

③ 黄翠翠，于濂清：《道德理想教育的必要性和现实路径分析》，《当代职业教育》2015 年第 4 期。

④ 丁楠，汪亚珉：《虚拟现实在教育中的应用：优势与挑战》，《现代教育技术》2017 年第 2 期。

过协作与交流，不断将新经验融入既有知识体系，养成更为优良的品德以构建知识结构并应用于教育实践。

2. 培养师范生的高尚师德

虚拟现实作为一种特殊的全景式媒介，其"实体与倒影"的道德体验有助于激活师范生高尚师德的发展动力，让师范生在虚拟现实创设的教学场景中树立严谨的治学态度、涵养自身的教育情怀及遵守职业道德。首先，有助于师范生树立严谨的治学态度，践行道德理想。道德理想是"人们的道德要求和期望的集中表达，是一种高于现实中一般人的道德品质"①。虚拟现实技术为师范生提供了模拟真实教育场景的平台，师范生模拟真实的教育场景，如课堂互动、学生管理、家校沟通等。在这样的虚拟环境中，师范生能够自由地探索不同的道德问题，"在道德理想的实践中能够进行自我支配、调节与控制"②，提出创新的解决方案，并通过虚拟环境的反馈来验证和优化自己的方案。通过虚拟现实的模拟和实践，师范生可以亲身体验到高尚的师德对自身发展的影响和价值。这种体验有助于师范生在将理论知识转化为实践能力中形成严谨的治学态度，并激励他们在未来的教育工作中更加积极地践行道德理想。其次，涵养师范生的教育情怀，培养同理心。虚拟现实技术通过模拟真实或虚构的场景，让师范生身临其境地体验不同的教育环境和道德情境。这种沉浸式体验能够激发师范生的好奇心和探索欲，促使他们主动思考如何在不同的情境下修身守德。此外，虚拟现实技术还能够模拟出丰富多样的情感场景。师范生可以观察到自己的行为对虚拟环境和虚拟角色的影响，从而引发深刻的反思。通过反思，他们能够认识到自己的不足并寻求改进，进而不断提升自身的教育情怀。而且，在虚拟现实环境中，师范生能够在情感上与虚拟角色产生共鸣，有助于更好地理解他人的感受和需求，从而培养同理心和道德修养。最后，有助于师范生遵守职业道德，增强责任感。虚拟现实技术可以将道德规范以直观、生动的方式呈现出来，使师范生能够清晰地了解哪些行为是符合道德的，哪些行为是不道德的，有助于师范生形成正确的职业道德观念和行为准则。同时，虚拟现实技术可以模拟出各种复杂的道德困境，例如如何处理学生之间的冲突、如何面对不公平的待遇等。这些模拟情境为师范生提供了锻炼道

---

① 黄翠翠，于濂清：《道德理想教育的必要性和现实路径分析》，《当代职业教育》2015 年第 4 期。

② 黄训达：《消费主义影响下大学生道德理想弱化问题研究》，硕士学位论文，河北师范大学，2012 年，第 14 页。

德判断能力和决策能力的机会，使他们在面对真实道德困境时能够做出正确的选择。通过虚拟现实赋能，师范生可以亲身体验到作为教育者所承担的道德责任，不断增强其道德责任感，从而在未来的教育工作中始终坚守道德底线。

3. 涵养师范生的崇高公德

虚拟现实技术通过提供沉浸式体验，促进师范生注重养成良好的社会责任感、促使自身成为道德榜样，并将道德认识转化为道德实践，在日常生活中不断实践、反思和提升，得以涵养师范生的崇高公德。首先，有助于师范生养成良好的社会责任感。虚拟现实技术通过模拟真实或虚构的环境，为师范生提供了一个沉浸式的体验平台，从而更深入地理解不同角色的道德需求和行为规范。一方面，模拟真实社会情境。虚拟现实技术能够模拟出各种真实的社会情境，包括教育环境、工作环境、社区环境等。师范生在这些模拟环境中，可以身临其境地体验不同社会角色的生活状态，扮演不同的角色，如教师、学生、家长等，并了解他们的需求和困境。这种体验有助于师范生更加深刻地认识到社会的多样性和复杂性，从而增强其社会责任感。另一方面，强化社会责任认知。虚拟现实技术通过模拟社会中的道德困境和实际问题，让师范生在虚拟环境中进行决策和行动。这种模拟体验能够强化师范生对社会责任的认知，让他们意识到自己的行为对社会和他人可能产生的影响。通过不断地模拟和反思，师范生可以逐渐培养出正确的价值观和道德观，明确自己在社会中的责任和使命。其次，提升师范生道德榜样形塑的能力。作为未来的教育工作者，师范生需要具备良好的道德示范能力。虚拟现实技术通过模拟教学场景，让师范生有机会在虚拟环境中展示自己的道德行为，成为学生的道德榜样。这种示范不仅有助于师范生提升自己的道德形象，还能够通过虚拟环境中的反馈机制，及时发现并纠正自己的不足，从而不断完善自己的道德行为。师范生从而更加深刻地认识到自己作为未来教师的责任和使命，从而更加努力地提升自己的职业道德修养。最后，促进师德养成教育的知行合一。虚拟现实技术能够直观地展示道德规范和职业操守的重要性，帮助师范生更直观地理解师德的核心价值，从而在道德实践中涵养崇高师德。一方面，模拟道德困境并进行情感体验及反思。通过设定复杂的道德困境，师范生可以在虚拟环境中进行道德判断和决策，锻炼其道德判断力和决策能力，使其在模拟的道德情境中感受到不同行为带来的后果，进而进行深刻的反思。另一方面，实践社会责任行为。虚拟现实技术为师范生提供了实践与教育职业相关社会责任行为的机会。例如，通过模拟志愿服务、社会调查等活动，师范生可以在虚拟环境中进行实践，积累实践经验。这种实践不仅有助于师范生提升专业技能和人际交往能力，还能够让他们更加深入地了解社会，明确自己的社会责任和使命。

（四）价值：并行"真实与虚拟"，塑造师范生家国情怀品质

社会理想在四个理想中是最根本的，起着支配和主导作用。虚拟现实通过并行"真实与虚拟"的全息多态感知，激励师范生将爱国情、强国志与报国行紧密结合，为师范生提供了一种全新的方式来全身心感知社会理想价值，并致力于追求并实现崇高的社会理想。

1. 有助于激发师范生的爱国情

"深厚的爱国主义情怀是青年成长成才的精神动力。"①师范生作为未来教育事业的接班人，其爱国情感的培养不仅关乎个人品德的塑造，更关系到国家意识形态的传承和教育事业的发展。传统的爱国情感教育往往依赖于课堂讲授、历史参观和影视资料等单一或组合的方式，难以提供全方位的感官体验和深度情感共鸣。因此，虚拟现实以其"真实与虚拟"交织的全息多态感知性，在教育领域特别是师范生爱国情感培养方面展现出独特的优势。其一，全息多态感知允许师范生通过多种感官体验以增强爱国之情。"社会理想就是人们对未来社会的美好设想、展望和追求"②，师范生的社会理想是对自己作为未来教育工作者在社会中所扮演的角色和所追求的价值目标的期望和设想。虚拟现实可以模拟历史上的重大事件、战争场景或英雄事迹，使师范生能够身临其境地体验历史的厚重和英雄的崇高。例如，利用虚拟现实精心打造的革命历史纪念馆虚拟场景，给师范生带来了一次独特的爱国主义教育活动体验。通过视觉呈现、听觉感受以及借助触觉反馈设备实现的触觉感知，师范生能够穿越时空，身临其境地置身于战火纷飞的历史年代，以第一人称的视角与英勇的战士们并肩作战。借助逼真的视觉、音效以及模拟的嗅觉等感官效果，师范生能够在心灵深处产生强烈的震撼和共鸣，感受民族精神和国家力量，极大地增强了其对祖国深厚的情感认同与民族自豪感。其二，有助于增强历史文化认同与价值观塑造。虚拟现实还可以用于模拟中国的

---

① 葛骁欧，罗佳兴：《大学生厚植爱国情、强国志、报国行的内涵逻辑》，《学校党建与思想教育》2020年第5期。

② 王梦琪：《论个人理想与社会理想之融合：从"我的梦"到"中国梦"》，《福州党校学报》，2017年第1期。

传统文化和习俗，如节日庆典、民间艺术、历史遗迹等。通过虚拟环境的互动体验，师范生可以更加直观地了解中华文化的博大精深，感受其独特的魅力和价值。这种体验有助于师范生形成对中华文化的认同感和自豪感，进而激发其爱国热情。其三，有助于增强社会意识与责任担当。虚拟现实可以模拟当前社会的现实问题，如环境保护、脱贫攻坚、科技创新等。通过虚拟环境的互动和实践，师范生可以更加深入地了解国家发展的现状和面临的挑战，认识到个人发展与国家教育事业的紧密联系，从而增强其社会责任感和使命感。这种责任感和使命感是师范生爱国情感的重要组成部分，也是其未来投身教育事业和社会发展的动力源泉。具体言之，虚拟现实为师范生提供了一个全方位、多维度的感知体验平台，有助于其形成深刻的爱国情感。

2. 有助于坚定师范生的强国志

"砥砺强国志是厚植大学生爱国主义情怀的应有之义。"[1]虚拟现实的"真实与虚拟"的全息多态感知性在师范生教育中具有重要的应用价值，引导师范生在对国家教育事业和社会责任中坚定强国志，树立正确的社会理想与价值观。首先，虚拟现实能促进师范生个人职业规划与国家和社会需求相结合。在明确个人职业定位的基础上，师范生还需要关注国家和社会的发展需求。虚拟现实通过模拟真实的社会环境和职业场景，使师范生能够更直观地了解国家和社会对人才的需求。例如，通过虚拟现实，师范生可以体验不同地区的教育政策和实践经验，了解教育行业的发展趋势和最新动态。这些信息有助于师范生将个人职业发展规划与国家和社会的发展需求相结合，选择更符合时代要求的职业发展路径。其次，虚拟现实可以重塑师范生专业能力，为国家培养教育人才。虚拟现实通过模拟真实的教育环境和教学场景，为师范生提供了一个安全、可控且高度仿真的实践平台。这一平台不仅涵盖了从课程设计、教学方法到课堂管理等多个方面的专业技能训练，还允许师范生在虚拟环境中反复练习和反思，从而有效提升其教学能力。更重要的是，他们在面对未来教育挑战的信心得到增强。这种信心不仅源于他们在虚拟环境中积累的实践经验和专业知识，更源于他们对教育事业的深刻理解和热爱。因此，当师范生走出校园、步入教育领域时，他们能够以更加饱满的热情、更加专业的态度，为国家的教育事业发展贡献自己的力量。再次，虚拟现实可以

---

[1] 葛晓欧，罗佳兴：《大学生厚植爱国情、强国志、报国行的内涵逻辑》，《学校党建与思想教育》2020年第 5 期。

增强师范生在教育教学中的社会责任感。通过虚拟现实的实践体验和创新思维的培养，师范生能够更深刻地认识到教育教学工作的意义。师范生可以通过与虚拟角色的互动和模拟实践，体验到践行社会理想价值所带来的正面影响和积极变化。"构建社会理想离不开对社会现实的把握"[1]，虚拟现实可以通过提供各行各业的虚拟社会实践体验，提前学习、熟悉未来教育实践的知识、能力和场景，以便更好地理解国家的教育政策和发展方向，从而坚定为教育事业贡献力量的决心。最后，虚拟现实可以引导师范生形成助力国家教育水平提升和教育公平的力量。虚拟现实通过创建高度仿真的教育环境，为师范生提供了一个前所未有的实践平台，有助于师范生提升教学技能，帮助他们在实践中深刻理解教育的本质，进而转化为未来在教育领域中的实际行动，从而推动国家教育水平的整体提升。同时，虚拟现实打破了传统教育的时空限制，使得教育资源的分配更加均衡。偏远地区或资源匮乏地区的师范生能够接触到与城市地区同等质量的教育资源，包括优秀的教学案例、先进的教育理念等。这种资源的共享不仅有助于缩小地区间的教育差距，还能激发师范生对于教育公平的追求和实践。

3. 有助于践行师范生的报国行

"实践报国行是厚植大学生爱国主义情怀的必然选择。"[2]虚拟现实通过构建一个介于真实与虚拟之间的平台，为师范生提供了与社会互动和联系的新途径。这一平台不仅拓宽了师范生的学习视野，还增强了其亲身体验社会理想价值的实际应用，从而更加深刻地理解爱国情的情感认同及对强国志的心理认同，以便在未来的教育工作中更好地实践报国之行。这样，爱国主义教育"便'通了天线接了地气'，谈爱国便言必有中，报国行便有的放矢"[3]。首先，提供了丰富的平台和社会资源支持。在虚拟学习环境中，教师可以实时地搜集多样化的社会媒体信息，同时捕获师范生的反馈和控制信号，对这些信息进行即时的处理、整合并传递，以确保教学过程的流畅与高效。同时，师范生通过虚拟现实的模拟教学和实践训练，可以接触到真实的社会问题、案例和实践经验，参与社会公益服务，了解国家和社会的最新动态和发展趋势。虚拟现实技术不仅能带来逼真的感官体验，还能创设一个更有利于引导师范生主动学习与进行社会理想意义建构的情境。

---

① 兰婉莹：《新时代大学生社会理想教育研究》，硕士学位论文，西北大学，2021年，第9页。

② 葛骁欧，罗佳兴：《大学生厚植爱国情、强国志、报国行的内涵逻辑》，《学校党建与思想教育》2020年第5期。

③ 宁心：《将爱国情化为报国行》，《新湘评论》2019年第21期。

这将有助于他们在未来的教育工作中更好地培养人才，利用专业知识为国家的教育事业和社会发展作出贡献。其次，有助于增强师范生将个人社会理想融入报国行的深刻理解。"社会理想是个人理想的指向标。"①在虚拟教学环境中，师范生借助先进的头戴式高清显示屏，通过模拟多种社会角色和情景深入了解并感受这些社会场景的氛围和运作机制，这种深入的理解是师范生形成自己教育理念和报国行为的基础。虚拟现实系统基于视觉传感、体感和语音识别、触觉反馈等多种感知技术，形成全方位的感知体验②。虚拟现实巧妙地运用光线、图像、音效和色彩等多元视听元素，精心营造出一个充满真实感的教学环境。通过直观地操作和控制这些教学场景，师范生可以扮演教师、学生及家长不同的角色，亲身全息多态感知到社会问题的复杂性，"在思想和行动上率先垂范，在完成自我工作任务的同时努力实现社会价值"③，深入地理解各种社会角色的需求和行为模式，加深对科学研究重要性的认识，从而促进教育改革以实现教育公平和均衡发展。最后，提供了一个安全且可控的社会实践育人的环境。教育者是师范生教育活动的主导者，在落实实践育人的过程中负有协调实践活动资源、支援师范生实践需要和保障师范生社会理想实践安全的职责，这就要求教育者具备相应的能力和经验。虚拟现实在提供培训方面能力突出。通过这一技术可以"利用虚拟现场经验替代传统现场经验"，师范生可以在不受现实限制的情况下尝试各种教学策略和方法，参与各种实践育人中的潜在问题情境，有效传授知识和技能。"爱国之情是再朴素不过的情感，强国之志是再基本不过的抱负，报国之行是再自然不过的选择。"④这种实践机会有助于为国家的教育事业培养新质人才，为师范生注入新的活力和动力，促使师范生将自己的爱国情、强国志融入报国行，成为推动时代发展最强的支撑力量。

---

① 王梦琪：《论个人理想与社会理想之融合：从"我的梦"到"中国梦"》，《福州党校学报》，2017 年第 1 期。

② 高义栋，闫秀敏，李欣：《沉浸式虚拟现实场馆的设计与实现：以高校思想政治理论课实践教学中红色 VR 展馆开发为例》，《电化教育研究》2017 年第 12 期。

③ 邢林艳：《大学生个人理想与社会理想相统一的路径研究》，《改革与开放》2019 年第 8 期。

④ 崔雅丽：《将爱国情、强国志、报国行融入血脉》，《青海党的生活》2019 年第 9 期。

第五章

虚拟现实赋能师范生理想指导机制的模型构建

　　师范生理想指导具有"想象融入现实"的本体论特征,是对人生活理想、职业理想、道德理想和社会理想的全方位浸润。然而,现状调查表明,师范生理想指导在生活理想层面存在生活多样性匮乏与生命追求难以落实的瓶颈,职业理想层面存在情感关怀过度与实践能力培养不足的偏差,道德理想层面存在师德教育中的理论实践脱节困境的短板,社会理想层面存在传统文化认同缺失与教育公平意识薄弱等诸多问题。要有效解决师范生理想指导现存问题,就需要发挥虚拟现实技术数字化的"第二现实"本体论特性,强化人的社会性本质属性,为师范生理想指导创设"想象融入现实"的实践空间。但是,虚拟现实技术如何赋能师范生理想指导是一个复杂而系统的工程,若要进行模型构建,就需要系统分析其理论依据、构建原则,才可阐释其机制模型的内涵机理。

第一节　虚拟现实赋能师范理想指导机制构建的理论依据

　　虚拟现实技术赋能师范生理想指导的研究主要以建构主义学习理论和社会文

化理论为依据，形成了对虚拟现实技术效用发挥原理和运行机制进行学理解释的理论集。这些理论共同解释了师范生理想认知发展、价值形成和行为改变的作用机制，以及社会互动如何形成共享理想叙事现实、社会群体团结和理想价值符号意义。

一、建构主义学习理论

建构主义学习理论认为学习是一个主动建构知识的过程，强调以学生为中心，重视学生的主体性、互动性和情境性。也就是说，建构主义认为知识不是被动接受的，而是基于学生已有知识和经验，通过主动思考和实践活动来建构的。在学习过程中，师生在情境中的互动对深度理解知识和发展实践能力极为重要。基于建构主义学习理论所强调的情境性、互动性等特点，与之相关的多模态学习理论、具身学习理论、情境学习理论、体验学习理论、沉浸式认知假说模型、互动仪式链理论等，可以用来解释师范生理想认知、价值和行为改变的作用机制。

（一）多模态学习理论

多模态学习理论基于系统功能语言学的思想提出，认为社会和文化的学习是通过声音、图像、动作、文字、感觉等多模态符号共同意义建构和塑造的。在师范生理想指导中，师范生理想的塑造过程就是师范生不断经历多种意义传递模态，然后将这些不同模态传递的意义整合成最适恰的意义再现综合体。而虚拟现实技术则可用于构建适合师范生理想指导的多模态学习环境。

（二）具身学习理论

具身学习理论关注意义产生的"身体面向"，主张将身体（肢体、心智、感觉、情绪）作为多模态学习的工具和材料，强调人对知识和意义的建构与个体身体的感觉和运动密切相关。对于具有沉浸性和体感运动的虚拟现实技术来说，它能够最有效地激活具备多模态资源特性的身体，使其参与到意义的编码、解码、产出和传递等过程中，进而促进对师范生理想的指导。

（三）情境学习理论

情境学习理论作为一种强调实践共同体的学习模式，主张学习是共同建构的社会过程，通过指导者有目的地创设形象、具象化反映社会现实的理想叙事场景，帮助学习者建构其学习行为与恰当的社会情境间的联结，进而促进知识在真实情境中的迁移和应用。基于该理论可知，虚拟现实技术可通过创设和营造沉浸性和高仿真的多模态学习环境，让师范生身临其境感知理想指导，促进其主动迁移应用在虚拟现实中所学知识和信念。

（四）协作学习理论

协作学习理论强调知识是在社会交往中不断建构和创造的，同伴间通过经验分享、互动参与，通过指导者搭建的脚手架帮助学习者一步步达到自己的最近发展区。高仿真的虚拟现实技术，可以为师范生创设真实的生活理想、职业理想、道德理想和社会理想的虚拟协作学习场景，帮助其在同侪互助中培养更高层次的认知能力和社会情感能力，并塑造自身的教育理想信念。

（五）体验学习理论

体验学习理论将学习分解为具体经验、反思观察、抽象概念和主动实验四个完整闭环。可以说，虚拟现实技术所创设的高仿真虚拟学习环境，让师范生在文化体验中习得生活理想、职业理想、道德理想和社会理想的知识。同时，不同群组的协作学习活动，贯通了四个体验学习的环节，为知识的习得和转化应用架起了桥梁。

（六）沉浸式认知假说模型

沉浸式认知假说模型融合了具身学习理论和情境化学习理论的核心观点，强调虚拟现实技术降低人对物体感知距离的"临场感"，以通过视觉和身体运动激活大脑的多重感官图式，不断增强参与者的学习体验。可以说，虚拟现实的这一"临场感"特性为师范生理想指导创设了虚实交融和主动意义建构的多模态学习环境。

综上，多模态学习理论阐释了沉浸式、交互式的理想指导学习环境何以建构，而具身学习理论、情境学习理论、协作学习理论、体验学习理论、沉浸式认知假说模型等理论则共同阐释了师范生主体的身体和行为在虚拟现实所创设的交互、沉浸的环境中，是如何参与意义构建来促进师范生理想的实现的。然而，师范生理想内涵厘定在生活理想、职业理想、道德理想和社会理想四个层面，四个层面的理想在实现过程中相互作用，具有典型的阶次性和耦合性，要解释虚拟现实技术赋能师范生理想指导的运行机制，还需要一种解释社会互动如何形成共享理想叙事现实、社会群体团结和理想价值符号意义的社会学理论，即互动仪式链理论。

二、互动仪式链理论

互动仪式链理论认为，互动仪式链是一种相互专注的情感和关注机制，通过共同在场、设置界限、共同关注的焦点和共享的情感体验四个条件，形成瞬间共有叙事现实，进而产生群体团结、情感能量、群体责任感、群体使命感及尊重群体符号的道德感等结果。该理论强调互动参与者之间的情感连带和文化认同，认为"互动仪式链"是形成社会结构的基础。例如，师范生理想指导作为一种理想信念塑造的指导形式，通过虚拟现实创设沉浸化、互动化的多模态指导方式，不断吸引师范生参与生活理想、职业理想、道德理想、社会理想等现实叙事，进而实现不同层面理想信念的构建。由此可见，师范生理想指导的效果会受到互动仪式链理论的影响。

（一）互动仪式链理论的核心观点

互动及仪式一直是社会学家关注的重要研究议题。1986 年，美国社会学家兰德尔·柯林斯提出了互动仪式链理论，这对理解和分析社会群体的互动和动力机制具有重要意义。他认为，发生在特定"际遇"场域中的社会互动是一个链式发展结构，互动仪式链模型是互动仪式链理论的核心，具体如图 5-1 所示。互动仪式包括群体的集合（身体的共在）、对局外人设置边界、相互关注的焦点、共享的情感四要素，通过有节奏的情感连带强化反馈，产生了群体团结、个体的情感能量、表征社会关系的符号（神圣的事务）、道德的标准等仪式结果。总之，互动仪式链主要包含情境、情感能量、群体符号三大关键词，通过三方面的交互作用，促进互动仪式链的正常运转。[1]互动仪式链理论的核心观点强调了高度的相互关注、情感能量、符号资本以及通过互动仪式形成的结果。

---

① [美]兰德尔·柯林斯：《互动仪式链》，林聚任，王鹏，宋丽君译，商务印书馆 2009 年版。

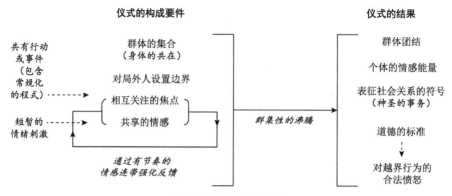

图 5-1　互动仪式模型

注：虚线箭头代表要素并非仪式运作的关键因素，实线箭头代表要素是仪式运作的关键因素

（二）互动仪式链理论的核心作用机制

互动仪式链理论的核心作用机制是通过高度的相互关注、情感连带以及四要素的共同作用，形成群体团结、个体情感能量、代表群体的符号和道德感等结果。可以说，互动仪式中关于共享情感和共同关注的机制，情感连带是驱动价值观形成、激发社会情感和推动文化认同形成的动力机制。其中，高度的相互关注使得参与者互为主体性，不断推动互动仪式发展。在互动仪式中，每个人都关注着对方，并将注意力集中在共同的对象或活动上，通过相互传达该关注焦点，让彼此知晓关注所在，进而分享共同的情绪、对生命的体悟、参与实践的情感体验；其次，高度的情感连带作为情感动能不断为互动仪式注入情感能量，驱动参与者积累情感体验，促发情感能量向文化认同的转化。互动仪式中，身体共在的参与，通过身体上的协调一致，彼此相互激起或唤起对方的神经系统，形成与认知符号相关联的成员身份感，然后借助有节奏的情感连带不断积累情感能量驱动际遇者个体在互动仪式中持续投入时间、精力等成本，以最大限度地聚集情感能量，达成对特定情境文化的共同认同。

（三）互动仪式链理论的四个作用要素

互动仪式链的运行包括四个核心要素：共同身体在场、边界设置、共同关注的焦点和共享的情感体验。其一，共同身体在场。两个或两个以上的人聚集共同处于同一物理或虚拟空间，通过身体在场或虚拟在场的方式相互影响，这是互动仪式发生的物理空间基础，确保参与者能够面对面地进行交流和互动。其二，边界设置。对局外人设定了界限，确保只有特定群体能够参与互动仪式，以增强参与者之间的认同感和归属感。其三，共同关注的焦点。围绕共同关注的焦点或话题展开互动，引导参与者将注意力集中在共同的对象或活动上，有助于形成共享的认知和情感，加深彼此间关联。其四，共享的情感体验。参与者分享共同的情绪或情感体验，形成情感上的共鸣，使参与者间形成强烈的情感纽带，进一步增强彼此之间的联系和认同，这些是互动仪式的核心要素。维持互动仪式运行的四个要素间是相互关联和相互影响的：共同身体在场是互动仪式的基础，获得参与者能够直接感受到彼此的存在；边界设置确保了互动仪式的排他性；共同关注的焦点和共享的情感体验则是互动仪式中情感能量的来源，使得参与者能够形成情感上的共鸣，进而产生群体团结感和情感能量。这些要素共同构成了互动仪式链，使得社会结构得以形成和维持。

（四）互动仪式链理论的结果要素

互动仪式链理论的结果要素包括群体团结的激活、情感能量的增值、群体符号的意义建构及道德通感的增强。首先，激活群体团结。互动仪式能够产生一种成员身份的感觉，使得参与者之间形成紧密的团结关系。其次，增值情感能量。通过互动仪式，参与者能够获得情感能量，这种能量使他们有信心、热情和愿望去从事他们认为道德上容许的活动。再次，建构群体符号的意义。互动仪式能够产生代表群体关系的符号或标志，使成员感到自己与群体相关。最后，增强道德通感。通过互动仪式，参与者之间能够形成共同的道德感和价值观，增强个体的道德感和群体归属感，进而促进个体的心理健康并增强其道德感、幸福感。

综上所述，互动仪式链理论的核心观点在于强调互动仪式在形成和维持社会结构中的作用，以及情感能量和符号资本在互动仪式中的重要作用。互动仪式是一个动态和循环的过程，一旦成功的互动仪式产生了群体团结、情感能量、代表群体的符号和道德感，这些结果又会作为下一次互动仪式的"原料"，进一步促进和维持互动仪式的进行，这种循环性使得互动仪式链持续不断地推动社会群体的形成和发展。互动仪式链理论的核心机制、要素和结果，为虚拟现实赋能解决师范生生命追求、实践训练、师德培养、文化认同等理想指导问题提供了理论依据，以揭示师范生修身、志业、养德、弘道等理想实现的指导机制。

第二节 虚拟现实赋能师范生理想指导机制模型的指导原则

师范生理想聚焦师范生生活理想、职业理想、道德理想和社会理想的统一，涉及师范生动态追寻"生活-幸福"的具象态、自觉超越"职业-谋生"的转捩点、融合淬炼"修身-养德"的动力源和一体熔铸"立心-力行"的风向标。师范生理想指导以观照未来教师士子情怀的自我修炼、职业追求、道德操守和家国情怀为核心目标，映射了教育家精神的中国文化内涵，关乎着教师队伍的素质和教育事业的高质量发展。然而，在虚拟现实技术为教与学创设一种高沉浸、高仿真的全新的互动空间和方式的场域下，如何借助虚拟现实创设的虚实具身共在，为师范生理想实现提供群体情感聚集的指导空间，触发师范生对修身、志业、养德和弘道的追求。如前所述，互动仪式链理论揭示的价值观形成机制和关键要素，为理解和分析虚拟现实赋能师范生理想指导机制提供了理论支持。因此，师范生构建理想指导机制模型时，需要论证用互动仪式链理论来解释虚拟现实赋能师范生理想指导机制的适应性，本节将主要从作用机制的耦合和构成要素的耦合两方面进行论证。

一、作用机制的耦合原则

作用机制是解释理论和实践中导致特定结果发生的内在逻辑和生成过程，通常用来解释事物的运作方式、影响因素、要素间互动及运行效果。在师范生理想指导中，揭示作用机制可以用来对理想指导现状进行归因解释。柯林斯的互动仪式链理论的核心思想解释了互动仪式启动、运行和结束的机制，描述了参与者个体间通过情感能量和符号资本的连带性互动，形成共享的情感与认知体验，不断积累情感能量，生成价值符号的过程。

而师范生理想的生活、职业、道德、社会的四个层面是依据师范生的认识发展本质和成长层次规律划分的，四个理想间相互关联、相互影响、一脉相承，构成了师范生理想的完整体系。其中生活理想为职业理想提供基础，需要强化其目标指向，聚焦省己、责己和律己；职业理想为实现道德理想提供平台，需要充盈其多元内容，包括对其未来追求的职业初心、操守、素养、情怀和底色；而道德理想则在社会理想中得到体现和升华，需要汇通其指导环节，着力于立德、尚德、遵德、载德、润德和弘德；社会理想则居于最高层次，制约着其他理想的发展方向和实现程度，在于明道、信道和传道，需要赋能师范生整全生命成长之价值。也就是说，师范生理想指导实践需要通过不同社会群体的互动，进而帮助师范生在追求个人生活理想的过程中，不断通过构建自己的生活、职业和道德理想，进而实现弘道的社会理想。

虚拟现实跨越了虚实和时空的限制，有助于师范生实现修身、志业、养德和弘道的理想追求，为师范生理想指导创设了高沉浸、高临场感的虚拟具身协作学习情境。在这一情境中，师范生思考个体生活理想的学习动机不断被点燃，从而激发其对未来教师职业理想的憧憬。群体在基于理想现实叙事的情境中协同构建职业理想，不断生成并汇聚对崇高的道德理想的情感能量，进而在社会互动中升华为社会理想。这一作用过程与互动仪式链的作用机制耦合相同。师范生理想指导需要在虚实交融情境仪式中触发理想叙事、唤醒情感共鸣、触发文化认同，进而生成师范生对生活理想、职业理想、道德理想和社会理想的幸福感、责任感、道德感和使命感，并促使这些情感在理想指导仪式链的循环中保持稳定。因此，互动仪式链理论为构建虚拟现实技术赋能师范生理想指导的机制模型，提供了一种解释社会互动如何形成共享理想叙事现实、社会群体团结和理想价值符号意义的理论基础。

二、构成要素的耦合原则

互动仪式链的运行包括前提要素、过程要素和结果要素。前提要素包括共同身体在场、设置界限；过程要素包括共同关注的焦点和共享的情感体验；结果要素包括群体团结的激活、情感能量的增殖、群体符号的意义建构及道德通感的增强。虚拟现实在赋能师范生理想指导时，同样需要共同身体在场和参与边界设置的前提条件；在创设的多模态协作学习场景中，为促进生活理想、职业理想、道德理想、社会理想的追求、信念、情感和责任使命的生成，共同关注的理想指导活动和共享参与情感的活动体验是关键驱动力。由此可见，互动仪式链作用机制的构成要素与虚拟现实技术赋能师范生理想指导的构成要素存在耦合。基于互动仪式链理论构建的虚拟现实赋能师范生理想指导的机制模型，将为师范生理想的指导和未来师范生的培养搭建理论与实践学习的桥梁，为师范生"知情意行合一化"培育提供重要的理论指导。

总之，虚拟现实致力于突破各种机制，具有三维显示的技术特征和目标，它突破了传统输入方式、固定屏幕显示、时空的束缚，以实现眼、手、行协调的人景自然交互，让师范生能够遨游沉浸在历史与未来、宏观与微观的逼真虚拟世界。虚拟现实能够为师范生生活理想指导创设多样化和具象的体验场景，解决生命追求抽象难以落地的难题。此外，互动仪式链理论所强调的"共同在场""边界设置""共同关注的焦点""共享的情感体验""情感能量""群体团结"等互动仪式要素，以及维持情感能量和精神文化彼此交互的启动、运行和结束机制，也可应用于师范生理想指导，助力其获得更好的效果。

第三节　虚拟现实赋能师范生理想指导机制模型

一、虚拟现实赋能师范生理想指导机制模型的构成要素

借助互动仪式链模型，基于虚拟现实的师范生理想指导可以描述为：基于教育强国引领的育人使命，以及未来卓越教师创新培育的共同需求，以虚拟现实技术联结实现"虚拟共同在场"和"虚拟群体共聚"，帮助师范生在虚拟班级、学院和学校空间内确立身份边界，在不断相互关注和理想叙事聚焦中，共享形成唤醒的情感共鸣，以触发协同达成的文化认同，最终在"叙事共享—情感共鸣—文化认同"的理想指导过程中培育形成的共同理想，包括幸福感、责任感、道德感、使命感等持续应用虚拟现实支持的理想指导实践活动中，推动师范生的生活理想、职业理想、道德理想、社会理想的实现和社会关系的构建。模型的具体构成要素，包括理想指导前提要素、理想指导过程要素和理想指导结果要素（表5-2）。

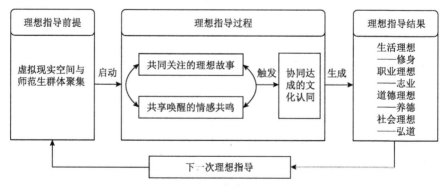

图 5-2　虚拟现实赋能师范生理想指导机制模型

（一）前提要素：虚拟现实空间与师范生群体聚集

虚拟现实空间与师范生群体聚集是师范生理想指导的前提要素。虚拟现实空间是师范生理想指导的具身共在对话空间，在这个身临其境的空间中，师范生可以沉浸式的体验和学习，感受不同理想指导情境下的挑战和机遇，促进大脑对信息的处理和记忆，激发其情感共鸣和价值认同。师范生群体聚集是理想指导仪式中情感能量传递的基础，在聚集的同时自然设置了局外人的屏蔽屏障，确保了理想指导的精准性。在虚拟现实空间中，通过加密手段设置虚拟空间边界，形成师范生具身在场的确认后，师范生可以相互交流、制订学习计划、分享价值经验、互相学习，增强彼此的集体认同感和归属感，以形成共同的价值观念和目标追求。

（二）过程要素：共同关注的理想叙事、共享唤醒的情感共鸣、协同达成的文化认同

共同关注的理想叙事是师范生共同关注并讨论教育领域的理想叙事，如教育公平、创新教学等。这些叙事可以激发师范生的思考，引导他们形成自己的教育理念和目标。共享唤醒的情感共鸣是师范生可以身临其境地感受到教育场景中的情感氛围，如学生的喜悦、困惑、挑战等。这种情感共鸣可以唤醒师范生的教育热情，激发他们为教育事业奉献的动力。协同达成的文化认同是师范生可以接触到不同的教育文化和价值观念，通过交流和讨论，逐渐形成自己的文化认同。这种文化认同是师范生理想指导过程中的重要支撑，可以引导他们形成正确的价值观和人生观。

（三）结果要素：生活理想、职业理想、道德理想、社会理想

其一，生活理想是师范生通过虚拟现实可以体验到不同生活方式和价值观，从而逐渐形成自己的生活理想。这种生活理想可以指导师范生在现实生活中追求更高的生活质量和精神满足。其二，职业理想是师范生通过虚拟现实可以模拟真实的教师职业场景，体验教师工作的挑战和乐趣。这种职业体验可以帮助师范生形成职业理想，激发他们为教育事业奋斗的动力。其三，道德理想是师范生通过虚拟现实可以接触到各种道德情境和伦理问题，通过思考和讨论，逐渐形成自己的道德理想。这种道德理想可以引导师范生在现实生活中遵守道德规范，树立良好的道德风尚。其四，通过虚拟现实技术，师范生可以了解社会发展和变革的趋

势，思考自己在社会中的角色和责任。这种社会认知可以帮助师范生形成社会理想，激发他们为社会发展贡献力量的热情。

二、虚拟现实赋能师范生理想指导机制模型的内涵阐释

（一）前提要素界定虚拟现实空间特性和师范生群体边界

1. 虚拟现实空间创设师范生理想学习和实践环境

虚拟现实空间中，师范生可以模拟真实的教学场景，进行各种教学实践活动。这种虚拟的实践环境不仅突破了传统课堂的限制，使得师范生可以在更加广泛、复杂的情境中锻炼自己的教学技能，还能让师范生更加深入地理解教育的本质和内涵。通过虚拟现实空间，师范生可以更加直观地感受教学的魅力，激发他们对教育事业的热爱和追求。

互动仪式是基于情境开展社会互动的过程，其出发点是情境，虚拟现实模拟真实教学场景、支持重复实践和及时反馈与评估等沉浸式体验有助于师范生更好地理解和掌握教学技能，提高教学效果。首先，模拟真实教学场景。虚拟现实技术可以模拟出各种真实的教学场景，包括不同的教室环境、学生群体、教学设备等。通过虚拟现实，师范生可以置身于各种复杂的教学情境中，如处理学生冲突、应对突发事件等。这种情境化的学习有助于师范生培养应对实际教学挑战的能力，对即将面临的教学环境有充分的了解和准备。其次，支持重复实践。在虚拟现实空间中，师范生可以反复进行教学实践，尝试不同的教学方法和策略，以找到最适合自己的教学方式。虚拟现实技术可以模拟跨学科的教学场景，使师范生有机会在虚拟环境中尝试整合不同学科的知识，提高跨学科教学的能力，这种反复实践的机会是传统教学中难以提供的。最后，及时反馈与评估。虚拟现实系统可以实时记录师范生的教学实践过程及行为数据，并通过数据分析为他们提供详细的反馈和评估。这种反馈可以帮助师范生了解自己在哪些方面做得好，哪些方面需要改进，有助于师范生及时了解自己的不足之处，进行有针对性的改进举措。

2. 师范生群体聚集形成协作问题解决的共同体

师范生群体聚集可以相互交流、分享经验和心得，共同面对教育实践中遇到的问题和挑战。这种群体聚集不仅可以帮助师范生建立自信心和归属感，还能促

进他们之间的合作和协作，从而推进教育事业的进步和发展。在探讨师范生理想指导的前提要素时，虚拟现实空间与师范生群体聚集确实是两个值得关注的方面。将虚拟现实空间与师范生群体聚集相结合，可以为师范生提供更加全面、深入的理想指导。在虚拟环境中，师范生可以更加深入地理解教育的本质和内涵，发现自己的兴趣和特长，明确自己的职业目标和方向，并建立对自身身份和角色的认知和归属感。在师范生群体中，他们可以相互支持、相互帮助，面对共同的挑战和困难，建立起深厚的友谊和合作关系，不断汇聚情感能量，形成群体团结。这种结合不仅可以提高师范生的教学技能和实践能力，还可以培养他们的团队协作能力和创新能力，为他们未来的教育事业奠定坚实的基础。

3. 虚拟现实空间与师范生群体聚集的天然互补性

在师范生理想指导的过程中，虚拟现实空间和师范生群体聚集之间存在着一种天然的互补性。其一，虚拟与现实的融合。虚拟现实空间为师范生提供了一个高度仿真的教学模拟环境，师范生群体聚集则提供了一个真实的人际互动和协作平台。通过这两种方式的结合，师范生可以在虚拟环境中进行反复实践，然后在真实环境中进行验证和反馈，形成一个从理论到实践、再从实践到理论的完整学习链条。其二，个人与群体的互动。在虚拟现实空间中，师范生可以专注于个人生活追求和教学技能提升，通过个性化的模拟案例和实时反馈进行自我提升。在虚拟群体交互中，通过汲取他人的经验和智慧营养，拓宽自己的视野和思路，从而有助于师范生实现自我超越和共同成长。其三，创新与实践的结合。虚拟现实空间为师范生提供了一个无限可能的创新平台，他们可以在这个平台上尝试各种新的教学方法和策略。而师范生群体聚集则为他们提供了一个实践这些创新想法的机会，通过集体讨论、合作研究和实践验证，师范生可以将自己的创新想法转化为现实，推动教学领域的发展。

总之，虚拟现实技术作为一种创新的教育工具，能够帮助教师创造多样性的学习场景和教学资源，帮助决策者创造更多样化的指导场景和方案，以增强指导机制的有效性和实用性。虚拟现实技术通过提供逼真的模拟环境、主动学习和探索的机会以及情感体验等方式，帮助师范生达成对其修身、志业、养德和弘道的理想追求。

（二）过程要素诠释师范生从认知到情感再到文化认同的完整指导链条

师范生理想指导的过程确实包含多个核心要素，这些要素共同构成了师范生从认知到情感再到文化认同的完整指导链条。

1. 共同关注的理想叙事奠定师范生理想指导的活动焦点

叙事从根本上是一种交流活动，是信息发送者将信息传递给信息接收者的过程。2011 年，美国叙事学家帕特里克·科尔姆·霍根将情感科学与叙事研究相结合，提出了"情感叙事学"，为探究跨文化中的叙事提供理论依据。该理论认为叙事逻辑应围绕情感与故事的关系展开，即故事如何表达情感、故事如何影响读者、情感如何影响故事。理想叙事作为师范生理想指导的起点，为师范生勾勒出一个清晰、具体的职业愿景和人生目标。叙事的方式有互动叙事、空间叙事和沉浸叙事三种。空间叙事以空间为载体，鉴于空间是承载教育生活的现实基础，通过空间叙事能更直观地呈现教育场景；教育叙事作为展现教育生活的重要途径，可借助互动叙事增强参与感，运用沉浸叙事提升体验感，从而全方位、多角度地呈现教育生活的丰富内涵。师范生理想叙事是指在开展师范生理想教育实践活动过程中，为实现师范生自我卓越发展，选择具有特定价值取向的故事，通过这些故事对受教育者施加有目的、有计划、有组织的影响。这种影响能够帮助师范生廓清发展路向、激发内生动力，进而提升其人生价值，最终确保理想叙事提质增效，并提升教育者对理想叙事的情感认同。师范生对理想的认知受多方面的影响，通过讲述教育行业的伟大故事、杰出教育者的成长经历等，可以激发学生的热情，增强他们对教师职业的认同感和使命感。

其一，在师范生理想指导的初期，共同关注的理想叙事起着至关重要的作用。这通常包括讲述教育行业的伟大使命、优秀教师的典范事迹以及教育对社会进步的巨大贡献。比如，湖南省株洲市天元区天台小学校长文艳云，扎根教育 26 年，在教育管理岗位上任职 17 年，担任校长 11 年，殚精竭虑，乐此不疲，对教育事业有着深深的爱。她先后被评为"株洲市优秀教师"、株洲市"关心支持少先队工作十佳校长"、湖南省未来教育家培养对象、全国创新名校长、全国骨干校长培养对象。"文校长""文姐姐""文妈妈"等称呼，无一不是师生对她的敬重和爱的表达。她扎根一线，研精覃思，她既是校长，同时也是一名业务精湛的好教师，她坚持在一线上课，坚持蹲点学科教学，在语文和道法教学领域钻研深透。这样的理想叙事不仅可以激发师范生的学习热情，还可以增强他们对教师职业的认同感和使命感。

其二，在叙事过程中，要强调师范生与教师职业的紧密联系，让他们感受到自己即将从事的职业的崇高和伟大。同时，在叙事过程中也要关注师范生的个人需求和兴趣，将理想叙事与师范生个人的职业规划相结合，形成共同关注的焦点。通过这些叙事，师范生能够形成对教育事业的初步认知和向往，激发他们追求成为优秀教师的愿望；通过学习和领悟教育家精神，师范生可以在多个层面继承并发展教育领域的理念，理解教师职业的深层意义，应用最新的 AI 技术促进教育理论与实践的不断创新。在教师培养的源头融入教育家精神的叙事，可以避免师范生走弯路，教师的精神成长不是一蹴而就的，而是一个漫长的积累、变化过程。

其三，这种叙事还需要启发性和引导性，帮助师范生明确自己的职业目标和发展方向。理想叙事可以通过多种方式进行，如讲座、案例分享、互动讨论等。重要的是确保叙事内容真实、生动、具有感染力，能够引发学生的共鸣和思考。比如教育家精神是教育工作者在教育实践中涵养的高尚精神和道德品质，是教育家对教育事业的深刻理解和崇高追求的体现，具有丰富的伦理内涵。中国近代著名的教育家陶行知先生，大力倡导教育改革，提倡培养更具有创造力和责任感的新一代，他强调"以人为本"的教育理念，注重培养学生的理想信念、家国情怀和社会责任感。他的教育理念与实践中不仅包含对个体成长的期望，更涵盖对整个国家前途命运的深切思考。通过这样的案例和叙事分享，更能够激发和引起师范生的共鸣。

2. 共享唤醒的情感共鸣激活师范生理想指导的情感动能

利用虚拟现实，唤醒情感共鸣，将叙事对象带入具有思想性、时代性、情感性、具身性、互动性、仿真性的沉浸式叙事情境中，使叙事对象身临其境地体验历史场景、历史背景、人物形象等，帮助叙事对象更加直观地理解师范生理想，提高对主流意识形态的自我认同和情感共鸣。在同一场所的团队成员，他们通过共同聚焦于同一事物，在交流沟通中逐渐分享彼此的情感体验，通过相互了解和沟通，分享各自的情绪和感受，形成了对彼此的情感依恋。通过深入学习教育家精神，引导师范生以教育家的思维方式、教育观念和行为准则为导向，培育自身的教育观念和教学行为，并鼓励师范生在实际教学场域中将这些理念付诸实践。帮助师范生深刻认知教育的本质——教育是知识继承、情感的交流和价值观的传递，以此帮助师范生形成养守并重的人格操守、为师从教的职业使命、希圣希贤的成人追求以及家国同构的政治情怀的理想。

首先，情感是一种激励和维持着教师专业素质的养成与发展的心理认知，属于非智力因素范畴。在师范生对教育事业有了初步认知后，唤醒情感共鸣成为理想指导的关键一步，不仅能激发学生的内在动力，还能增强他们的责任感和使命感。在虚拟现实空间中，引导师范生回忆自己在校外见习实习、校内微格训练实践活动中的教育经历，让他们在真实的情境中体验教育的力量和价值，从而唤醒师范生对教育事业的热爱和对教师职业的尊重，并使其感受到教师职业所带来的成就感和满足感。

其次，虚拟现实技术能够创建高度仿真的虚拟环境，使师范生能够身临其境地体验真实的教学场景，有助于唤醒其内心深处对教育无法割舍的情感。这种沉浸式的学习体验能够帮助师范生更好地理解教育理论的实际应用，从而缩短从理论到实践的转化过程。在虚拟环境中，师范生可以模拟处理各种复杂的教育情境，如不断深化耦合具身认知、学习互动、道德想象等，可以衍化出无限扩展的多维价值空间。通过反复模拟和练习，师范生可以逐渐掌握应对各种教育情境的技能和策略，提高他们人格塑造能力、精神价值与生命价值，达到人与人之间共情式理解与社会良性发展之目的。

再次，要激发学生的情感共鸣，需要关注他们的情感体验和内心需求。作为育人智慧的教师情感表达超越了其作为教学手段的单一要义和工具性价值，指向教师始于和终至"涵情育人"这一终极目标的深层驱动，对教育活动规律的创造性运用以及通过对教育情境的敏锐洞悉而作出的情感反应，是教师"教育爱"的外显与传递，彰显了教师的教育敏感性。师范生理想指导中，可通过援引真实的教育榜样叙事，比如张桂梅同志坚守教育报国初心，牢记立德树人使命，扎根贫困地区40多年，立志用教育扶贫斩断贫困代际传递，倾力建成全国第一所全免费女子高中，让千余名贫困山区女学生圆梦大学，进而展现教师的无私奉献和卓越成就等方式来激发学生的感动和敬仰之情，来培育师范生的职业理想。

最后，教育是促进人的精神成长的活动，其目的应是给予人心灵的呵护和唤醒，使人从内在的心灵深处获得教育的意义、体会到生命的尊严和形成健康与积极的心态，从而保持修身律己的热情和信心。虚拟技术基于不同的背景、文化能够创造和构建各种情景化学习环境。参与者置身其中，不仅能够将虚拟世界中学到的知识和技能应用于现实环境，还能借助这些环境探索真实生活中难以触及的学习场景。采用基于虚拟现实环境的情境学习方法，有助于参与者在探索过程中培养实际应用所需的多种技能，弥合知识获取与应用间的鸿沟，促进学习迁移。有了情感的渗透，亦可理解为教师对教育教学工作倾注情感的浓度与深度。正如柯林斯对互动仪式链理论的核心观点论述：情感是互动仪式的核心组成要素和结果，是社会动力的来源，同时每个个体在社会中所呈现的行为和观念的外化是在与他人的社会互动中逐渐形成的。①。

　　简而言之，在师范生理想指导过程中，虚拟技术能够通过模拟创造出不同的教学情景，让师范生身临其境，去感受和去思考。师范生的情感共鸣是一种深刻的教育体验，它让师范生在教育的道路上更加坚定和自信。通过情感共鸣，师范生能够更好地理解学生，更有效地进行教学，更积极地追求自我成长。这是师范生与教育事业之间的一座桥梁，是他们在教育实践中不断前行的动力。另外，情感共鸣的群聚性共享，会形成一种责任和使命，短暂且不稳定的情感体验通过要素的转化，能成为持续性输出的情感能量，情感能量的生发被认为是从情感唤醒到情感凝聚再到情感认同的驱动发展过程。

　　3. 协同达成的文化认同以维持持续性输出聚集的情感能量

　　师范生文化认同是指师范生对教育行业、教师职业以及相关文化价值的认同感和归属感。

　　其一，文化认同是师范生理想指导的最终目标之一。它涉及师范生对教育文化、学校文化以及教师文化的理解和接受。教师文化认同的价值主要体现在文化、教育事业、教师以及学生这几方面。通过达成文化认同，师范生可以更加深入地理解教师职业的意蕴和行为准则，形成与教师职业相符的自我认知和行为模式。高度的文化认同能催生出高度认同的价值观，即共同理想。通过虚拟现实技术可以模拟真实的教学环境和教育情境，师范生可以在这些模拟环境中进行实践操作，如教学设计、教学实施、课堂互动等，不断加深对教育理想的理解和认同。

　　其二，师范生的文化认同不仅仅是对教育知识和教学技能的学习，更是对教育理念、职业道德和教育使命的深刻理解和内化。师范生需要认同并内化这些理念，将其转化为自己的教育信念和行为准则。教师职业道德是教师在教育教学活动中应当遵循的行为规范和道德准则。师范生需要认同并践行这些道德规范，如爱岗敬业、公正无私、诚实守信等，这些都是教师职业的基本要求。通过认同和实践职业道德，师范生能够建立起对教师职业的尊重和自豪感，从而增强职业归属感。教育使命是教师肩负的社会责任和历史使命，它要求教师不仅传授知识，更重要的是培养学生的全面发展，为社会培养有用的人才。师范生需要认同这一使命，并将其作为自己未来工作的方向和目标。这种认同不仅能够激发师范生的工作热情和创造力，还能够让他们在面对教育挑战时保持坚定的信念和毅力。教

---

① [美]兰德尔-柯林斯：《互动仪式链》，林聚任，王鹏，宋丽君译，商务印书馆2009年版。

育文化是教育实践长期积累形成的文化现象，它包括教育传统、教育习俗、教育艺术等方面。师范生作为教育文化的传承者，既需要认同并积极传承这些文化，也要在传承的基础上进行创新和发展，以适应时代的变化和社会的需求，同时还要关注师范生的个性发展和多元文化交流，促进他们在保持个性的同时融入教师职业文化。师范生通过模仿和学习优秀教师的行为准则和教学风格等方式，可以提升自己的职业素养和教学能力，进一步达成文化认同和自我提升。

4. 师范生理想从认知到情感，再到文化认同的完整指导链条

师范生理想指导是一个全面、系统、持续的过程。这些要素相互关联、相互促进，共同构成了师范生理想指导的完整体系。在共同关注的理想叙事、共同唤醒的情感共鸣和协同达成的文化认同的基础上，还需要注重：培养实践能力、锻造能力素养；强化政策法规教育，增强自律素养；强化师德教育，提升品行修养。在师范生的培养过程中，应引导他们对教育本质价值意义与功能开展全面性理解，并在反思与自我提升、团队协作与交流、职业规划与指导、心理健康教育、社会责任与担当以及多元文化交流与融合等方面开展培养工作，助力师范生达到修己、志业、养德和弘道的理想追求。

（三）结果要素锚定生活理想、职业理想、道德理想和社会理想的贯通实现

当虚拟现实技术被用来赋能师范生的理想指导时，通过理想信念的引导，师范生能够在复杂多变的教育环境中保持初心，不断提升自我，最终成长为能够影响和改变学生一生的优秀教育工作者。对比传统教育教学方式，它产生的影响将会是具有更多维度的，而且是更深层次的。虚拟现实技术通过模拟并创造出各式各样的现实仿真情境，不仅要做到修己以敬生活理想的深化、立志弘道职业理想的拓展，而且要做到持志养气道德理想的升华、家国情怀社会理想的实现，在多方面产生显著的促进作用，帮助师范生深化生活理想、拓展职业理想、升华道德理想和实现社会理想。

1. 修己以敬的生活理想深化自我认知以奠定职业理想的追求基调

生活理想是师范生个人对于未来生活的期待和追求，它反映了师范生对于生活的态度和价值观。修己以敬的生活理想为师范生追求职业理想奠定了坚实的基

调。这种生活态度强调的是自我修养和对他人的尊重，它不仅仅是一种外在的行为准则，更是一种内在的自我要求和追求。这种自我认知的过程，能够帮助师范生建立起更加稳固的职业基础，为未来的职业发展打下坚实的基础。

首先，修己以敬是儒家思想的重要原则，它强调通过自我修养来改变和提升自己的内心世界，达到内圣的境界；同时也要在外在表现上尽展王者风采，实现外王的地位，为社会提供更多的价值和贡献。具体来说，通过修身养性，内敛自持，要求自己有高尚的品格和品德，以克己为先，不断完善自己，使自己成为人格高尚、道德正直的人。在职业选择上，修己以敬的理念可以帮助师范生做出更加明智的决策。通过深入了解自己的兴趣、优势和长期目标，师范生可以找到与自己价值观和理想相契合的职业领域。生活理想还受社会理想的制约，但这也同时说明了生活理想能够从侧面间接地或直接地体现了师范生的社会理想。这种基于自我认知的职业选择，不仅能够提高师范生的工作满意度和成就感，还能够让师范生在职业生涯中保持持久的热情和动力。

其次，在职业发展过程中，修己以敬的态度至关重要。这包括持续学习、不断提升自己的专业技能和知识水平，以及保持对工作的敬畏和热情。同时，师范生还要学会尊重他人，包括领导同事、合作伙伴和学生等，通过建立良好的人际关系来推动事业的发展。修己以敬的首要任务是反省自我，并努力改进不足之处。个人应当持续深思熟虑自身的行为、态度和价值观，并不断修正和提升自我。通过自我反省，个人能够培养出谦逊和谨慎的品质，同时也会更加重视自身的成长和进步。这种基于尊重的沟通方式，能够让师范生在职业生涯中更加顺利地解决问题，实现共赢。

最后，修己以敬的生活理想对于师范生而言意义重大，它可以帮助师范生应对职业挑战和困难。当师范生面对压力和挫折时，保持敬畏之心能够让他们更加冷静地分析问题，进而找到解决问题的方法。与此同时，师范生不能仅仅满足于应对困难，还要学会反思和总结经验教训，通过不断地自我审视和改进，不断提高自己的应对能力和适应能力。将修己以敬的生活理想扩展至职业追求中，除了敬畏之心，还需要师范生保持一颗感恩之心。感恩之心能让师范生更加珍惜现有的机会和资源，从而激发他们为事业的成功付出更多的努力和汗水。

综上所述，修己以敬的实践可以提升个人的品质和修养，使个人更加谦虚、宽容、有责任心，并能够与他人和谐相处。这种修身养性的方式有助于师范生的成长与进步，同时也为社会的和谐稳定作出积极的贡献。修己以敬的生活理想为职业理想的追求提供了重要的指导和支撑。通过深化自我认知、持续学习、尊重他人、积极应对挑战以及保持感恩之心，师范生可以在职业生涯中不断实现自我提升和成长，最终实现自己的职业梦想，并学会回馈社会，通过自己的职业发展来为社会作出积极的贡献。

2. 立志弘道的职业理想生发践行道德理想的教育使命

教育的使命在于明确道德理想的追求范畴。这样的教育不仅关乎师范生个人的职业发展和成长，更关乎社会的道德风尚和文明进步，在追求职业理想的过程中，师范生应该不断反思自己的教学实践，寻求改进和创新。立志弘道的职业理想，无疑是每位有志之士内心深处最为崇高的追求。它不仅仅是一种职业选择，更是一种对道德理想的坚守和追求。在形成这样的职业理想的过程中，教育使命起着至关重要的作用，它为师范生明确了道德理想的追求范畴。师范生应明确自己的职业目标，努力提升自己的专业素养和教育能力，为成为一名优秀的教育工作者而努力奋斗。

首先，教育使命在于引导师范生树立正确的价值观。立志弘道意味着一个人有着远大的志向和抱负，希望在自己的职业道路上不断追求真理、正义和美好。这种追求不仅是对自己能力的挑战，更是对道德理想的追求。在这样的追求过程中，教育起到了至关重要的作用。在追求职业理想的过程中，师范生必须明确自己的价值观，知道什么是对的，什么是错的。教育通过传授道德知识、培养道德情感、磨炼道德意志，使师范生能够形成正确的道德判断和价值选择，从而在职业道路上坚守道德底线，追求更高的道德境界。虚拟现实技术为师范生提供了一个模拟的教学场景，让他们能够在虚拟环境中进行教学设计、实施和评价，帮助师范生了解不同学科领域的教学特点和要求，明白面对什么样的学生应该采取什么样的教学方法，为师范生未来的职业发展提供有益的参考。

其次，教育的理想使命在于培养师范生的社会责任感。立志弘道的职业理想，要求师范生不仅关注个人的成长和发展，更关注社会的进步和繁荣。教育通过让师范生了解社会现状、关注社会问题、参与社会实践，使师范生能够认识到自己作为社会一员的责任和使命，从而更加积极地投入到社会建设中去。一个人如果只是追求个人的职业发展和利益，而忽视了对社会的贡献和责任，那么他的职业理想就难被称为弘道。通过理想教育，师范生可以认识到道德价值的重要性，并在自己的职业实践中积极践行。

最后，教育理想使命在于激发师范生的创新精神。在追求职业理想的过程中，师范生必须不断地学习和探索，不断地创新和改进。教育通过提供丰富的知识资源和创新平台，激发师范生的好奇心和求知欲，培养师范生的创新精神和创新能力，使师范生在职业道路上能够不断地超越自我，实现更大的成就。在当今社会，创新已经成为推动社会发展的重要动力。因此，教育应当注重培养学生的创新精神和实践能力，鼓励他们在自己的职业领域中勇于探索、敢于创新，为实现职业理想不断奋斗。教育应当引导师范生认识到自己的社会责任，积极投身于社会公益事业，为社会发展和进步贡献自己的力量。

教育理想使命不仅为师范生提供了知识技能和思维方法，更为师范生树立了正确的价值观、培养了社会责任感、激发了创新精神。虚拟现实技术在师范生培养过程中发挥着不可忽视的作用，它为师范生提供了一个模拟的教学场景，让师范生能够提前熟悉教学环境、积累教学经验。在追求职业理想的道路上，师范生在借助虚拟现实技术提升自身能力的同时，要始终坚守道德底线，关注社会进步，勇于创新实践，为实现个人价值和社会价值而不懈努力。

3. 持志养气的道德理想涵育坚守社会理想的终极责任

师范生道德理想是对未来教育职业的渴望、对个人道德品格的追求，以及对未来社会责任的担当。在中国传统文化中，持志养气被视为个人修养和道德建设的核心。这种修养不仅仅是个人的追求，更是一种升华至社会责任、追求社会理想的途径。我们实际上在探讨一个多层次、深刻且富有实践意义的主题。道德理想并非止步于个人层面，师范生个人的道德修养应当升华为对社会的责任感。这是因为，一个社会是由无数个体组成的，每个个体的道德修养水平，直接影响着整个社会的道德风貌。因此，持志养气的师范生应当积极承担社会责任，用自己的言行影响他人，推动社会道德水平的提升。

首先，"持志"是这一过程的起点。它指的是个体对于某一道德理想的坚守和追求，这个道德理想可能源于个人的信仰、价值观，或者是对社会正义的深刻认识。持志不仅是师范生个人的精神支柱，也是推动个人不断向前的动力源泉。"养气"则是对"持志"的进一步深化。在传统文化中，"气"往往被理解为一种内在的精神力量。养气，就是培养这种力量，使其更加充沛、更加坚韧。通过养气，师范生能够增强自身的道德信念，提高自己的道德素质，从而更好地坚守和践行自己的道德理想。持志养气意味着师范生个人要有坚定的志向和高尚的气节。志向是人生的灯塔，指引着师范生个人不断前进；气节则是师范生个人的道德底线，确保在面临诱惑和困难时，能够坚守原则，不为所动。这种个人修养的提升，为师范生个人实现道德理想奠定了坚实的基础。

其次，持志养气的师范生个体应当将自己的道德理想与社会理想相结合。在虚拟世界进行道德抉择的过程中还能够培养师范生的责任感，有利于师范生在现实生活中更好地践行并深化道德理想。这包括对真善美的追求，对公正、诚信、友善等价值观的坚守，以及对社会公德、职业道德和个人品德的修养和提升。当个体的道德理想达到一定的境界时，就会自然而然地升华到社会责任的层面。这是因为，道德理想不仅仅是个人的精神追求，更是对社会的责任和担当。

最后，"追求社会理想"是这一过程的最高目标。社会理想是整个社会的共同追求，它代表着社会的最高价值和发展方向。师范生个体在追求自己的道德理想的同时，也在为实现社会理想贡献自己的力量。社会理想的实现需要经历漫长的过程，需要面对各种困难和挑战。只有保持清晰的思路和严密的逻辑，才能够在实践中不断总结经验教训，找到正确的方向和方法，推动社会理想的实现。通过不断地努力和实践，师范生个体可以将自己的道德理想与社会理想相结合，共同推动社会的进步和发展。持志养气的道德理想通过升华社会责任来达成社会理想，这是一个从个人到社会、从道德到理想的递进过程。在这个过程中，师范生个人需要不断提升自己的道德修养水平，积极承担社会责任，追求社会理想，为推动社会的进步和发展贡献自己的力量。

综上所述，虚拟现实技术为师范生提供了一个模拟的道德决策场景，让他们能够在虚拟环境中面临各种道德困境和挑战。这种体验有助于师范生形成更加坚定的道德信念和责任感，增强他们的道德意识并提高其素质。它要求个体在坚守和践行自己的道德理想的同时，关注社会责任和社会理想，为实现整个社会的共同进步和发展贡献自己的力量。

4. 家国情怀的社会理想实现以统一师范生的理想来实现教育强国使命

家国情怀，作为中华民族的深厚情感和文化基因，自古以来就深深烙印在每一位中国人的心中。师范生的社会理想指向"家国"的政治情怀。家国情怀是中国读书人的士子情结，具有家国同构性特质，历代儒家士子都将博施济众、匡扶礼乐、修齐治平、经世致用作为安身立命之本。家国情怀始终激励着无数中华儿女为国家的繁荣富强和中华民族伟大复兴而努力奋斗。在当今社会，这种情怀更加与教育的使命紧密相连，特别是在统一师范生理想的教育强国使命中，家国情怀发挥着至关重要的作用。教育作为国家的基石和民族的未来，更是承载着实现这一社会理想的重要使命。在统一师范生理想的教育强国使命中，家国情怀的培育与传承显得尤为重要。

首先，家国情怀是师范生树立教育理想的重要基石。虚拟现实技术为师范生提供了模拟的社会环境，让他们能够在虚拟场景中参与社会活动和交往。师范生作为未来教育事业的传承者和发展者，他们的理想信念直接关系到国家教育事业的长远发展。成己成物是师范生理想的终极追求，"成物"在广义上既指成就他人，也涉及赞天地之化育，二者都以尽人之性与尽物之性为前提，其中包含对人与物的把握，从而体现了"知"（所谓"知也"）。当师范生怀揣着对国家和民族的深厚情感，他们的教育理想就会更加坚定，更加具有使命感。这种使命感将促使师范生不断学习、不断进步，为国家的教育事业贡献自己的力量。师范生作为未来教育事业的中坚力量，他们的理想信念、道德品质和教育教学能力直接关系到国家的未来和民族的命运。因此，在师范生的培养过程中，应当注重家国情怀的熏陶和教育。通过虚拟现实技术的课程设置、实践活动等多种方式，让师范生深刻理解国家的发展大局和民族的复兴使命，激发他们的爱国之情和报国之志。

其次，家国情怀是推动教育强国使命的强大动力。虚拟现实技术能够为师范生创造一个反映社会现实的虚拟环境，让师范生在其中获得真实的社会实践的体验感，进而培养他们的同理心和社会责任感。教育强国是中华民族伟大复兴的基础工程，而师范生则是这个工程的重要参与者。当师范生具备了家国情怀时，他们就会深刻理解到教育对于国家和民族的重要性，从而更加积极地投身于教育事业。他们将以更加饱满的热情和更加坚定的信念，推动教育事业的不断发展，为实现教育强国使命贡献自己的力量。教育强国的实现需要师范生具备高度的责任感和使命感。师范生应当明确自己的教育职责和使命，以家国情怀为动力，不断提升自己的教育教学能力，为培养德智体美劳全面发展的社会主义建设者和接班人贡献自己的力量。同时，师范生还应当积极投身教育改革实践，勇于探索创新，为推动教育事业的持续发展和进步贡献力量。

最后，家国情怀也是培养优秀教育人才的重要保障。师范生作为未来教育事业的骨干力量，他们的素质和能力直接关系到教育的质量和水平。当师范生具备了家国情怀，他们就会更加注重自身的素质和能力提升，不断追求更高的教育境界和更深的教育理解。这种追求卓越的精神将促使他们不断学习和实践，不断提高自己的教育能力和水平，从而培养出更多优秀的教育人才。家国情怀的社会理想实现与教育强国的使命是紧密相连的。在师范生理想的教育强国使命中，家国情怀不仅是师范生个人的情感追求和精神寄托，更是他们为国家和民族贡献力量的行动指南。先秦时期《荀子正名篇》曰："物也者，大共名也。推而共之，共则有共，至于无共然后止。"此所谓大视野、大格局与大胸怀，我们中国人有志于寻求救国救民的宏愿，我们有通往精神生命家园的渠道，通过成己而成物，做家庭的顶梁、社会的支柱与脊梁。因此，我们应当注重培养师范生的家国情怀，让他们深刻认识到自己的责任和使命，为实现中华民族伟大复兴的中国梦贡献青春和力量。

综上所述，家国情怀不仅是师范生教育理想的重要基石和推动教育强国使命的强大动力，还是培养优秀教育人才的重要保障和实现教育公平和社会和谐的重要支撑。在互动仪式链理论指导下，将个体短暂的情感体验升华为持续性输出的情感能量，而情感能量又使个体产生持久性的归属感、团结感和认同感，并不断将个体的归属、团结和情感认同现实化，即在理性认知、心理认同、实践践行中来铸牢中华民族共同体意识。家国同构、家国情怀、家国己任的士子情结的当代诠释，是中华文化内核投射到教育家精神的高度概括，贯穿于宏大且具体、广阔且精微的文化转化过程。

三、虚拟现实赋能师范生理想指导机制模型的价值

通过构建虚拟现实赋能师范生"理想指导前提启动—理想指导过程触发—理想指导结果生成"的机制模型的阐释，探寻其规律性有助于把握其内在运作机理，找到最佳的动态运转方式，能够为师范生理想指导的虚拟现实平台设计与开发提供理论逻辑，为虚拟现实赋能师范生理想指导的优化策略提供实践逻辑，以更好地实现虚拟现实与师范生理想信念教育的深度融合与更高质量发展。

（一）为师范生理想指导的虚拟现实平台设计与开发提供理论逻辑

虚拟现实赋能师范生理想指导机制模型的前提要素是虚拟现实空间和师范生群体聚集，通过共同关注的理想叙事、共享唤醒的情感共鸣、协同达成的文化认同等过程要素，实现生活理想、职业理想、道德理想和社会理想等结果要素。可以说，师范生理想指导机制模型可以为虚拟现实资源平台的设计提供实践逻辑，即师范生理想指导需要创设具身共在的对话空间和情感能量聚集的、安全、自由且灵活的教育环境。一方面，师范生理想指导需要通过虚拟现实技术帮助师范生在低风险的情况下进行实际操作体验与培养应对复杂情境的能力；另一方面，在理想指导过程中，师范生不仅能够享受个性化的学习自由，还能够通过多样化的

场景进行理想指导与训练、分享价值经验、互相学习，增强彼此之间的集体认同感和归属感，以形成共同的价值观念和目标追求。

1. 为师范生理想指导提供低风险、真实的实践空间

机制模型中的具身共在的对话空间，作为一种先进的多感官交互平台，具有可视化抽象概念、提升学习动机与体验、培养价值观念、转变同理心等特征，可为用户营造一个高保真度的虚拟环境，提供深度沉浸感的体验，帮助师范生在控制环境中学习如何应对复杂的情境和突发的问题，培养其面对不确定性和复杂性时的决策能力。比如，在模拟职业理想实现时，让师范生在虚拟课堂中根据虚拟学生的反应调整教学策略，学会在以后的职业实践中学到如何灵活应对教学中的突发事件等。因此，随着虚拟现实技术赋能成本的降低，沉浸式虚拟现实技术被普遍应用于理工科实验教学、语言学习、技能培训等。虚拟现实技术通过模拟现实生活中难以实现且危险性较强的情景，在教学中为学习者创设安全可控的学习情境，促进其与环境有效互动，并支持重复学习和实践，适合师范生生活理想、道德理想等具有不可复现性、需要学习者亲身实践以获得经验及构建知识和掌握技能的内容。

2. 为师范生理想指导构建一个跨文化与国际视野的体验空间

虚拟现实创设的情感共鸣、文化认同的学习体验环境，让师范生在没有物理空间限制的环境下，体验到世界各地的教学场景和形态各异的文化背景。例如，师范生可以通过虚拟现实参观不同国家的课堂教育、科学实验室等教育场所。这一方式不仅能够帮助他们快速高效地拓宽视野、增长见识，而且在体验不同国家的教学情境时，还能让他们了解不同文化背景下的教育理念和方法，进一步拓宽全球视野。另外，虚拟现实技术对历史场景的重现、对未来教育的展望，以及对虚拟跨国际文化交流的创设，有助于培养师范生的包容性和开阔的思维方式，使他们能够在未来的教育工作中，更好地应对全球化背景下的教育挑战。

3. 为师范生理想指导构建一个促进知识获取和保留的个性化教学空间

师范生理想指导涉及理想的理论与实践知识，对这些知识的获取率和保留率是师范生理想价值形成的前提。虚拟现实技术在显著提高学习者对概念性知识、程序性知识的迁移效果的同时，还极大地增强了学习者的自我效能感、内在学习动机和学习满意度。虚拟现实技术为师范生构建的促进知识获取和保留的个性化

教学空间能够融合智慧教育理念和多样化智能技术，为师范生理想指导提供全流程的网络化与智能化教学支持服务，为师范生理想指导创造了身临其境的真实环境体验，能提升师范生理想指导的教学效果。

另外，虚拟现实赋能师范生理想指导的机制模型为改善学习效果，通过提供沉浸式体验、个性化学习路径、资源组织与共享、扩展学习空间等，为师范生构建了一个促进知识获取和保留的个性化教学空间。比如，通过增强触觉反馈的交互方式（力反馈、振动反馈、温度反馈等）来提高师范生对虚拟物体和场景的感知真实性，让师范生真切地感受到虚拟物体的阻力、碰撞和触感，从而提高理想学习的直观性和实践性。然后运用云端分析技术结合师范生在虚拟场景中反馈的行为数据，理想指导者可以针对师范生个性特征、理想学习习惯、知识掌握情况，开展分层教学、合作探究及个性化探究等指导活动，以提供个性化支持。这种以数据驱动的师范生个性化理想指导，为师范生理想指导提供了交互性、沉浸性、构建性的虚拟现实学习场域，为师范生理想指导创设了仿真情境与实体学习空间相融合的新型复合学习空间。

（二）为虚拟现实赋能师范生理想指导的优化策略提供实践逻辑

虚拟现实赋能师范生理想指导的机制模型的结果要素是生活理想、职业理想、道德理想和社会理想，揭示了师范生四个层面理想的形成过程。可以说，机制模型为虚拟现实赋能师范生理想指导的优化策略提供实践逻辑，即立足师范生对生活理想的自我认知、增强师范生对职业理想的使命感、坚定师范生对道德理想的信念感，以及培养师范生对社会理想的责任感。

1. 提升师范生的自我认知水平，深化他们的生活理想

虚拟现实技术可以模拟出农村、山区、城市等不同的生活环境，让师范生感受到不同区域的生活状态以及文化特色，进而提升他们在不同教育环境当中的适应能力。例如，虚拟现实技术可以通过创设一个农村生活的环境，让师范生进行沉浸式体验，以深化对农村教育现状与需求的理解，进而激发他们积极投身国家乡村教育建设，为促进国家教育公平发挥力量。除此之外，虚拟现实还可以通过模拟农村生活当中的不同的挑战来提升师范生的应对和解决问题的能力，让他们学会在逆境中汲取力量，不断成长，从而对自身生活理想的认识更加全面而成熟。

2. 增强师范生对教育事业的使命感，拓展他们的职业理想

在师范生职业理想教育当中，虚拟现实技术能够为师范生提供大量的实践机会。虚拟现实技术通过创设一个模拟的教学环境，并在该环境中利用算法生成具有不同学习风格的学生，让师范生能够自由灵活且安全地采取不同的教学策略，进行个性化教学，进而提升师范生的教学能力。除了传统教室教学环境，虚拟现实技术还能够为师范生创设一些有特殊教育需求的班级，或者具有多元文化背景的班级，帮助师范生形成适应未来教育需求的各种技能，比如文化敏感性、包容性，以及对特殊需求学生的支持能力等。虚拟现实技术创设的这些环境是师范生在现实生活中难以全部体验到的，这也在一定程度上体现了虚拟现实技术赋能师范生职业理想教育的价值意蕴。

3. 坚定师范生的道德信念感，升华他们的道德理想

虚拟现实技术的应用为道德教育提供了一个创新的平台，使得抽象的道德规范得以在具体的情境中生动展现。虚拟现实技术通过给师范生创设模拟仿真的道德两难困境，让师范生可以在其中探索不同的道德选择可能带来的不同的潜在影响，这有助于他们在面对真实世界的挑战的时候，能够更加从容地做出恰当的决策。与此同时，当他们置身于各种复杂的社会和教育场景当中时，在面对诸如诚信、公正、责任等道德议题时，能够运用自己的道德认知做出判断，从而锻炼师范生的道德责任感和伦理决策能力。通过这种创新的方式——虚拟现实技术在师范生道德理想教育当中的应用，能够帮助师范生在职业发展的道路上，更好地理解和践行教育的道德使命。

4. 培养师范生的社会责任感，助力他们实现社会理想

社会理想教育旨在培养师范生的社会责任感和公民意识。虚拟现实技术为师范生创造一个模拟的社会环境，把他们置于各种社会问题面前，如环境保护，社会资源分配等，让师范生能够在其中探索各种社会问题的解决方案，并通过虚拟现实技术提供的反馈认识到自己的不同决策给社会带来的不同程度的影响，进而培养师范生为解决社会问题的热情以及社会责任感。在对社会问题有更深刻的认识的基础上，还能够锻炼师范生与他人的沟通交流能力、团队合作能力，学会如何在尊重个体差异的基础上促进社会公平与正义。虚拟现实技术在师范生社会理想教育中的应用，为师范生提供了一个培养社会责任感和公民意识的平台。通过这种虚拟现实技术的教育方式，不仅有利于师范生提高自身的社会认知能力，还能够激发他们参与中国特色社会主义建设事业的热情，培养并实现他们的社会理想，为师范生成为具有社会责任感的优秀教师打下坚实的基础。

综上所述，虚拟现实为师范生提供了安全、自由、灵活的学习环境，有助于他们在生活理想、职业理想、道德理想和社会理想四个方面深化认识，形成坚定目标。通过模拟不同教学场景和文化背景，师范生能提升自我认知，激发教育热情，增强使命感，锻炼道德责任感，并培养社会责任感。总之，研究构建的虚拟现实赋能师范生理想指导机制的模型，可以为师范生理想指导的虚拟现实平台的设计与开发提供理论逻辑，为虚拟现实赋能师范生理想指导策略的优化提供实践逻辑。

虚拟现实赋能师范生理想指导的优化策略

师范生理想的含义可分为广义和狭义两种。从广义的角度来看，师范生理想是指师范生从宏观发展角度对整个教育领域的深度思考和全面规划，体现了师范生对教育事业的崇高使命感和责任感。从狭义的角度来看，师范生理想是指师范生个体对成为一位优秀教师的追求和愿景，强调师范生对教师职业的认同和热爱，以及对个人专业素养、教学能力的提升和发展。教师教育发展的初衷，就是全面确保并优化师范类专业的教育质量，致力于为党和国家培养出一支满足人民期待的高素质、专业化、富有创新精神的教师队伍。如此，推动专业构建"产出导向"的师范人才培养体系并持续改进是保障初心的顶层观照。其中，师范生理想对标教育理念、师德规范、教育情怀、教育理想等内容，主要聚焦在"专业精神"领域，既贴合当下所倡导的"教育家精神"、师德师风、师范生教师专业伦理等，还符合专业认证的基本导向。然而，"师范生理想"对标的是精神领域，困境便在于"行之有效"，即成效与评价的问题。虚拟仿真技术（如 3D 仿真技术、多媒体技术和网络技术等）能够有效解决认知学习、操作练习、考核评价、开放探究的多维整合问题，其在遵循"虚实结合，能实不虚"的原则基础上，能够实现与线下实践相结合的分段式教学（经验、体验等）。当然，我们欲谈论虚拟现实赋能师范生理想指导机制，必先明晰一个原点性问题——"虚"与"实"的关系，这主要包括以下几方面内容，虚拟中的"虚"与现实中的"实"的关系，虚拟现实技术中何者为"虚"、何者为"实"，以及讨论一个基本概念——虚拟实践。

当前，关于虚拟现实（或称虚拟仿真）技术的基本定义并没有完全统一，统而观之，多指涉依托并整合多种技术（如计算机技术、通信技术、多媒体技术、传感技术、人工智能技术等），营造一种高维空间（现多指三维虚拟空间），于其中使受众收获真实情境或超真实情境下的体验。当然，这种体验的获取主要来自感官（嗅觉、触觉、味觉、听觉、视觉）。如此，本质上虚拟现实技术主要是勾连人之感官与技术（事实呈现、超越现实、虚构幻想），以此实现身体、情感与技术的交互。

虚拟现实既有"虚"又有"实"，虚与实究竟是一种矛盾还是另有关系，有待讨论。这也就涉及虚拟现实与客观实在了。从区别上来讲，虚拟现实仅是通过某种技术对现实世界的模仿，核心在于空间情景的营造。需要注意的是，无限接近并不等于客观存在。比如，通过虚拟现实技术可以营造一个虚拟的教室，里面有课桌、讲台、黑板，甚至于通过大数据生成，可以产生教师与学生的投影，但究其本质这些都是数据语言，是一种数字化和信息化的产物。意识的沉浸与身体的融入，若无法有效脱身，有可能产生认知混乱。因此，虚拟现实与客观存在是有较大区别的，这种主客体间的变动决定着技术。当然，讨论至此我们是否可以果断地得出结论——虚拟现实无"实"，只有"虚"？亦非如此。虚拟现实虽是数字化的客体，但这种技术性呈现又并非完全脱离现实存在，一切的投影、投射均有现实原型，无论虚拟现实的内容是事实呈现、超越现实还是虚构幻想，都体现着主体性意志，受到现实存在的影响与制约。本质上，这是一种基于客观现实的主观超越性。因此，虚拟现实的虚实关系并不是对立的。首先，虚拟现实的所有内容均来源于客观存在；其次，虚拟现实的初心使命仍是聚焦在认识与改造客观世界；最后，两者在很大程度上会出现相互转化的趋势。比如，3D打印技术便体现了这种再现与创新转化。

上面讨论了虚拟现实与客观存在的虚实关系，下面我们进一步来看虚拟现实技术中是否也存在虚实关系。在此，我们从主客体、内容、中介（媒介）三方面具体讨论。首先，主客体中的虚实关系。在现实世界中，人创造了技术，虚拟现实是人创造的一种技术性产物。人是现实世界的主体。在虚拟空间中，人存在于虚拟世界，成了一个对象，而且是数字化的对象，这是一种新的身份与角色的赋予，但在这种虚拟空间中，人又没有完全数字化，并不是虚假的，而是有着自己的行为意识。其次，内容中的虚实关系。无论是事实呈现，还是超越现实、虚构幻想的内容，都是对真实世界的反映。需要承认，虚拟世界之于现实世界有一些超越性，但这种超越对标于更好的体验。最后，中介中的虚实关系。虚拟现实技术提供了一些虚拟界面，将客观世界于某一屏幕上进行了投射，人通过这种"虚假"的接触，感受到了真实的事物。比如购物网站、聊天媒介等。

以上关系的梳理，不仅让我们看到了虚拟仿真技术赋能师范生理想的可能性，而且也间接论证了虚拟仿真技术的实践性。这种实践性为其赋能师范生理想指导提供了价值牵引、沉浸巡游、情感认同、多元互补、评估监测、反馈保障等方面的优化方向。

第一节　价值引领：虚拟现实赋能师范生理想指导的出发点

20 世纪 90 年代，教育的生存与发展生态逐步发生变化，全球化、信息化、市场化、人本化、民主化、个性化等特性及诉求凸显而出。在此背景下，重新审视师范生理想教育意味着要从传统的教育模式中解放出来，将传统学习环境革新为充满活力与创造力的虚拟现实技术环境，提供更为沉浸式和互动性的学习体验。在师范生培养目标上，要把适应信息社会与超越信息社会有机结合。

一、思想引领

落实立德树人根本任务是推进我国教育现代化的指导思想和行动指南。立德树人根本任务具有鲜明的价值导向性。[①]立德树人是国之大计、党之大计，要落实好新时代教育发展的总任务，就要强化立德树人价值引领。

在教育内容上，要将立德树人贯穿于整个教育体系之中，普及理想信念教育，加强爱国主义教育，加强国情教育，加强集体主义教育，加强品德修养，培养奋斗精神。在方法上，优化育人网络系统。构建一体化分层教育体系，不断丰富和完善教育载体。以实践养成作为奠基。坚持知行合一，以知促行，以行求知。以道德实践为立德树人的培育土地，鼓励教育者主动参与德育实践的全过程。通过参加积极向上的社会实践活动来激发个体的高尚道德情感，深化对社会主义核心价值观的理解与践行。在实践中，不断优化环境，营造良好的社会氛围，使个人

---

① 袁振国：《立德树人的理论内涵与落实机制建设》，《人民教育》2021 年第 Z3 期。

在日常生活中能够潜移默化地自我反省、觉悟，进而提升自身道德修养。要重视保障巩固提高育人力量，加强育人保障体系法律法规的制定与出台，并明确相关细则，从立法层面划定育人底线准则。加强育人师资队伍建设，逐步建立并深入推进教师师德标准建设工程，深入推进学校德育课堂课程教材改革，优化育人环境，加强德育工作的物质保障，制定德育工作监评体系，成立第三方监评机构。加强社会各界对育人工程的监管力度，加强德育工作质量检测，优化德育工作质量保障体系，完善质量监测制度，保证评价的科学性、规范性和独立性。

国无德不兴，人无德不立。因此，我们必须坚持立德树人的教育理念，不断培养出不畏艰难、勇于挑战、具有强大精神力量和坚定民族品格的新时代人才，为中华民族的伟大复兴贡献力量，推动国家繁荣富强。

二、意识引领

意识形态总是力求通过在一定的价值关系中对社会成员进行观念结构和行为评价而实现价值引领。[①]师范人才培养是教师教育的核心关切。如何让师范教育更好地适应这个时代、这个环境，怎么能创造更好的教育，培育更优秀的师范生人才……这涉及改革意识的牵引。

首先，提升师范生人才培养质量，深化教师教育改革。而教师教育更强调教师职业的专业性，致力于培养懂得如何根据学生需求、利用自身专业知识进行有效教学的教育专家。具体来说，为加强和改革教师教育，应提高师资培训质量，创新教育模式，优化教师培训机制，壮大优质教育师资团队，设立教师教育质量评估体系，完善现代教师培训制度，促进教师专业发展和专业化进程。其次，师范人才培养质量的高低是检验教师教育改革成效的试金石和衡量标尺。教师教育应当培养具有教育创造力的师范人才，助力他们在未来的职业生涯发展中实现卓越，并发挥育人功能，担当培养创造性人才的教育使命。因此，教师教育应着力培育师范类专业人才的卓越品质，增强理想。最后，利用虚拟现实技术培养师范生的理想与信念。师范生借助虚拟现实技术实现教育理想与信念的塑造并非一蹴而就，而是一个循序渐进的过程。具体来说包括以下步骤：一是要深入了解虚拟现实技术在教育中的应用；二是有意识地利用虚拟现实技术开展创新教学实践；

---

① 李慕：《主流意识形态引领个人思想行为的价值理路》，《思想战线》2023 年第 4 期。

三是及时反思与总结教育实践经验，坚定教育信念。总之，意识引领是推动教育事业发展的重要力量，它能够引导教育者和师范生形成正确的教育价值观和行为准则。通过加强教育改革，提高师范生培养质量，以及促进师范生自身教育理想信念的形成，推动教育事业的向前发展。

三、行为引领

行为引领是指通过具体的行动、示范、规则和激励机制，来引导和塑造他人的行为。它注重实际行动和可见的结果，直接作用于人们的行为模式，促使他们采取特定的行为方式。教师的行为是教师教育的中心工作，教师行为直接决定教育质量。教师的职业特性、教育的特殊功能、师德在整个社会道德规范体系中的地位和影响，决定了崇高的师德是"师"之为"师"的根本度量。[①]所以，抓住师德师风建设，在某种程度上就抓住了教师教育的中心工作。

首先，抓住师德师风建设，不仅能够提升教师的政治意识、法治意识、规范意识、道德水平与伦理能力，而且对教师专业发展、教师自我幸福感获得、教师专业价值的实现等具有本体层面的重要意义。增强师范生教师专业伦理意识，加强师德教育，有益于"未来教师"的成长。其次，教师的师德践行能力是有效实现教育目标和促进学生全面发展的能力。该能力主要强调知行合一，从遵守师德规范、涵养教育情怀、弘扬工匠精神三大部分引导师范生做一个好教师。因而，应加大力度培养教师的师德践行能力。总之，教师的师德师风水平是其综合素质与素养的核心要素。师德践行能力要求教师遵循教育伦理和职业道德规范，以高尚的师德和良好的职业操守为基础，其在提高教育质量、促进学生发展等方面有着至关重要的作用，应统而观之。

第二节　沉浸巡游：虚拟现实赋能师范生理想指导的切入点

虚拟现实技术是一种为用户提供身临其境的游览体验的计算机技术，应用在师范生理想指导方面，需要营造合适的环境氛围。这需要创设一个沉浸式的环境，

---

① 张森年：《论社会主义核心价值观与师德养成：习近平的师德思想研究》，《毛泽东邓小平理论研究》2017年第1期。

引领学生沉浸其中，以增强师范生的视觉沉浸、听觉沉浸、交互沉浸和情感沉浸等方面的体验，从而更好地实现对师范生的沉浸式教学。

一、虚实情景共创

在虚拟现实技术赋能之下，师范生理想指导不再局限于有限的教室和"假大空"的理论空谈，而是真实场景和虚拟创设相弥合的。这有利于增强师范生的沉浸式体验感。

在虚拟现实技术赋能之下，师范生理想指导教育基于真实场景又超越真实场景，它以现实世界的真实参照为来源根基，同时具有超越性，以超前的美好想象力为未来参照。人工智能时代，随着计算机、互联网、服务器等高科技设备以及即时通信技术、文件传输技术、移动网络技术等的嵌入与普及，一个传统与现代、虚拟与现实相融合的"数字空间"正在形成，交往的地域性正在被打破，交往的普遍性舞台正在被建构[1]。而要达成以上教育效果，首先需要高速、稳定的网络设施，这为虚拟现实技术的稳定应用奠定基础。各高校应积极利用 5G 网络等信息技术，不断完善高校基础设施，营造网络化、数字化、个性化、终身化的智慧教育环境。师范生作为未来教育者的储备人才，在学习基础的教育学相关知识时，高校应开设虚拟现实技术的相关课程，让他们理解如何将虚拟现实技术融入教学，及其如何影响学习体验。其次，向师范生普及虚拟现实技术等手段的知识，开设与计算机相关的课程，引导师范生在沉浸式虚拟现实技术中思考其运作的原理，为虚拟现实技术的更新迭代培养储备人才。最后，作为从事师范教育的高校教师，其教育理念和水平也应随之改进。高校教师应做到与时俱进，了解虚拟现实技术的沉浸式特点，与教育教学理念相结合，以更好发挥虚拟现实技术对师范生的理想指导作用。

二、身体行为改变

虚拟现实技术指导师范生理想的根本目标是师范生自身的成长，即基于虚拟现实技术探索师范生培养的有效路径。身体作为媒介的一部分，是技术配置与社会配置耦合的一个重要因素，任何媒介都离不开具有主体性的身体的直接参与。[2]

① 张哲，张裕然：《人工智能时代思想政治教育的空间逻辑》，《思想理论教育》2024 年第 2 期。
② 宋凯，杨承智：《交互的沉浸式体验：虚拟现实空间的建构法则》，《中国广播电视学刊》2020 年第 9 期。

情境模拟与情感激发是虚拟现实技术的核心应用之一，继而通过个性化学习与反馈机制为师范生提供学习平台，但这一过程必然要投射到师范生个体真实的身体感知及行为变化中，才能使虚拟现实技术指导师范生理想的学习效果显现出来。

首先，加强通过头戴式显示器和手柄等交互设备的维护和升级。利用这些设备，师范生可以身临其境地置身于虚拟的教学环境中，看到、听到甚至感受到虚拟教室的一切细节，包括学生的反应、教室的布置等。这种沉浸式体验使得师范生能够更加真实地感受教学氛围，从而更好地进行角色代入和情感体验。身体感知的融入使得师范生能够更直观地体验教学环境。其次，搭建虚拟现实技术模拟真实的教学场景，使师范生时时刻刻能身临其境地感受到教室氛围、学生反应以及教学节奏等专业知识。这种感知与学习方式使得师范生能够更加深入地理解教学过程中的各种细微变化，从而更加准确地把握教学的要点和难点，促进自身教学技能的提升并结合学生真实需要，树立自身教育目标与理想追求。总之，在虚拟现实环境中，师范生可以模拟各种教学行为，如讲解、提问、组织讨论等，并通过观察学生的反应和教学效果来不断调整自己的教学策略。这种实践性的学习方式使得师范生能够更快地掌握教学技能，形成自己的教学风格，并在实际教学中更加自信地应对各种挑战。

三、沉浸共情成长

虚拟现实技术打造沉浸式体验，在沉浸式体验的过程中，师范生共情共长。当前虚拟现实技术的发展，可以为师范生提供具有 3D 效果的沉浸式学习体验，因此应加强虚拟现实技术与师范教育的深度融合。师范生个体的认知能力、情感能力、实践能力的提升变得越来越重要，虚拟现实技术在虚拟现实+教育领域积极作用的发挥，使得学校育人的知识传授、技能培训价值得到进一步的强化。

首先，应建立合理正规的信息获取渠道，如建设教育大数据中心，搜集与整理国内外优质的虚拟现实教学资源，包括学科课程、教学案例等，搭建公共平台供师范生学习和使用。师范生在平台内搜索和学习相关资源，平台可利用大数据分析学习者的学习行为和偏好，以更好地为师范生提供优质课程内容供他们进行学习和交流，帮助他们设计更符合需求的教学设计，进一步深化师范生在平台中学习时的沉浸体验。这样，师范生可以更科学地利用数据来指导虚拟现实教学实践，提高教学效果，促进自身全面发展。同时，大数据的应用也有助于师范生自身专业能力的提升，增强虚拟现实技术赋能师范生理想指导的作用。此外，平台内还可设立主题式的论坛，组织师范生在论坛内进行交流，增强师范生的归属感。

其次，学习模式的改变也会引起教学内容的改变。教育者应积极开发相应的数字教材，师范教育相关学科的教学内容应与虚拟现实技术沉浸式教学相匹配，以促进虚拟现实技术与教学内容的契合程度，降低师范生学习的不适感。比如学习历史的古建筑，可利用虚拟现实技术引领学生探索三维立体结构。

总之，所要开发的数字教材能够与虚拟现实技术的沉浸式特点紧密结合，可为师范生提供更加高效、互动和有趣的学习体验，增强师范生的沉浸式学习体验。教育的根本价值在于成全个体生命，"有效地打开个体生命、丰盈个体生命、提升个体生命的实践"[1]。在虚拟现实技术赋能之下，培育情感品质，发展认知思维能力，共情共长。

第三节　情感认同：虚拟现实赋能师范生理想指导的突破口

情感认同是"主体在社会交往交流中对客体在全面深刻理解的基础上心理相容性在情感上的体验"[2]。其作为一种最真实而又具有普遍性意义的心理认知，具有驱动、调节、感染、迁移等功能。虚拟现实技术在教育领域可以提供一种全新的情感认同，通过模拟真实情境、增强师范生与老师的互动体验以及为师范生提供个性化指导，帮助师范生更好地理解和塑造自己的职业理想。以情感认同建筑师范生职业理想，是一个动态生成的过程。要将师范生的职业理想融入专业素养培养，要改变刻板说教的职业理想建筑方式，渗入情感的滋润，进而促进师范生职业理想的可持续发展，可以通过虚拟现实技术从以下几个方面着手。

一、情感联结

教育情怀体现于"生活"的境遇场中，存在于个体时刻的一言一行中，"爱"

---

① 刘铁芳：《重申教学的教育性：教学如何促成个体完整成人》，《中国教育科学（中英文）》2019 年第 4 期。

② 刘吉昌，曾醒：《情感认同是铸牢中华民族共同体意识的核心要素》，《中南民族大学学报（人文社会科学版）》2020 年第 6 期。

是其本质。这种"爱"不是刻意为之的，起初可能受人引导、启发甚至规制，但真正的情怀之"爱"是自然而然、润物无声的，是一种真情的流露与表达。例如，鲁洁教授的一生就是真正以教育情怀、教育信念和圆满德性践行教育的人生。[①]师范生理想中的教育情怀具体包括以下方面：职业认同、关爱学生、用心执教、自身修养。

首先，可以在虚拟环境中加入情感互动元素，将师范生与搭建的虚拟技术场景通过互动紧密地联系起来。比如在实施教学的场景中加入学生对教师的语言和行为的自然反应，或表情或动作，给师范生以及时反馈，让师范生可以及时感受到教学成果以及情感交流，促进师范生的专业素养发展。其次，还可以模拟家长会、教师座谈会等场景，让师范生体验与家长、同事的沟通和互动，引导师范生深入体会教师这一职业的内涵。最后，搭建与教师职业发展相关的情境。例如，学科组长、年级主任等学校不同岗位的工作场景，可以为师范生提供持续参与的机会，以加深他们对教师职业的理解和情感投入。通过模拟真实的社会环境，师范生可以在没有实际教学风险的情况下，亲身感受到社会的多元性和复杂性，亲自体验并参与到各种社会活动中，深入地理解社会的理想价值。

二、情感熏陶

作为未来的教师，师范生首先要有对教师职业的热情，能够愿意遵守师德规范。对教师本身而言，要有积极进取、认真工作的态度，对自己所从事的职业有好的愿景，认真对待每一项教学实践活动或者其他与工作相关的活动。对于学生，教师要能够做到公平对待、关爱每一个学生，对每一个学生都报以诚挚的真情。而教育仪式能够发挥具象化的教育作用。在仪式中，大家感受到彼此之间的情感、力量和精神召唤。[②]虚拟现实技术通过创建一个模拟的、沉浸式的仪式环境，打破地域的限制，让各个地区的师范生能够在虚拟空间中体验教育仪式的各个环节，深化师范生的职业理想塑造。

首先，讲好榜样教育者的情感故事与案例。通过虚拟现实技术搭建仪式活动，设计虚拟角色讲述教师职业中的感人故事和成功案例。在教育仪式的举办过程中，

---

① 张应强：《用教育情怀和道德信念诠释教育的真谛：我对鲁洁教授学术和人生的体认》，《重庆高教研究》2021 年第 2 期。

② 徐玉特：《嵌入与共生：民族传统节庆文化创造性转化的内生逻辑：基于广西 DX 县陇峒节的考察》，《中南民族大学学报（人文社会科学版）》2021 年第 12 期。

感人肺腑的教育故事能够通过虚拟现实技术再现，为师范生提供共享的情感空间，使师范生在情感上与这些角色产生连接，理解教育的意义和价值，增强自身的职业信念。其次，通过虚拟现实技术传达教育仪式符号。教育符号是指在教育过程中用来表示教育理念、教学内容、教学方法、教育目标等的一系列具有象征意义的符号。这些符号可以是具体的图形、标记，如校徽，也可以是抽象的概念、口号、原则等。教育符号通常承载着教育领域内的共识和价值观，是教育思想和实践的一种表达形式。通过这些符号实现对师范生的情感熏陶，增强教育的吸引力和影响力，以达到虚拟现实技术对师范生的理想指导作用。师范生无论被看作学生或者是未来的教师时，情感都是必不可少的。因为只有"乐于教"，才会适合教育，才可能善于教学。[①] 对师范生进行情感熏陶可以有效唤醒师范生的教育情感。

三、情感共鸣

基于虚拟现实技术指导师范生理想最核心的呈现形式即情境模拟与情感激发，是一种富有创新性和沉浸感的教育实践方式。虚拟现实技术可以通过情境模拟的方式，让师范生身临其境地体验各种教育场景和情境，从而激发其情感和情绪反应。这种情境模拟可以帮助师范生更好地理解和体验理想指导的过程和效果，从而增强其对理想指导的认知和情感投入，更深入地呈现和帮助师范生实现教育理想与信念。

情境模拟是虚拟现实技术的核心应用之一。通过构建高度逼真的虚拟教育环境，师范生可在其中模拟各种教学场景和情境，如课堂教学、学生互动、实践活动等。这种模拟环境不仅让师范生能够身临其境地体验教育的过程，还能够让他们在实践中不断尝试和优化自己的教学方法和策略。通过情境模拟，师范生可以更加直观地理解和感受教育的本质和意义，从而更加坚定自己的教育理想与信念。情感激发是情境模拟的重要补充。虚拟现实技术能够模拟出真实的情感氛围和情感体验，使师范生在模拟的环境中产生强烈的情感共鸣。例如，在模拟的课堂中，师范生可感受到学生的喜悦、困惑或挫败，从而更加关注和理解学生的情感需求。这种情感共鸣有助于师范生更深入地理解教育的情感价值，从而在自己的教育实践中更加注重情感教育和人文关怀。通过情境模拟与情感激发的呈现形式，师范

---

① 张倩，李子建：《职前教师专业身份建构之困境与出路：对教师教育内涵式发展的思考》，《课程·教材·教法》2014年第3期。

生可更加全面、深入地展示自己的教育理想与信念。他们可以在虚拟环境中设计并实施自己的教学方案，展示自己对教育的理解和追求；同时，他们也可以通过情感共鸣，表达自己对教育事业的热爱和执着。这种呈现形式不仅有助于师范生自我反思和完善，还能够为其他教育工作者提供有益的借鉴和启示。

第四节　多元互补：虚拟现实赋能师范生理想指导的落脚点

虚拟现实技术与教学实施在指导师范生理想的结构关系中，呈现出一种相辅相成、相互促进的态势。这种结构关系体现在以下几个方面：首先，虚拟现实技术为师范生提供了一个全新的教学实施平台。通过构建三维的、仿真的教学环境，师范生能够模拟真实的教学场景，进行实践操作和演练。这种模拟实践的教学方式有助于师范生更好地理解和掌握教学技巧和方法，提高教学能力。其次，教学实施是师范生实现教育理想的重要途径。通过精心设计和组织教学活动，师范生能够将所学的教育理念和教学方法付诸实践，不断探索和尝试新的教学方式和手段。在这个过程中，虚拟现实技术为师范生提供了有力的支持和辅助，使教学实施更加生动、有趣和有效。再次，虚拟现实技术与教学实施相互促进，共同推动师范生的教育理想得以实现。虚拟现实技术可以不断更新和完善，为教学实施提供更多更好的资源和工具；而教学实施的不断探索和创新，也可以推动虚拟现实技术的进一步发展和完善。这种相互促进的关系使得师范生的教育理想得以不断实现和提升。最后，虚拟现实技术与教学实施在指导师范生理想的结构关系中，还体现为一种互补关系。虚拟现实技术可以弥补传统教学中的不足，如资源限制、时空限制等；而教学实施则可以发挥师范生的主观能动性和创造性，使教学更加符合学生的实际需求和学习特点。这种互补关系使得师范生的教育理想更加完善和全面。虚拟现实技术与教学实施在指导师范生理想的结构关系中，是一种相辅相成、相互促进、互补完善的关系。这种关系不仅有助于师范生提高教学能力和水平，也有助于推动教育事业的不断发展和创新。

一、技术层面的多元互补

虚拟现实技术指导师范生理想教学实践的技术要素是指构成和支撑师范生利

用虚拟现实技术进行理想教学实践的关键技术组成部分。这些技术要素共同为师范生提供了一个全面、沉浸式的虚拟教学环境，辅助师范生在教学设计、实践、反思与创新等方面取得发展。

这些技术要素主要包括：①虚拟现实硬件技术，包括高性能的计算机、头戴式显示器、传感器、控制器等，为师范生提供沉浸式的虚拟教学环境。这些硬件设备保证了师范生能够真实、直观地体验虚拟教学场景，从而更好地理解教学内容，提升教学效果。例如，头戴式显示器可提供立体视觉，使师范生能够沉浸在虚拟的教学场景中；跟踪与定位系统可利用传感器和控制器，实时追踪师范生的动作和位置，实现与虚拟环境的自然交互；交互设备，如手柄、手套等，允许师范生通过手势、操作等方式与虚拟对象进行交互。②虚拟现实软件技术，涵盖虚拟现实教学软件、模拟软件、资源开发工具等，为师范生提供丰富的教学资源和工具。这些软件平台能够模拟真实的教学场景，支持师范生进行教学设计、课堂管理、师生互动等实践活动，帮助他们提升教学技能。例如虚拟现实教学平台，可实现集成教学设计、资源管理、学生互动等功能，为师范生提供一站式的教学实践环境；3D建模与动画技术，可实现创建逼真的虚拟教室、教学对象和场景，增强师范生的沉浸感；行为模拟技术，可模拟学生的行为和反应，使师范生能够在没有真实学生的情况下进行教学实践。③数据处理与分析技术。主要通过收集师范生在虚拟环境中的教学数据，进行实时分析和反馈。这一技术系统能够帮助师范生了解自己的教学表现，发现存在的问题和不足，从而及时调整教学策略，提高教学效果。例如教学数据收集系统，可记录师范生在虚拟环境中的教学行为、学生反应等信息；教学数据分析工具能够对收集到的数据进行统计分析，帮助师范生识别教学中的优点和不足，并基于数据分析结果为师范生提供个性化反馈和建议，指导师范生改进教学实践。④网络与通信技术。例如，云计算与边缘计算技术，可以提供强大的计算能力和存储资源，支持师范生在云端进行虚拟现实教学实践；实时通信技术能够确保师范生与学生、导师之间的实时互动和协作，提高教学效果。⑤内容创作与开发技术。虚拟现实技术指导师范生进行理想的内容创作与开发技术，是确保师范生能够创造出高质量、富有创新性的虚拟教学内容的关键。这些技术不仅涉及内容的创作，还涵盖了如何将这些内容有效地整合到虚拟教学环境中，常见的相关技术如3D建模与渲染技术，动画设计与制作技术等。借助技术工具可实现教学资源开发，主要是帮助师范生创建、编辑和管理虚拟教学资源，如课件、教学视频等；同时也能实现教学场景与内容设计，即根据教学需求和师范生特点，设计适合的虚拟教学场景和内容，提高师范生的学习兴趣和参与度。除以上主要的技术要素外，还包括相关的技术支持与服务，如技术咨询、故障处理、系统更新等，确保师范生在使用虚拟现实技术过程中能够得到及时、有效的支持，协助解决师范生在实践过程中遇到的技术难题，保障其顺利进行教学实践和创新探索。

虚拟现实技术指导师范生理想的技术要素也是一个综合性的体系，涵盖了硬件、软件、数据处理与服务等多个方面。基于虚拟现实技术和增强现实技术可创设"目标设定—亲身体验—实现迁移—解决问题"的体验式学习模式，即创设逼近真实的教学情境，让学生进行沉浸式学习、自主学习和自主探究，既能实现深度学习乃至解决实际问题，又能培养学生的核心素养，从而实现高效教学。[①]

二、教学层面的多元互补

借助虚拟现实技术赋能师范生理想指导，实际上是通过师范生教学这一最主要的途径实现理想指导。在这一过程中，虚拟现实技术与教学实施呈现出相辅相成、相互促进的态势。要将虚拟现实技术的核心优势融入整个师范生教学过程，既需要明确该过程中的必备核心技术，也离不开对师范生教学提出高要求与严标准。教学层面的诸多要素，如教学内容的合理设计、教学方法的创新运用以及教学评价的科学制定等，在整个教学指导过程中能够发挥重大作用。合理的教学内容设计能结合虚拟现实技术的特点，为学生提供更丰富、更生动的学习体验；创新的教学方法运用可借助虚拟现实技术营造沉浸式学习环境，提升教学效果；科学的教学评价制定则能及时反馈学生的学习情况，为进一步优化教学提供依据。

虚拟现实技术指导师范生理想的教学实施要素主要包括：①教学目标。借助虚拟现实技术进行理想指导教学，教师首先需要明确教学目标。教学目标在教学活动中具有至关重要的地位。作为整个教学活动的指南针，教学目标是评估教学效果的重要依据，能够为教师的教学提供清晰的方向，使教师明确教学重难点、适宜采用的教学方法，以及如何评估学生的学习成果。科学的教学目标，既有助于教师有针对性地开展教学活动，提高教学效率，也有助于激发学生的学习兴趣和动力，因而在教学活动中具有不可替代的重要性。在开展教学时应充分重视教学目标与课程标准、考试要求以及学生的实际水平相符合，确保其科学、合理、

---

① 陈亮，邹洪森：《数智时代大学多样化发展的多维阐释、运行机理与未来想象》，《南京社会科学》2024年第 8 期。

可行。借助虚拟现实技术开展教学活动以助力师范生实现职业理想，其教学目标与传统教学目标存在差异。一是技术理论学习与技术掌握，即明确师范生应深入理解虚拟现实技术的基本理论和原理，包括其核心技术、应用场景以及在教育领域中的潜力。二是教学设计与创新能力的提升，即明确师范生要学会利用虚拟现实技术的特点，将抽象的知识概念具象化，为学生创造沉浸式的学习体验。同时，师范生还应具备创新思维，不断探索虚拟现实技术在教学中的新应用。三是强化实践技能与问题解决能力，即师范生应通过虚拟现实技术的实践应用，提升自己的教学实践能力，能够在虚拟环境中模拟实际教学过程，观察学生的学习反应，及时调整教学策略。其他还包括团队协作与沟通能力的培养、教育信息化的认识与适应能力的培养等。随着虚拟现实技术的不断发展，其必将成为未来教学的重要工具，师范生应能够主动学习和掌握新的教育技术，并应用于实际教学中，提升教学效果，培养新时代优秀人才。②教学内容选择。教学内容选择应基于课程目标和学生需求，精心选择适合通过虚拟现实技术呈现的教学内容，确保内容的前沿性、实用性和趣味性。同时注重虚拟资源开发，利用虚拟现实技术开发丰富多样的教学资源，如三维模型、虚拟实验、互动场景等，以增强学生的直观感知和实践体验。③教学环境。通过虚拟现实技术构建高度仿真的虚拟教学环境，包括教室布局、设备配置等，为学生提供接近真实的教学体验。同时通过虚拟现实技术，创造沉浸式学习场景，使学生能够身临其境地参与学习过程，提升学习兴趣和参与度。④教学方法。更加注重个性化教学策略，即根据学生的个体差异和学习需求，制定个性化教学策略，如差异化教学、分层教学等，以满足不同学生的学习需求。例如，互动式教学设计利用虚拟现实技术的交互性特点，设计多样化的互动环节，如小组讨论、角色扮演、虚拟竞赛等，促进师生、生生之间的有效互动。⑤教学实施。借助虚拟现实技术开展教学，过程中对技术操作熟练度有新的要求。师范生应熟练掌握虚拟现实设备的操作技巧，确保在教学过程中能够流畅地运用虚拟现实技术，提高教学效率。同时，在虚拟现实环境中，教师还需要具备良好的课堂管理能力，包括学生行为管理、学习进度把控等，确保教学过程的顺利进行。⑥教学评价。结合虚拟现实技术的特点，采用多元化的评价方式，如过程性评价、作品展示评价等，全面评估学生的学习成果。还可利用虚拟现实技术提供的实时反馈机制，及时了解学生的学习情况，并根据反馈结果调整教学策略和方法，实现教学相长。

这些要素共同构成了师范生理想的教学实施框架，通过不断优化和完善教学要素，师范生可逐步提升自己的教学能力，为未来教育事业作出更大的贡献。

第五节 评估监测：虚拟现实赋能师范生理想指导的着力点

在教育领域，尤其是在采用虚拟现实技术进行师范生理想指导的过程中，评估监测策略的重要性显而易见。评估监测策略不仅是教育效果的保障，也是教学过程优化的重要依据。在虚拟现实背景下，评估监测需要融入更为先进的技术元素，以实现科学、全面、实时的评估，确保教学效果的最大化。通过科学评估体系的建立、动态监控管理的实施以及增强反馈机制的引入，评估监测策略能够全面覆盖教学过程的每个环节，从而为教师和师范生提供精准的改进依据和反馈。

首先，建立一套科学的评估体系，该体系包括学习效果评估、技术应用评估以及心理适应评估三个核心维度。这不仅有助于从多角度综合评估学生的学习效果和心理状态，还可以帮助教师依据学生的具体情况，及时调整教学策略，以达到最优的教学效果。通过智能分析技术，如数据挖掘和机器学习，评估体系可以更深层次地挖掘学生的学习行为和模式，为个性化教学提供坚实的数据支持。其次，实施动态监控管理。该过程要求教师掌握实时的教学数据，并根据数据分析结果，快速做出教学调整。例如，通过实时数据的收集与分析，教师可以发现学生在虚拟环境中学习时遇到的具体困难，从而提供有针对性的支持。此外，数据可视化等技术手段的应用，也使得数据分析结果能够直观、清晰地展现在教师面前，提升了教学决策的效率。最后，增强反馈机制是保证评估监测策略有效性的关键。通过即时反馈和定期综合反馈，学生不仅能及时了解自己的学习状态，还能得到科学、详细的学习建议和指导。这种持续的反馈过程，不仅能够有效激发学生的学习兴趣和动力，还能帮助教师更好地了解学生的个性化需求，为其提供更加贴合实际情况的学习建议和资源。

一、完善科学评估体系

建立一个综合性的评估体系对于有效实施评估监测策略至关重要。这个体系需要从学习效果评估、技术应用评估以及心理适应评估三个核心维度进行构建。学习效果评估是评估体系中的基础。通过设计针对性的测试题、模拟场景考核等形式，结合虚拟现实技术的特点，可以全方位评估师范生的知识掌握程度、技能应用能力及其在虚拟教育环境中的综合表现。其中，采用智能分析技术，如数据挖掘和机器学习，对学生的学习过程和结果进行深入分析，可以帮助教师更准确地把握学生的学习状况，及时发现学习中的问题。

技术应用评估关注的是虚拟现实技术本身在教育过程中的应用效果。这包括对虚拟现实设备稳定性的监测、软件的用户体验评估，以及技术对教学活动带来的影响。通过对技术应用的持续评估，可以确保所使用的虚拟现实技术能够有效支持教学目标的实现，同时也能为虚拟现实技术的进一步优化提供依据。

心理适应评估则着重于评估师范生对虚拟现实技术的适应程度，以及其对虚拟教学内容的情感认同。通过问卷调查、访谈、心理测试等方法，可以全面了解师范生的心理状态和情感变化，从而为实施个性化的教学方案和精准的心理辅导提供依据。

二、实施动态监控管理

建立完善的评估体系后，实施动态的监控管理对于优化教学过程、提升教学质量具有重要意义。这一过程要求教师不仅关注实时的教学数据，还能根据数据分析结果及时作出调整。

实时数据收集是动态监控管理的第一步，需要利用虚拟现实技术内置的数据跟踪与收集功能，实时记录师范生在虚拟环境中的学习行为、互动模式及其学习成效等。这些数据将为后续的教学决策提供重要依据。分析与调整过程则需要根据收集到的数据，运用统计分析、数据可视化等方法，快速识别学习过程中的关键问题，如学习效果不佳的原因、技术应用中存在的问题等。基于这些分析结果，教师可以及时调整教学内容、优化教学方法、改善技术配置等，从而不断提升教学效果。

三、增强反馈机制

在评估监测策略中，增强反馈机制是提升教学互动性和学习动机的关键。有效的反馈不仅可以帮助师范生及时了解自己的学习状况，还可以激发他们的学习兴趣，促进自主学习。即时反馈设计利用虚拟现实技术的优势，可以在虚拟教学活动中提供实时互动反馈。例如，通过虚拟导师系统实时指导、即时弹出的学习建议、学习任务的动态调整等方式，确保师范生能够在第一时间获得必要的学习支持和指导。定期综合反馈则是在课程或学期结束时，对师范生的整体学习表现、技术应用体验、心理适应状况进行全面总结和评估。这种定期综合反馈不仅包含对师范生学业成绩的评价，还应包括对其学习态度、技能发展等非学术因素的评估，以及对虚拟现实技术在教学过程中应用效果的总结评价。

一个有效的评估监测策略是虚拟现实技术赋能下师范生理想指导成功的关键。通过建立科学的评估体系、实施动态的监控管理以及增强反馈机制，可以有效提升教学质量，促进师范生的全面发展。随着虚拟现实技术的不断进步和教育实践的深入，评估监测策略也将不断优化更新，更好地服务于教育教学活动，实现理想的教学效果。

第六节　反馈保障：虚拟现实赋能师范生理想指导的动力点

在虚拟现实技术赋能的教学环境中，反馈保障策略是提升教学互动性、适应性和有效性的关键环节。反馈保障策略的核心在于建立及时、有效的反馈机制，以确保教师与学生之间的双向互动能够随时顺畅进行，同时提升学生的学习体验和教师的教学效果。构建及时反馈系统、实施个性化反馈和建立长期反馈机制，这三大措施共同构成了一个完善的反馈保障体系，有助于全面提升师范生的教学质量和学生的学习效果。构建及时反馈系统是反馈保障策略的首要任务。借助虚拟现实技术，可以实现教学过程的实时数据收集和分析，教师能够即时了解学生的学习状态，并及时提供有针对性的反馈和指导。例如，当学生在虚拟仿真教学中遇到问题时，系统可以即时分析学生的操作数据，并提供相应的指导信息或建议，帮助其顺利克服学习中的难点和障碍。这种实时的反馈机制不仅能够提高学习的连贯性和针对性，还能大幅提升学生的学习效率和效果。实施个性化反馈是确保反馈有效性的重要措施。不同的学生有不同的学习需求和风格，虚拟现实技术通过收集和分析个人学习数据，能够为每个学生量身定制个性化的学习路径和反馈方案。系统可以根据学生的学习行为和成绩，自动调整学习内容的难度和深度，以最适合其学习能力和风格的方式进行推送和指导。例如，对于某些知识点掌握不牢的学生，系统不仅会提供正确答案，还会展示详细的解题过程，并推荐相关补充材料，帮助学生全方位理解和掌握知识。建立长期反馈机制是确保学习过程持续优化的关键。通过设置定期的评估节点和长期跟踪学习进度，教师和学生可以共同了解学习中的长期趋势和潜在问题，从而进行相应的调整和改进。例如，在一个学期的教学活动中，可以设置每月一次的综合评估，评估内容不仅应包括知识掌握情况，还应综合评估学生的参与度、互动情况和学习态度等多个维度。这种长期跟踪和评估机制，有助于构建更加完整和全面的学习者画像，为后续的教学活动提供宝贵的数据支持和决策依据。

一、优化实时反馈系统

依托技术实现实时互动，在虚拟现实环境中，教学与学习的互动性被极大地增强。学生可以通过头戴式显示器、手柄等设备与虚拟环境中的对象进行直接交互，这些交互的数据可以被实时收集和分析。基于这些互动数据，教师和系统可以即时了解学生的学习状况，如哪些知识点没有掌握或哪些操作步骤存在误区。例如，当学生在虚拟仿真教学中遇到困难时，系统可以根据学生的操作数据，即时提供相应的指导信息或显示更加详尽的操作步骤，帮助学生攻克难关。这种及时反馈大大加强了学习的连贯性和针对性，有效促进了学生学习效率的提升。

为了提升反馈的有效性，不仅需要及时性，还需要兼顾反馈的针对性和个性化。这要求教育者和系统不仅关注学生的问题所在，更重要的是了解问题产生的原因。因此，利用大数据和人工智能技术进行深入的学习分析成为实施有效反馈的关键技术手段。通过深度学习与模式识别，虚拟现实教学系统可以更准确地识别学生在学习过程中的具体困难和错误模式，并根据这些信息提供更加针对性的指导。比如，对于反复出错的知识点，系统不仅会提供正确答案，还会展示详细的解题过程和关键思维导图，甚至通过链接推荐额外的学习资源或对类似问题进行练习，以加深学生的理解和记忆。

二、实施个性化反馈

理解学习者的差异性，个体差异是教育过程中不可忽视的因素。师范生作为未来的教师，其学习需求、知识背景、学习风格等方面都各不相同。虚拟现实技术在这方面提供了前所未有的可能性，通过收集和分析个人学习数据，可以实现更加精准的个性化学习路径设计。根据每位学生在虚拟环境中的互动行为和学习成绩，系统可以自动调整学习内容的难度和深度，甚至是教学方法和学习资源，以最适合其学习能力、风格的方式进行推送和指导。

制订个性化学习方案，需要系统能够综合分析学生的学习历程、学习成效和反馈历史。通过智能算法，系统可以为每位学生制定一条包含多个学习节点和反馈点的个性化学习轨迹。以语文教学为例，针对阅读理解能力较弱的学生，系统可先进行基础阅读技巧的强化训练，然后再逐步引导学生进行深层次的文本分析和批判性思考；对于已经掌握基础阅读技巧的学生，则可以直接进入高阶思维训练阶段。这种个性化的学习路径设计使得每位学生都能在最合适的节奏和难度下学习，极大地提高了学习的效率和效果。

三、建立长期反馈机制

长期反馈机制的目的是确保学生学习活动的连续性和发展性。通过设置定期的评估节点和长期跟踪学习进度，教师和学习者可以共同了解学习过程中的各个环节表现，及时发现学习中的长期趋势和潜在问题。在一学期的教学活动中，可以设定每月一次的综合评估，评估不仅包括知识掌握的情况，还应综合学生的参与度、互动情况和学习态度等多维度的指标。这样的长期跟踪和评估有助于构建一个更全面的学习者画像，为后续的教学活动提供更有价值的数据支持。

在长期反馈机制中，重视和加强师生之间的互动与沟通尤为关键。这不仅是为了确保学生能够获得及时的教学反馈，更重要的是通过沟通提升学生的学习动机和参与感。利用虚拟现实平台，可以创建虚拟的师生交流空间，使教师和学生可以在一个仿真的学习社区中进行更加自由和深入的讨论。此外，定期的在线问答、虚拟研讨会等活动也可以促进学生之间的交流与合作，建立更加紧密的学习共同体。在虚拟现实技术的支持下，反馈保障策略具有了前所未有的实施可能性和效能。构建及时反馈系统、实施个性化反馈和建立长期反馈机制，不仅能够大幅提升教学活动的质量和效果，更重要的是能够帮助师范生更好地完成个人的学习和发展目标。随着技术的进步和教育实践的深入，反馈保障策略将成为推动虚拟现实在教育领域应用的重要力量，为未来教育的创新与改革开辟新的道路。

随着科技的飞速发展，虚拟现实技术正逐步渗透到教育领域，为传统的教学方式带来了革命性的变革。特别是在师范生理想指导方面，虚拟现实技术以其独特的沉浸式体验，为师范生提供了一个前所未有的学习和实践平台。

第七章

虚拟现实赋能师范生理想指导机制的
实证应用

虚拟现实技术为师范生构建了理想的教育环境，不仅能够模拟逼真的教学场景，还能创造超越现实的理想空间。在这个沉浸式环境中，师范生能体验不同教育情境下的挑战与机遇，通过模拟真实情境的应用，激发感官和认知能力，促进信息的处理和记忆。虚拟现实技术作为一种有效的学习工具，赋能师范生更好地理解和掌握相关知识，从而在师范生理想指导机制的构建过程中发挥重要作用。

第一节　虚拟现实支持的仪式空间：
师德教育虚拟仿真实验教学平台设计

教育是国家之基，教师乃教育之本。习近平总书记深刻阐述了教育事业发展的两大核心标准：一是以立德树人的实效作为衡量学校工作的基石，二是将师德师风置于教师队伍建设评价的首位。在这一背景下，加强师范生师德素养的培育，这不仅成为教师教育的基石，更是其实践的精髓。

一、平台设计理念

基于虚拟现实技术的教学研究发现虚拟现实学习环境（virtual reality learning environment，VRLE）对学生的学习具有巨大的辅助和促进作用。[1]虚拟现实技术的运用，不仅仅是对教育训练空间和方法的模拟与复制，更是将教育内容、教育方法、角色关系、培养模式等现实因素纳入它的逻辑系统中，并根据它与职业教育系统之间的关联性，建立起一种新的虚实共生的职业教育系统，并使之与现实相结合，为师生之间建立起一种跨界的基本条件。在虚拟场景的教育教学活动中，教师和学生都是参加了教学活动的，他们充分地融入了教学实践活动之中，并且作为一个虚拟的教师角色身份在虚拟的空间中进行相关的活动。

师德教育虚拟仿真实验教学平台的设计基于"虚实结合，深度参与"的原则，为师范生提供了一个"认知—演示—探究—体验—互动—生成"的完整学习流程。旨在通过虚拟现实技术打破传统教学的时空限制，为师范生提供一个身临其境的学习体验。并且高效塑造师范生的师德素养，同时规避伦理风险，整合多维资源，提供沉浸式学习体验，以弥补基础教育在师德培养上的不足。通过线上虚拟实验与线下实践教学的有机结合，使师德教育更加生动、直观，更具情境性和体验性。线上部分，学生可以在虚拟仿真环境中体验师德的真实情境，进行模拟操作和互动，从而深入理解师德的核心价值和要求。线下部分，则通过真实课堂教学对实验过程与结果进行回顾和讨论，巩固学习效果，解答疑惑。

二、平台交互流程

实验教学按照知识学习、情境体验、理论测试、考核报告四个教学环节展开。师德教育虚拟仿真实验教学平台在总课时实践内容基础上完成，学生学习积累相关理论后，进入虚拟仿真实验的知识学习模块和实践模块学习。通过漫游游览和交互实践，实现理论与实践的深度融合，在虚拟场景的德育过程中实现价值观的培养。其交互流程如图7-1所示。

首先，进入实验环节，学习师德教育虚拟仿真实验的概要与目的。随后进入互动界面，具身体验情境，完成学生极端场景处理选项，包括考试作弊事件处理、学生物品丢失事件处理、学生肢体冲突事件处理以及师生冲突事件处理。每个案

---

[1] 丁楠，汪亚珉：《虚拟现实在教育中的应用：优势与挑战》，《现代教育技术》2017年第2期.

例完成后提交主客观题目答案。

接着，点击漫游按钮，依次进入师德教育展馆、典型人物展馆、政策文件展馆、未来馆进行学习。在每个展馆中，等待机器人介绍结束，然后浏览展馆内容，完成并提交主观题目答案，之后进入测试页面，完成选择题。

最后，填写并提交实验总结，提交成功后可在个人中心查看实验报告。

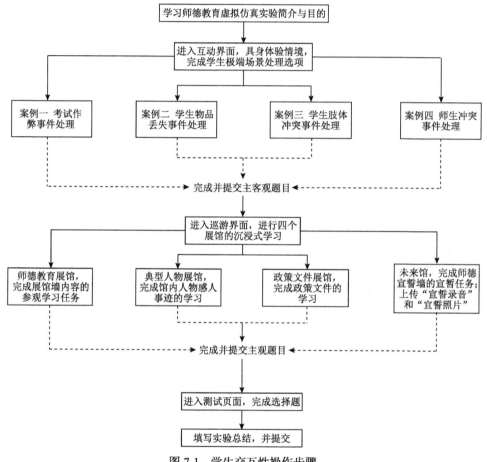

图 7-1　学生交互性操作步骤

三、平台功能模块

（一）认知学习模块

知识学习环节重点涵盖师德政策、理论及其实践应用，旨在引导学生初步理解师德教育的深刻内涵与重大意义。

在沉浸式巡游师德虚拟仿真平台中，师德政策的阅读是重中之重。正如 2021 年 3 月 6 日习近平总书记看望参加全国政协十三届四次会议的医药卫生界教育界委员时的讲话中指出，"要把师德师风建设摆在首要位置，引导广大教师继承发扬老一辈教育工作者'捧着一颗心来，不带半根草去'的精神，以赤诚之心、奉献之心、仁爱之心投身教育事业"[①]，如图 7-2 所示。

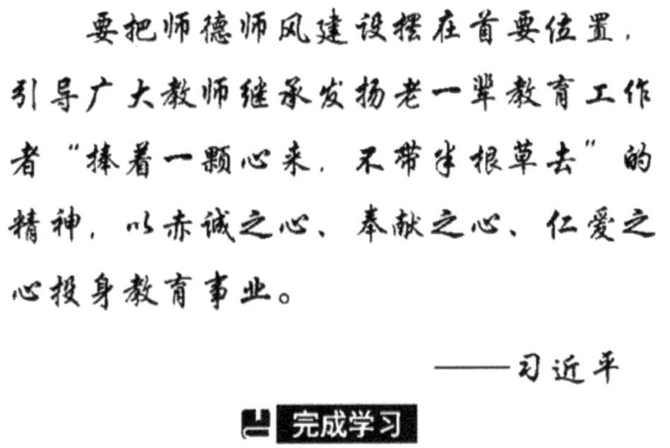

要把师德师风建设摆在首要位置，引导广大教师继承发扬老一辈教育工作者"捧着一颗心来，不带半根草去"的精神，以赤诚之心、奉献之心、仁爱之心投身教育事业。

——习近平

完成学习

图 7-2　实验平台"认知学习模块"习近平总书记重要讲话场景截图

完成学习后，学生需通过知识测试以检验学习成果，只有通过测试，方可进入下一阶段的学习。同时，教师依据测试结果提供精准的评价与反馈，为后续的持续学习与改进指明方向。这样的设计既保证了学习的连贯性，又增强了学习的针对性和实效性。

（二）情境体验模块

情境体验模块精心策划了虚拟实验循环与调控两大环节。在这一模块中，学生将聚焦于师德的核心问题，通过体验式学习来解决师德难题，从而深化对师德的理解和感悟。实验过程中，学生通过教师的引导，以及师德教育虚拟仿真实验教学平台提示，进入虚拟实验环境，并根据实验指引和提示进行交互操作。如根据图 7-3 提示：鼠标左键为选中/拖拽、鼠标右键为自由调节视角、鼠标滚轮为放

---

① 央广网：《【每日一习话·奋斗新征程】以赤诚之心、奉献之心、仁爱之心投身教育事业》2023 年 3 月 6 日，https://news.cnr.cn/dj/sz/20230306/t20230306_526172561.shtml，2024 年 7 月 2 日。

大缩小视野、A 键为向左位移、W 键为前进、S 为向后位移、D 键为向右位移、ESC 为退出程序。

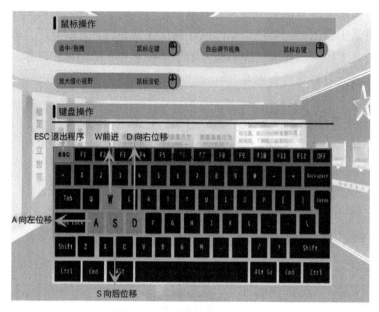

图 7-3　互动体验馆提示截图

完成基本实验后，学生将分组交流讨论，并继续进行师生冲突策略解决的仿真实验，观察调控后的效果。整个实验过程中，教师将提供在线指导、答疑和技术支持，确保学生的实验顺利进行。实验结束后，教师将集中进行答疑，并对学生的完成情况和学习成效进行全面考核与评价，以确保学生真正从实验中获益。

如图 7-4 所示的案例问题：在此考场监考中，您发现了一名作弊考生，您会怎么做？

因势利导——关于学生作弊的处理策略

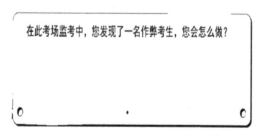

图 7-4　案例：考试作弊事件处理思考题截图

（三）理论测试模块

理论测试模块巧妙地融合了虚拟现实技术，为师范生打造了一个沉浸式的师德体验平台。在这个虚拟世界里，师范生可以身临其境地扮演教师角色，直面各种复杂多变的教育情境，包括面临考试作弊事件处理、学生物品丢失事件处理、学生肢体冲突事件处理以及师生冲突事件处理。这时平台会出现思考题以及相应的选项，以供师范生进行选择。

如图7-5所示的案例问题：这位同学正在作弊，请选择您的处理方法。

A. 直接没收试卷，考试后通报批评

B. 口头警告，如果不交，让学生继续考试，待考试结束后通报批评

C. 让学生继续考试，待考试结束后给零分并记过写检讨

D. 口头警告，暂不没收试卷，让学生继续考试，处理方式待考试后研究决定

通过这种模拟实践，师范生不仅能深刻感受到教师职业所承载的责任与使命，还能在无形中增强对师德教育的认同感和情感共鸣。这种创新的体验方式，不仅使师德教育更加生动有趣，而且大大提高了其感染力和实效性。

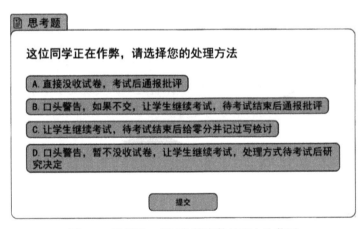

图7-5　思考题：考试作弊事件处理方法截图

（四）考核报告模块

考核报告模块作为实验教学的压轴环节，致力于对学生在虚拟仿真师德课程中的学习成效进行个性化与创造性的综合评价。在完成知识学习、情境体验及理论测试等一系列环节后，教师引导学生围绕"师德教育：策略与展望"这一主题进行分组汇报，旨在促进师生间、生生间的深入交流与互动。

通过实施翻转课堂的教学策略，学生需撰写实验报告，全面且详尽地记录实验过程与个人感悟。如图 7-6 所示，师范生完成思考题并提交考核报告。

图 7-6　考核报告页面截图

之后，教师将对实验流程进行全面细致的分析，综合评估学生的学习成果，并给出相应的评价与反馈，旨在促进课程的持续改进与优化。值得特别强调的是，理论测试环节已巧妙融入知识学习与情境体验之中，实现对学生学习效果的实时跟踪，进而提供具有针对性的指导与支持。

四、平台创新特色

（一）情境模拟实战化

虚拟现实技术彻底颠覆了传统教育培训的局限。通过虚拟仿真实验平台，师范生可以"走进"虚拟课堂，面对各种预设或随机生成的教学难题。例如，他们可能需要处理一个在课堂上突然情绪失控的学生，或者设计一个针对学习障碍学生的个性化教学计划。这些模拟情境不仅考验师范生的教学技巧，还锻炼他们的心理调适能力、应急反应能力和创新思维。

此外，虚拟现实技术允许师范生在这些模拟情境中做出决策并观察结果，从而在实践中学习和成长。他们可以尝试不同的教学策略，观察学生的反应，评估教学效果，并根据反馈调整自己的教学方法。这种"试错"与"优化"的过程，是传统教学模式中难以实现的宝贵学习经历。

（二）实践探索无限化

在虚拟现实技术的支撑下，师范生不再受限于传统教室的四面墙，他们可以在虚拟环境中自由穿梭，探索从基础教育到高等教育的各个阶段，甚至跨越国界，体验不同文化背景下的教育体系。这种跨时空的实践探索，不仅拓宽了师范生的视野，还增强了他们对全球教育趋势的理解和适应能力。

此外，虚拟现实技术为师范生提供了无限次的实践机会。他们可以反复进入师德虚拟课堂，参观师德教育展馆、师德政策文件展馆、典型人物展馆和未来馆，并且在互动体验馆中沉浸式体验未来教学场景。这种反复实践的过程，不仅有助于师范生深化对师德师风的理解，还能让他们在实践中不断积累经验，提升教学技能。

（三）智能反馈精准化

借助先进的人工智能技术，智能反馈系统能够精准捕捉学生的学习动态，包括他们在课堂上的注意力集中程度、对知识点的掌握情况以及解题的思维方式等。通过对这些数据的深度分析，系统能够迅速生成个性化的学习报告，为学生提供有针对性的学习建议。

此外，智能反馈精准化还促进了师生之间的有效沟通。教师可以通过系统实时了解学生的学习进度和困难，及时给予指导和帮助；学生也能通过系统向教师反馈自己的学习感受和需求，从而形成一个良性互动的教学环境。

第二节　共同关注的理想叙事：师德教育展馆和政策文件展馆

共同关注的理想叙事奠定师范生理想指导的活动焦点。师德教育展馆和政策文件展馆作为沉浸式巡游师德教育虚拟仿真实验平台的核心构成，不仅承载着知识传递的重要职责，更成为情感交流与思想碰撞的桥梁。通过精心策划的实验内容与虚拟技术的融合应用，旨在为教师们打造一个生动、直观、互动性强的师德学习空间和政策文件学习空间，进而推动教师师德师风的全面提升，为构建和谐、专业的教育环境贡献积极力量。

一、师德教育展馆

（一）展馆内容

如图 7-7 所示，沉浸式巡游师德教育虚拟仿真实验平台的的师德教育展馆通过展示师德典范与警示案例相结合的视频，探讨师德问题的原因、后果及其预防和解决策略。通过视频案例教学，提醒教师注意职业道德风险，强化师德意识。在每个视频的结尾或适当环节，设计互动问答，鼓励学生思考并回答与视频内容相关的问题。

图 7-7　师德教育展馆截图

（二）展馆目标

展馆精心展示一系列视频，旨在全面呈现教育家的核心理念、独特教育方法以及其对师范生产生的深远影响。团队通过深入挖掘从古至今教育家的经典案例，展示教育家精神如何在不同的时代背景和社会环境下得以传承和发扬光大。同时，还制作了一系列讲述优秀教师师德故事的专题视频，详细记录他们在教学实践中的感人瞬间和崇高师德的生动体现。这些视频将强调师德典范所展现的正面影响力和社会价值，以此激励广大教师群体深入学习和积极效仿，共同提升我国教育事业的发展水平。

（三）展馆意义

师德教育展馆不仅是一个展示教师风采、传递教育理念的窗口，更是激发广大教育工作者对师德师风建设深入探讨、产生深刻共鸣的重要阵地。师德视频能够全方位、多角度地向师范生展示教师的辛勤付出和无私奉献，进一步彰显教师职业的崇高与伟大。此举不仅有助于提升教师队伍的整体素质，更是新时代下加强师德建设、培育高素质教师队伍的坚实步伐，对推动教育事业高质量发展具有不可替代的重要价值。

二、政策文件展馆

（一）展馆内容

如图 7-8 所示，沉浸式巡游师德教育虚拟仿真实验平台的政策文件展馆是一个兼具展览、教育、互动功能的数字化展示平台。该平台专注于呈现国家和地方

图 7-8　政策文件展馆截图

层面关于教育领域，特别是师德建设方面的政策文件，旨在协助参观者全面、深入地理解教育政策的核心精神与具体要求。其主要展示各级教育法规政策文件，包括相关法律法规、指导性文件等，旨在为参观者提供全面、准确的政策信息。同时，展馆还特邀教育专家对政策文件进行深度解读与分析，帮助参观者更好地理解政策内涵。

同时，为增强参观者的学习体验，政策文件展馆设计了一系列互动游戏、情景模拟等活动，使参观者在参与过程中深入了解师德政策。此外，展馆还提供线上线下交流平台，以促进教师之间的深入交流，共同推动教育事业的持续发展。

（二）展馆目标

政策文件展馆旨在传播教育政策知识，确保师范生对教育政策具备坚实且全面的理解，进而在教育法规和指导原则上达成共识。通过展示与师德紧密相关的政策文件，旨在强化教师的职业道德意识，推动其专业发展和道德自律。同时，展馆还提供专家的政策解读与分析，旨在帮助师范生参观者深入领会政策背后的理念、目的及其在教育实践中的指导价值。此外，通过展示教育政策的历史演变和文化背景，传承教育文化，塑造正面的价值观和职业道德观。

（三）展馆意义

普及师德教育政策文件，旨在促进教育质量的提升，以培养具备高尚师德与卓越教学能力的优秀教师为目标。此举不仅有助于确保教育政策的公正实施，而且保障了学生享有平等的受教育机会。通过深入解读师德教育政策，师范生也能够更加明确地认同自身的职业使命和社会责任。同时，政策文件展馆提供的互动体验和创新学习模式，将有效激发其创新思维。

第三节　共同唤醒的情感共鸣：典型人物展馆和未来馆

共享唤醒的情感共鸣激活师范生理想指导的情感动能。教师肩负着为党培养优秀人才、为国家孕育栋梁之材的重要职责，其对信仰的虔诚、坚定和执着是教师履行教育使命、实现个人价值的基石。典型人物的事迹为师德教育提供了鲜活的案例，能将抽象的师德理念具象化、生动化。未来馆旨在激励师范生不断追求卓越，激发他们的创新思维在教育实践中的应用。

一、典型人物展馆

典型人物展馆是沉浸式巡游师德虚拟仿真实验平台中专门设立的一个展区，旨在通过展示历史上和当代教育界的杰出人物，弘扬高尚的师德精神，激励教育工作者和学习者学习典型人物事迹。通过这个展馆，师范生可以更清晰地看到教育的光辉历程，并为实现教育的未来发展目标而努力。

（一）展馆内容

如图 7-9 所示，沉浸式巡游师德教育虚拟仿真实验平台的典型人物展馆主要利用视频、音频、图文等多媒体手段，生动展示典型人物的生平和贡献，主要展示从古至今对中国教育有重大影响的教育家，介绍当代获得"全国教书育人楷模""最美教师"等荣誉称号的教师以及在教育领域进行创新和改革、推动教育事业发展的教育工作者。

图 7-9　典型人物展馆截图

（二）展馆目标

典型人物展馆主要展示从古至今教育界的杰出人物，为教师和师范生树立学习的榜样；通过弘扬教育家精神，传承教育先贤的教育理念和道德情操，增强师范生对教师职业的认同感和荣誉感；通过提供教育实践的反思材料，启发教师和师范生对教育工作的深入思考；通过阅读典型人物的事迹，塑造积极向上的价值观和人生观；通过学习教育家精神，师范生能深化对教育本质的认识，明确教育不仅传授知识，更关乎学生成长、独立思考和社会责任感的培养。

（三）展馆意义

典型人物展馆作为教育精神传承的重要场所，有助于保持教育事业的连续性和发展动力。通过学习典型人物的事迹，激发教师和师范生对教育工作的热情和投身教育改革的动力；通过学习和借鉴典型人物的教育思想和实践经验，有助于提升教育教学质量；通过展示不同背景、不同领域的教育家，展现教育的多样性和包容性，推动教育公平；通过国际教育家的展示，拓展师范生和教育工作者的国际视野，促进国际教育交流。

因此，典型人物展馆不仅是对教育家精神的传承和纪念，也是对教育事业未来发展的投资。通过沉浸式参观典型人物展馆，师范生得以更为清晰地了解教育的光辉历程，并激发其为实现教育未来宏伟发展目标而持续奋斗的动力。

二、未来馆

未来馆是一个专注于展示教师教育未来趋势、创新教育理念和科技在教育中应用的展区。该展馆旨在启发师范生和教育工作者对未来教育的思考，同时提供一个探索教育新方法和新工具的平台。

（一）展馆内容

沉浸式巡游师德教育虚拟仿真实验平台的未来馆主要展示未来教育的发展趋势，如技术融合、个性化教学等。同时探讨未来教师角色的转变——从知识传授者到学习促进者和创新者。此外，为加深师范生对教师职业的认同感与荣誉感，未来馆特别设置教师职业誓词的宣誓环节（图7-10），旨在强化师范生的职业认同，并进一步提升师范生对未来教育的认知与支持。借助虚拟现实、增强现实等先进技术，师范生得以沉浸式体验未来教学场景，为未来的教育发展提供有力支撑。

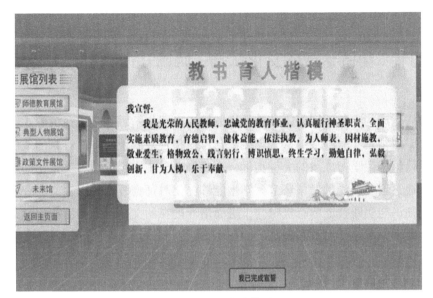

图 7-10 未来馆截图

（二）展馆目标

沉浸式游览未来馆，能让师范生认识到作为未来教师的社会责任和职业使命。在此基础上，鼓励师范生和教育工作者思考教育的未来发展趋势，激发他们在教学方法和策略上进行创新；帮助教师和师范生了解并适应教育领域的快速变化，包括技术进步和政策更新；帮助教师和师范生了解现代教育理念，包括以学生为中心的教学、终身学习等。这一系列举措为培养能够适应未来教育需求的教师提供了理论支持和实践平台。

（三）展馆意义

未来馆肩负着激励与培育未来教师的重任。参观未来馆，对师范生而言，不仅有助于构建对教师职业的认同与自豪，更能助其明确职业目标与发展方向。馆内丰富的体验与学习机会，将有效提升师范生的专业素养与师德水平，激发其投身教育事业的热情。同时，未来馆鼓励师范生勇于探索与实践新的教育方法，以培养其创新能力，对终身学习的重要性的强调也将激励师范生在未来的职业生涯中持续学习与成长。

第四节 协同达成的文化认同：师德知识测试与考核报告

协同达成的文化认同以维持持续性的输出来聚集情感能量。在沉浸式巡游师德教育虚拟仿真实验项目中，知识测试与考核报告被赋予了举足轻重的地位，它不仅是衡量学生学习成果的关键指标，更是推动学生实现深层次文化认同的核心环节。通过这一严谨的考核环节，学生能够深化对师德教育深层含义的理解，实现理论知识与实践技能的有机融合，进而培养内在的文化自觉和道德自觉，为未来的教育事业奠定坚实的基础。

一、师德知识测试

师德知识测试可以根据个体对师德的认知和体验不同，给出个性化的考核结果。通过对虚拟现实技术的深度应用，我们构建了一个高度仿真的教学实践模拟平台，旨在对师范生的师德知识与教学技能进行全面、系统的测试与锤炼。

通过细致分析在虚拟教学环境中所录制的教学活动，师范生能够深入审视自身的教学方法、决策过程以及与学生的互动方式。这种反思不仅有助于揭示教学实践中的潜在优势与不足，而且对于培养师范生在未来真实教学场景中所需的关键技能和素质具有重要意义。

（一）测试目的

通过设计沉浸式巡游师德教育虚拟仿真实验项目中的师德知识测试，旨在评估学生在教师职业道德这一方面的掌握情况，以及他们在面对实际教育情境时能够正确运用师德知识的能力。

（二）测试内容

理论测试部分有相应的测试题，用来检测对相关知识点的掌握情况。把典型的师德学习流程做成交互的游览体验模块，增加学生的参与度，加深对师德内涵的理解，把冲突解决策略措施做成仿真的模块，让学生直观地看到冲突后策略化解决的效果。

1. 互动体验馆

如图 7-11 所示，进入案例 1 交互界面，具身体验学生物品丢失情境，完成并提交主客观题目：你觉得该怎么正确引导学生，让疑似"偷东西"的学生认识到错误并尽可能减轻或消除对其造成的潜在伤害，又尽可能帮助"丢东西"的学生找回物品？

案例 1 满分 5 分，师范生需要在 10 分钟之内选出答案，并且选择恰当处理行为可得满分，选择不当处理行为不得分。

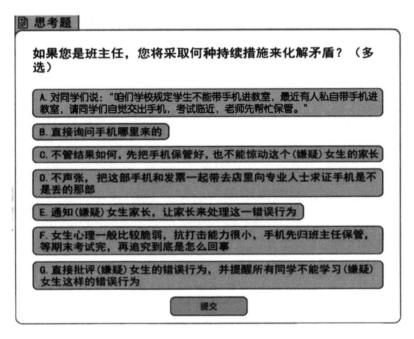

图 7-11　交互案例 1：学生物品丢失场景截图

如图 7-12 所示，进入案例 2 交互界面，具身体验学生肢体冲突情境，完成并提交主客观题目：面对学生肢体冲突，你觉得应该先解决情绪问题，还是先分清是非曲直，为什么？

案例 2 满分 5 分，师范生需用 10 分钟选出答案，并且选择恰当处理行为可得满分，选择不当处理行为不得分。

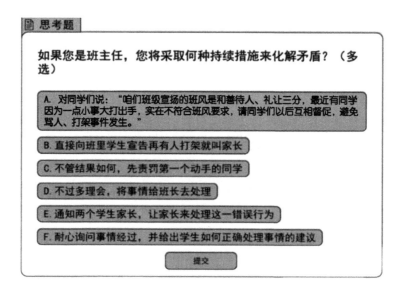

图 7-12　交互案例 2：学生肢体冲突场景

如图 7-13 所示，进入案例 3 交互界面，具身体验师生冲突情境，完成并提交主客观题目：面对问题学生的挑衅行为，教师应该实施怎样的教育惩戒措施才是合情合理的？

案例 3 满分 5 分，师范生需用 10 分钟选出答案，并且选择恰当处理行为可得满分，选择不当处理行为不得分。

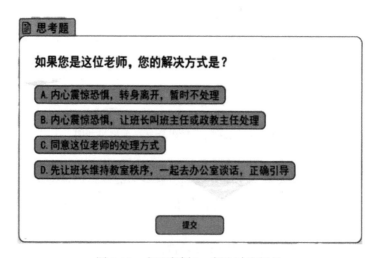

图 7-13　交互案例 3：师生冲突场景

2. 漫游展馆

首先，进入师德教育展馆，完成学习墙内容的参观学习；其次，进入政策文件展馆，选择政策文件进行查看，完成测试题并提交；再次，进入典型人物展馆，完成馆内人物事迹的学习，完成主观题并提交；最后，进入未来馆，完成宣誓任务、上传个人照片。机器人引导漫游展馆如图 7-14 所示。

图 7-14　机器人引导漫游展馆

3. 测试形式

测试形式将包括选择题、思考题等多种题型，以全面评估师范生对师德的知识掌握和遇到冲突事件的应急反应能力。同时，理论测试环节融入知识学习与情境体验各环节，可实时监控师范生学习效果并进行有针对性的指导。

二、考核报告

考核报告详尽地记录了学生在德育虚拟仿真平台学习过程中的知识掌握情况，以及他们根据所学内容所得出的具体结论。这一过程不仅增强了学生的知识储备，而且促使他们对师德教育进行更为深入和全面的思考。

如图 7-15 所示，师范生在成功完成一系列严谨的测试之后，需要按照规定的格式填写实验报告，包括学校、学院、姓名、学号及班级等关键个人信息，以确保报告的准确性和规范性。

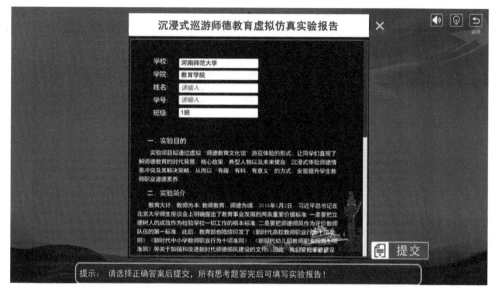

图 7-15　提交实验报告页面

（一）考核内容概述

本次考核聚焦于师范生在沉浸式巡游师德教育虚拟仿真实验项目中所习得的师德知识，通过系统评估师范生在进入仿真平台过程中的综合表现、对四个案例分析的精准判断以及在四个不同展馆的深入学习，旨在全面、客观地掌握师范生的师德知识理解与应用水平。同时，截至 2024 年 7 月 3 日从沉浸式巡游师德虚拟仿真平台收集的数据如图 7-16 所示，数据包括每日浏览量、实验人次、实验人数、实验平均用时、实验完成率及实验通过率等，为评估提供了有力的数据支持。

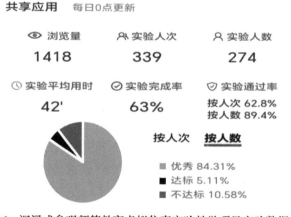

图 7-16　沉浸式参观师德教育虚拟仿真实验教学项目实验数据截图

（二）考核标准

1. 师德教育的时代背景以及核心政策解读是否准确？

重点考察师范生是否对师德教育的时代背景有深入的理解，是否认识到当前教育环境对师德提出的新要求。如教育部工作司汇编的《新时代师德规范》。同时，为了使师范生对国家和地方教育部门关于师德的核心政策有准确的解读，专门配备政策文件展馆以便于师范生完成政策文件的学习，更好地理解每一个政策的目标、内容、实施方式以及政策背后的深层含义。

2. 对师德模范的事迹是否了解？启发和感受如何？

要求考核者列举并描述一些知名的师德模范及其事迹，以检验他们对师德模范的了解程度，如卢永根、李保国、朱有勇、韩冰川、于漪等教师。同时，我们还将询问考核者从师德模范的事迹中获得了哪些启发和感受，以及这些启发和感受如何影响他们的教育实践和职业行为。

3. 对虚拟师德领域中的冲突性情境是否有合理的应对策略？

为了测试考核者在面对师德领域中的冲突性情境时的应对能力，我们设计了一系列虚拟的师生冲突情境，并让师范生在虚拟场景中成为教师，针对不同冲突有一系列应对选择，要求师范生选择出正确的处理方式。这些情境包括考试作弊事件处理、学生物品丢失事件处理、学生肢体冲突处理以及师生冲突事件处理，旨在考察考核者是否能够坚守师德底线，正确处理各种教育冲突。

4. 对师范生的未来职业使命是否有正确感知与理解？

在这一部分，我们将考察考核者是否对师范生的未来职业使命有清晰的认识。我们将询问考核者关于师范生应该承担哪些社会责任、如何培养学生的品德和才能、如何推动教育公平等方面的看法。通过这一环节的考核，我们将了解师范生是否具备正确的教育理念和职业责任感，能否为受教育者的成长和发展提供正确的引导和支持。

（三）考核方法

沉浸式巡游师德教育虚拟仿真实验教学平台通过通关式操作考核、实验相关知识点测试、实验报告分析等形式，构筑多维度、过程化、多主体考核评价体系，全面评价学生的学习效果，从而促进教学的持续改进。

1. 通关式操作考核

学生完成考核后，系统会自动生成一份考核报告，在考核报告中展示出学生的错误操作，以及操作时间。同时，在网站后台统计学生的报告，教师对每名学生的报告进行批改。

2. 实验相关知识点测试

在四个交互案例处理中，师范生针对不同案例进行答案选择。四个交互案例分别为考试作弊事件处理、学生物品丢失事件处理、学生肢体冲突事件处理以及师生冲突事件处理。

3. 实验报告分析

师范生按顺序依次处理四个交互案例，并游览完毕师德教育展馆、典型人物展馆、政策文件展馆和未来馆及完成测试题后，需要填写并提交实验报告，最后可从师德虚拟仿真数据统计平台入口处得出共享数据统计结果，如图7-17所示。

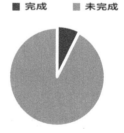

图 7-17 河南省高等学校虚拟仿真实验教学共享平台师德虚拟仿真数据统计截图

（四）考核结果分析

在师德冲突情景中，个体道德认知水平相同、接受水平不同的条件下，对师德教育的内化程度并不相同，所达到的实验结果也会有所差异，因而需要根据个体对师德的认知和体验不同给出个性化的考核结果：①沉浸式巡游师德教育展馆、政策文件展馆、典型人物展馆和未来馆，完成知识学习。相关测试题从师德内涵理解、师德建设背景、师德时代意义、先进师德代表、师德体验认同等方面考查是否达成目标，如未达成，需在教师指导后继续学习。②四个典型案例的交互结果大体分为师德"失范"与师德"践行"；若选择师德"失范"处理方式，系统将推出对应政策知识，并反馈给教师，师范生重新学习后，再次实验直至达到师德"践行"水平。若选择师德"践行"处理方式，系统和教师会给出相应的激励机制。

由上述实验结果可以得到如下结论：①本虚拟仿真实验能够促使师范生真实地沉浸式体验有关师德养成的案例以及师德冲突情境，提高师德教育效率和质量；②能够有效拓宽学生视野，提高学生主动思考和解决师德问题的能力。

综上所述，通过知识测试与考核报告环节，学生不仅能够巩固和深化对师德教育的理解和认同，还能够将所学的理论知识转化为实际行动，形成内在的文化自觉和道德自觉。这种文化认同不仅有助于学生个人成长和发展，也为整个社会的道德建设和文化建设提供了有力支持。

第八章

总结与展望

　　虚拟现实技术作为一种前沿的技术手段，在教育领域的应用已经展现出了巨大的潜力。虚拟现实技术指导师范生的职业理想主要包括生活理想，职业理想，道德理想和社会理想。其指导师范生的重点分别为"修己""立志""乐道""家国情怀"。

　　第一，虚拟现实技术通过模拟真实的教学环境，使师范生能够在虚拟环境中进行试讲、模拟授课等活动，从而提升自己的教学技能和应对课堂突发情况的能力。这种实践能力的提升有助于师范生建立自信，坚定他们从事教育事业的决心，从而塑造其勇于担当、追求卓越的生活理想。另外，在虚拟现实环境中，师范生可以更加客观地审视自己的教学行为和表现。他们可以通过回放教学视频、分析教学数据等方式，发现自己在教学中存在的问题和不足，并进行针对性地改进和提升。这种自我反思的过程有助于师范生形成批判性思维和持续改进的习惯，为他们的成长和发展提供源源不断的动力。这种自我完善的过程也是"修己"的重要体现之一。

　　第二，通过虚拟现实技术，师范生可以见证自己教学行为对学生产生的积极影响，如学生学习成绩的提高、兴趣爱好的培养、品德修养的提升等。这种直观的感受让师范生深刻认识到教育工作的价值和意义，进而增强他们从事教育事业的决心和信心。另外，在虚拟现实场景中，师范生可以感受到学生的尊重和爱护，以及同事之间的合作与支持。这种积极的情感体验有助于增强师范生的职业认同感，培养师范生的坚韧不拔、勇于担当的职业精神，为他们在未来的职业生涯中面对各种挑战提供精神支撑，让他们更加珍惜和热爱自己的职业。

第三，在虚拟现实技术搭建的场景中，师范生可以亲眼看到自己的教学行为对学生产生的积极影响，如学生学习成绩的提高、兴趣爱好的培养等。这种直观的感受有助于师范生深刻认识到教育工作的价值和意义，从而树立起乐教爱生的职业精神。此外，通过虚拟现实技术的体验和学习，师范生可以更加清晰地认识到自己作为未来教师的责任和使命。他们将以更加饱满的热情和坚定的信念投身于教育事业中，努力成为学生成长的引路人和同行者。

第四，虚拟现实技术能够重现历史关键时刻和重大事件，如革命战争、国家建设等场景。师范生通过佩戴虚拟现实设备，可以身临其境地感受历史的厚重与国家的变迁，从而增强对国家和民族的认同感、责任感。另外，通过虚拟现实技术开展以家国情怀为主题的社会实践项目。例如，通过虚拟现实技术展示国家重大工程项目或社会公益活动，让师范生参与其中并贡献自己的力量。这种体验有助于师范生将家国情怀内化为自己的职业理想和行动动力，增强他们的社会责任感和全球意识。

一、研究总结

本研究立足于深入推进师范生教育高质量发展，以着力培养党和师范生满意的师德高尚、业务精湛、结构合理、充满活力的未来卓越教师队伍为出发点，重点分析了虚拟现实技术对指导师范生理想的诸多影响因素和可能性。以虚拟现实设备的智能化、高效化、体系化教学作为提升教育质量、促进教育公平、增强师范生理想的重要教学手段，深入研究虚拟现实技术教学设备对师范生理想指导的影响。本研究以问题为导向。首先，汇总了现存的虚拟现实头盔终端设备并确定其技术规范；分析了虚拟现实设备的特征和相比传统实验设备的优势，以师范生理想现状为基础，梳理出虚拟现实设备对理想的潜在影响因素，确定了待研究属性的各级指标并对其进行了解释。其次，编制了适用于师范生的测试问卷和评价问卷，通过问卷分析法探究了师范生对学校理想指导的评价与看法，明晰当前师范生理想指导的现状和挑战。最后，结合定性访谈分析和定量数据分析两种分析方法，得出多个结论，以期为师范生树立坚定的教育理想信念、激发师范生的教育情怀、为师范生确立正确的师德观念与促进全面发展提供有力的技术支持。

二、研究发现

师范生理想指导机制是一个完整的统一体，因此其运行具有一定的规律性。依据人与技术的关系及其运作方式（强弱、变化方向、作用方向）的不同，会产生不同的变化。探索其规律，有助于把握其内在运作机理，找到最佳的动态运转方式。

一方面，身体图式之于技术的构建规律。身体图式为技术链的搭建提供了基础性架构。此处身体图式主要聚焦在身体的动觉捕捉上。梅洛-庞蒂认为，身体之各处感官的感知是相互依存的，尤其是视觉、嗅觉、触觉等，并以此延伸出其他感觉。比如，你在自然界看到鸟儿在树枝上休憩，听到鸟儿"歌唱"以及鸟儿在树枝上蹦蹦跳跳时，可以延伸出更多的思考——树枝的韧性、鸟儿的重量与力度等等。这也能够有效佐证感应的统一性。各个感官并不是独立存在的，一切类似于一个"全息合集"并于身体内部所呈现，这种"全息合集"进而促进个体形成某种判断与结论。技术链便是基于此，形成一系列的链条。当然，论证至此也仅能说明身体图式的基础性，关于动能捕捉的问题便需要结合虚拟仿真技术一起讨论了。以最为常见的惯性动捕技术与眼球追踪技术为例，佩戴头戴式显示器之后若无头部的运动（身体运动的一部分），那么虚拟仿真技术的呈现就是一幅静态的局域性画面。此外，不难发现身体技术（或称身体运动）与虚拟仿真技术具有内在统一性或同构性。绝对一些，可以说没有身体运动，就不存在虚拟现实技术，虚拟过程也就无法展开。同时，虚拟仿真技术又是拓展身体技术的重要方式。身体技术与虚拟仿真技术之间相互依存。比如，在虚拟仿真技术诞生之前，人仍然存在"白日做梦"的幻想，虚拟仿真技术只不过将这种幻想在一定程度上体现了出来。一切都是对现实的映照，是对身体运动的彰显。需要注意的是，虚拟仿真技术与实物存在较大差异，是因为虚拟仿真技术的主体是一种虚拟状态下的身体，体验是通过虚拟技术的交互产生的，身体运动或身体技术并未投射于现实中，而是存在于虚拟场域。回到同构性上来，这也证明了虚拟仿真的技术设计是参照身体的。因为技术建构、设计的过程必然要与身体的感知觉相契合，只有如此诞生的符号语言，无论是技术符号还是虚拟象征，对"人"而言，才是有意义的。最后，需要指出的是，技术经验的丰富与发展与身体技术并非愈加远离的，而是一种复归，尤其是当下技术创新时代对于身体复归的呼唤与渴求。这也是当下的伦理性要求。

另一方面，技术之于身体的构建规律。上述规律主要讨论的是身体与技术关系中的身体之维，接下来重点观照两者间的技术之维——技术之于身体处于何种地位。其一，技术之于身体的感知觉具有特殊的作用。举个很简单的例子，拐杖之于个体感知觉的延伸，拐杖此处便被称为一种辅助技术。从现象学角度来讲，技术对感知觉的影响主要在于"放大—缩小"。这种"放大—缩小"的影响往往同步发生。比如，依托电视媒介，通过视觉，观看某类电视节目，在关注剧情的同时，难免会忽视细节的刻画；在认真观看某一电视节目之际，往往会忽视真实场景中的人物及环境，等等。其二，技术透明性的追求之于身体的具身性表现。无论是传统技术物还是虚拟仿真技术，都在追寻"透明性"。所谓"透明性"是指让受众逐步忽视、忘记技术本身，沉浸其中，比如传统技术物——窗户、眼镜等；手机现在被称为人的"第三只手"也是如此，一会儿不看手机心里发慌亦是此表现。当然了，这种"透明性"并不是完全无序的，它在延伸与拓展方面也具有一定的方向性，这种方向性在虚拟仿真技术的透明性上同样有所体现。虚拟仿真技术同样具有"透明性"，其透明性主要彰显在以下维度：外在物质工具的透明，如头戴式显示器重量愈加减轻；像素、分辨率的提高，进而增强了虚拟画面感和立体感。

三、不足与展望

通过梳理并回顾整个研究过程，发现目前研究中尚存在一些不足之处，未来的研究可以在此基础上进一步完善。

第一，大部分被调查者对虚拟现实技术有一定的了解，但接触过虚拟现实技术的师范生很少，其所在区域正在试行虚拟现实技术。未来可以延长实验的研究周期，每月进行一次数据调研，增加参与实验的师范生数，观察随着时间推移师范生接受虚拟现实技术指导后的理想意愿是否变化，从而降低数据偶然性。

第二，家庭和学校可能对技术的采用产生重大影响，未来的研究可以在西部、中部、东部地区选择更多更具代表性的学校，根据地域调整实验内容，构建多样化的实验环境。

　　第三，调查中的大多数受访者很年轻。年轻一代普遍对虚拟现实技术持积极态度，因此未来有必要对中年群体进行研究，以检验年龄对假设模型的调节作用。

　　第四，该研究数据来源大多来自城市高校，关于不发达地区师范生采用虚拟现实技术的意愿超出了本研究的范围。因此，未来可以对农村和城市的师范生进行比较研究，以检验他们使用虚拟现实技术指导师范生理想采用意愿的差异。

参 考 文 献

阿木古楞，杨琳：《师范院校弘扬教育家精神的价值意蕴、基本遵循与实践路径》，《中国大学教学》2024 年第 11 期。

艾美伶：《办好人民满意的教育：师范生培养应注重涵育四大情怀》，《上海教育》2023 年第 33 期。

白显良，王华敏：《加强免费教育师范生职业理想教育的若干思考》，《西南大学学报（社会科学版）》2010 年第 5 期。

布莱恩·阿瑟：《技术的本质：技术是什么，它是如何进化的》，曹东溟，王健译，浙江人民出版社 2018 年版。

曹丽蓉：《师范专业学生职业价值取向分析》，《教育与职业》2014 年第 12 期。

常建勇：《儒家理想人格学说对当代大学生人格建构的价值论析》，《河北大学学报（哲学社会科学版）》2018 年第 6 期。

陈亮，邹洪森：《数智时代大学多样化发展的多维阐释、运行机理与未来想象》，《南京社会科学》2024 年第 8 期。

陈玮：《大学生道德理想构建的路径：坚持和发展中国特色社会主义教育》，《学术探索》2014 年第 4 期。

陈相光：《具身：语义的身体发生逻辑及其意涵：基于身体的现象界说与阐释》，《广东社会科学》2019 年第 5 期。

陈莹：《VR+教育，你看到了什么》，《科技日报》2016 年 6 月 15 日第 5 版。

程建家，殷正坤：《虚拟生存的意义性探究》，《自然辩证法研究》2001 年第 2 期。

程新平：《重视免费师范生职业品质教育》，《光明日报》2008 年 1 月 9 日第 11 版。

褚乐阳，陈卫东，谭悦，等：《虚实共生：数字孪生（DT）技术及其教育应用前瞻：兼论泛在智慧学习空间的重构》，《远程教育杂志》2019 年第 5 期。

崔建，邓湖川：《高校免费师范生职业理想教育浅论》，《思想理论教育导刊》2013 年第 6 期。

崔雅丽：《将爱国情、强国志、报国行融入血脉》，《青海党的生活》2019 年第 9 期。

丁楠，汪亚珉：《虚拟现实在教育中的应用：优势与挑战》，《现代教育技术》2017 年第 2 期。

杜建军：《论新型师生关系的构建：基于哈贝马斯交往行为理论的研究》，《河南大学学报（社会科学版）》2018 年第 4 期。

杜威：《杜威教育名篇》，赵祥麟等译，教育科学出版社 2006 年版。

冯契：《冯契文集第三卷：人的自由和真善美》，华东师范大学出版社 1996 年版。

冯契：《智慧的探索》，华东师范大学出版社 1997 年版。

冯契：《哲学大辞典》，上海辞书出版社 2001 年版。

冯瑛，王一帆：《在职业生涯教育中坚持社会主义核心价值观导向研究》，《思想教育研究》2015 年第 10 期。

高阳，冷雪敏，许傲然，等：《电力系统 VR 仿真综合实践平台的建设与共享》，《高教学刊》2020 年第 4 期。

高义栋，闫秀敏，李欣：《沉浸式虚拟现实场馆的设计与实现：以高校思想政治理论课实践教学中红色 VR 展馆开发为例》，《电化教育研究》2017 年第 12 期。

葛骁欧，罗立兴：《大学生厚植爱国情、强国志、报国行的内涵逻辑》，《学校党建与思想教育》2020 年第 5 期。

宫长瑞，张乃亮：《思想政治教育数字叙事的生成逻辑、问题表征与路径优化》，《思想理论教育》2024 年第 3 期.

苟祥煜，刘志勤：《虚拟现实技术在品德教育中的应用》，《中国教育技术装备》2011 年第 6 期。

谷亚东，汤艳：《高校思想政治理论课职业理想教育功能的实现》，《黑龙江高教研究》2014 年第 6 期。

顾明远：《既做经师更做人师》，《北京师范大学学报（社会科学版）》2015 年第 1 期。

顾小清：《信息时代的教师专业发展：理念、方法》，《电化教育研究》2005 年第 2 期。

哈贝马斯：《交往与社会进化》，重庆出版社 1989 年版。

韩立云，刘素梅：《大学生理想信念教育的整体性构建：对高校师范生的调查思考》，《南京政治学院学报》2018 年第 3 期。

杭云，苏宝华：《虚拟现实与沉浸式传播的形成》，《现代传播（中国传媒大学学报）》2007 年第 6 期。

郝文武，姜朝晖，王洪才，等：《开创中国式现代化，推进教育强国建设：学习习近平〈论教育〉笔谈》，《重庆高教研究》2024 年第 6 期。

胡咚：《当代大学生个体理想教育探析》，硕士学位论文，广西师范大学，2012 年。

胡容：《高师院校师范生职业理想培育研究》，硕士学位论文，西华师范大学，2018 年。

黄翠翠，于潇清：《道德理想教育的必要性和现实路径分析》，《当代职业教育》2015 年第 4 期。

黄德林，邱杰，徐伟，等：《思想政治教育若干前沿问题研究》，中国社会科学出版社 2017 年版。

黄洁，王运武：《基于虚拟现实的师范生教学技能训练模式研究》，《软件导刊》2019 年第 2 期。

黄敬兵：《以四史为载体加强师范生理想信念教育研究》，《理论观察》2021 年第 4 期。

黄蓉生：《为了那份责任担当》，《西南大学学报(社会科学版)》2010 年第 5 期。

黄训达：《消费主义影响下大学生道德理想弱化问题研究》，硕士学位论文，河北师范大学，
2012 年。

黄奕霏：《公费师范生教师职业信念现状及提升策略研究：以 J 省三所高校为例》，硕士学位
论文，东北师范大学，2022 年。

蒋小花，沈卓之，张楠楠，等：《问卷的信度和效度分析》，《现代预防医学》2010 年第 3 期。

荆品娥：《理想的本质内涵探讨》，《河南师范大学学报(哲学社会科学版)》2004 年第 5 期。

旷三平：《诘问与反驳：马克思社会预见理论的现代"碰撞"》，《马克思主义研究》2004
年第 1 期。

兰德尔·柯林斯：《互动仪式链》，林聚任，王鹏，宋丽君译，商务印书馆 2009 年版。

兰婉莹：《新时代大学生社会理想教育研究》，硕士学位论文，西北大学，2021 年。

类延旭：《大学生理想信念教育重在引导》，《学校党建与思想教育》2004 年第 10 期。

李阿特：《师范大学生职业价值观的研究》，《吉林师范大学学报(人文社会科学版)》2007
年第 3 期。

李红文：《论道德理想与道德义务》，《武汉理工大学学报(社会科学版)》2019 年第 6 期。

李辉：《实习支教：新时代高校师范生职业理想教育的实践契合》，《河北师范大学学报(教
育科学版)》2019 年第 1 期。

李辉：《新时代我国高校师范生职业理想教育研究》，博士学位论文，河北师范大学，2020 年。

李晋：《员工—主管上向信任影响因素和作用机理研究》，博士学位论文，山东大学，2009 年。

李慕：《主流意识形态引领个人思想行为的价值理路》，《思想战线》2023 年第 4 期。

李伟，原于茜：《网络时代主流意识形态的符号叙事探析》，《理论导刊》2022 年第 11 期。

李小志，陈宥辛，叶新东：《基于虚拟课堂的师范生技能训练实验平台设计与开发》，《中国
教育信息化》2019 年第 17 期。

李昕桐：《马克思的"身体现实性"思想初探》，《社会科学战线》2016 年第 8 期。

李迎春：《对我国大学生职业生涯规划的思考》，《江苏高教》2011 年第 1 期。

李月青：《日常生活视阈下的理想信念教育》，博士学位论文，河北师范大学，2021 年。

连步伟：《公费师范生理想信念的现状及教育引导研究：以华中师范大学为例》，硕士学位论
文，华中师范大学，2020 年。

梁启超：《新民说》，商务印书馆 2016 年版。

林丹，王子凡，胡静：《"经师"与"人师"统一：我国中小学教师职前培养的关键难点》，
《现代教育管理》2024 年第 1 期。

刘宝存：《大学的本质在于求真育人：顾明远大学理想研究》，《比较教育研究》2018 年第
10 期。

刘德建，刘晓琳，张琰，等：《虚拟现实技术教育应用的潜力、进展与挑战》，《开放教育研
究》2016 年第 4 期。

刘革平，王星，高楠，等：《从虚拟现实到元宇宙：在线教育的新方向》，《现代远程教育研
究》2021 年第 6 期。

刘焕明，周冰倩：《新时代美好生活的丰富内涵与实现路径》，《江南大学学报(人文社会科

学版)》2020 年第 2 期。

刘庆昌：《关于教育理想的几个基本理论问题》，《山西大学学报(哲学社会科学版)》2011
　　年第 4 期。

刘舒玮：《新时代大学生的社会理想及其培育研究》，硕士学位论文，华南理工大学，2023 年。

刘松梅：《基于虚拟现实平台的中学信息技术课程设计与应用》，硕士学位论文，四川师范大
　　学，2012 年。

刘铁芳：《重申教学的教育性：教学如何促成个体完整成人》，《中国教育科学(中英文)》2019
　　年第 4 期。

刘相明，宋传文：《大学生职业规划的组织行为管理研究》，《教育与职业》2013 年第 18 期。

刘啸萱：《初中思想品德课中社会理想认同教育研究》，硕士学位论文，东北师范大学，
　　2013 年。

罗生全，刘玲玲：《数字化教育资源的空间结构与生成式应用》，《教育理论与实践》2024
　　年第 34 期。

吕宏利：《浅谈师范生的职业理想问题及教育对策》，《现代教育科学·普教研究》2011 年第
　　1 期。

马克思，恩格斯：《马克思恩格斯全集(第一卷)》，中共中央马克思恩格斯列宁斯大林著作编
　　译局译，人民出版社 1956 年版。

毛天虹：《虚拟生存背景下思想政治教育创新研究》，《黑龙江高教研究》2016 年第 7 期。

莫里斯·梅洛-庞蒂：《知觉现象学》，姜志辉译，商务印书馆 2001 年版。

莫琼玉：《大学生道德教育与社会道德需求合理契合的途径》，《湖南科技学院学报》2013
　　年第 6 期。

宁心：《将爱国情化为报国行》，《新湘评论》2019 年第 21 期。

邱亚萍：《虚拟现实技术在高等教育领域的价值逻辑与发展策略》，《攀枝花学院学报》2019
　　年第 1 期。

任永灿，郭元凯：《教育实践满意度对师范生职业认同感的影响：心理资本和心理契约的链式
　　中介模型》，《教师教育研究》2022 年第 1 期。

沙璇：《利用虚拟现实技术的初中语文情境教学探索》，硕士学位论文，扬州大学，2023 年。

申小蓉，潘云宽：《大数据时代高校精准思政的主要特征、运行机制和实践策略》，《学校党
　　建与思想教育》2023 年第 23 期。

盛玉全：《新时代"美好生活"的基本内涵及其实现路径研究》，硕士学位论文，中共湖北省
　　委党校，2019 年。

史铁君：《虚拟现实在教育中的应用》，硕士学位论文，东北师范大学，2008 年。

司红：《高校学生的职业理想教育与职业生涯规划》，《北方论丛》2002 年第 5 期。

宋凯，杨承智：《交互的沉浸式体验：虚拟现实空间的建构法则》，《中国广播电视学刊》2020
　　年第 9 期。

宋小红：《网络道德失范及其治理路径探析》，《中国特色社会主义研究》2019 年第 1 期。

孙晶晶，姜育育：《品德心理研究方法的回顾及思考》，《重庆科技学院学报(社会科学版)》
　　2011 年第 8 期。

孙小晨：《地方高校师范生社会实践育人机制研究》，《淮南职业技术学院学报》2017 年第

2 期。

汤跃明：《虚拟现实技术在教育中的应用》，科学出版社 2007 年版。

涂良川：《"数字孪生"拓展实践技术逻辑的哲学叙事》，《理论与改革》2023 年第 4 期。

王柏棣：《个体理想形成过程研究》，博士学位论文，东北师范大学，2012 年。

王柏棣，王平：《论理想形成的本质》，《思想教育研究》2012 年第 5 期。

王华敏，黄良勇：《免费师范生职业理想现状调查与对策思考》，《学校党建与思想教育》2011 年第 10 期。

王婧馨，康秀云：《新时代师范生师德教育：价值意蕴、目标指向及实践路径》，《现代教育管理》2021 年第 10 期。

王莉，孙建华：《网络背景下大学生虚拟生存问题研究》，《中国成人教育》2013 年第 20 期。

王梦琪：《论个人理想与社会理想之融合：从"我的梦"到"中国梦"》，《福州党校学报》2017 年第 1 期。

王平：《教师情感素养：理据、内涵与提升路径》，《教育研究与实验》2024 年第 3 期。

王萍，林利民：《教育现象学视域下师范生教育情怀的养成及其践行》，《教育发展研究》2024 年第 17 期。

王仕民，郑永廷：《当代大学生理想信念形成特点及原因分析》，《教学与研究》2008 年第 5 期。

王曦：《优秀传统文化融入师范生理想信念教育对策研究》，《中国军转民》2023 年第 20 期。

王向清：《论冯契的理想学说》，《中国哲学史》2006 年第 4 期。

王向清：《论毛泽东的共产主义新人理想人格学说》，《马克思主义研究》2008 年第 12 期。

王旭：《免费师范生职业理想问题及对策研究》，硕士学位论文，华中师范大学，2012 年。

王英志：《虚拟生存方式的悖论与反思》，《东北师大学报 (哲学社会科学版)》2015 年第 3 期。

王志临：《基于虚拟现实技术的师范生信息化教学能力提升策略研究》，《湖北开放职业学院学报》2023 年第 36 期。

韦吉锋：《关于网络思想政治教育界定的科学审视》，《学校党建与思想教育》2003 年第 2 期。

韦艳娇：《沉浸式虚拟现实课堂设计方案研究》，硕士学位论文，上海师范大学，2017 年。

温旭：《虚拟现实技术赋能高校思想政治教育的价值与应用》，《思想理论教育》2021 年第 11 期。

吴明隆：《结构方程模型：AMOS 的操作与应用》，重庆大学出版社 2016 年版。

吴祥恩：《虚拟现实技术在"现代教育技术"课程中的应用研究》，《中国电化教育》2011 年第 3 期。

习近平：《高举中国特色社会主义伟大旗帜 为全面建设社会主义现代化国家而团结奋斗——在中国共产党第二十次全国代表大会上的报告（2022 年 10 月 16 日）》，《人民日报》2022 年 10 月 26 日第 1 版。

习近平：《习近平在中共中央政治局第五次集体学习时强调：加快建设教育强国 为中华民族伟大复兴提供有力支撑》，《人民日报》2023 年 5 月 30 日第 1 版。

肖祥：《马克思主义生活观研究》，中国社会科学出版社 2019 年版。

肖正德，谢宜珍：《新时代乡村教师理想信念教育：价值意蕴、现实问题及破解对策》，《中国教育学刊》2024 年第 3 期。

新华社：《新时代爱国主义教育实施纲要》，《人民日报》2019 年 11 月 13 日第 6 版。

邢翠，王蔚，郭东升：《新时代高校加强教师队伍师德师风建设的实践》，《化学教育（中英文）》2023 年第 24 期。

邢林艳：《大学生个人理想与社会理想相统一的路径研究》，《改革与开放》2019 年第 8 期。

熊富标：《大数据时代诚信机制建设的机遇、特点与路径》，《中州学刊》2015 年第 6 期。

徐琛，覃辉银：《中国共产党政党自觉的逻辑结构》，《华南理工大学学报（社会科学版）》2024 年第 6 期。

徐楚雯，李龙强：《马克思主体性思想的逻辑变奏》，《长春师范大学学报》2024 年第 7 期。

徐玲：《以高质量的师范教育助力推进中国式现代化》，《社会科学家》2023 年第 10 期。

徐玉特：《嵌入与共生：民族传统节庆文化创造性转化的内生逻辑：基于广西 DX 县陇峒节的考察》，《中南民族大学学报（人文社会科学版）》2021 年第 12 期。

杨翠芳，任祎曼：《数字时代具身性的化身传递之潜能与路径》，《江汉论坛》2023 年第 8 期。

杨蕾，陈先哲：《从"中心—边缘"到创新网络：知识溢出视野下的粤港澳大湾区高等教育集群发展》，《现代大学教育》2022 年第 5 期。

杨明：《个体道德·家庭伦理·社会理想：〈礼记〉伦理思想探析》，《道德与文明》2012 年第 5 期。

杨艳茹，肖立莉，刘向军：《新时代师范生理想信念教育的课程体系研究》，《教育科学》2020 年第 5 期。

叶豪芳：《孔子君子道德理想人格思想及其现代价值》，硕士学位论文，云南大学，2010 年。

易晓明：《新时代学校美育观的确立与发展》，《教育研究》2024 年第 9 期。

尹后庆，祝智庭，顾建军：《教育数字化背景下的未来教育与基础教育学建设（上）》，《基础教育》2022 年第 4 期。

余宝睿：《高校思想政治教育者应加强对大学生网络行为的教育》，《课程教育研究》2018 年第 38 期。

俞亚萍，强浩：《大学生网络道德教育协同创新微探》，《学校党建与思想教育》2014 年第 16 期。

袁希：《反思与重构：公民网络道德建设路径的思考》，《思想政治教育研究》2021 年第 5 期。

袁振国：《立德树人的理论内涵与落实机制建设》，《人民教育》2021 年第 Z315 期。

翟亚楠：《"失色"与"增色"：师范生理想信念教育现状审思及路径探索》，《黑龙江教师发展学院学报》2023 年第 8 期。

张东刚：《弘扬教育家精神打造"经师"和"人师"相统一的高素质教师队伍》，《国家教育行政学院学报》2023 年第 10 期。

张恒：《新时代高校师范生职业理想培育策略研究》，硕士学位论文，东北师范大学，2023 年。

张宏：《雅斯贝尔斯之本真教育》，山西人民出版社 2018 年版。

张虎，田茂峰：《信度分析在调查问卷设计中的应用》，《统计与决策》2007 年第 21 期。

张洁：《需要理论视角下大学生核心价值观教育》，《人民论坛》2013 年第 32 期。

张倩，李子建：《职前教师专业身份建构之困境与出路：对教师教育内涵式发展的思考》，《课程·教材·教法》2014 年第 3 期。

张森年：《论社会主义核心价值观与师德养成：习近平的师德思想研究》，《毛泽东邓小平理论研究》2017 年第 1 期。

张旭耀：《"织梦栖居"：虚拟现实艺术研究》，博士学位论文，福建师范大学，2022 年。

张应强：《用教育情怀和道德信念诠释教育的真谛：我对鲁洁教授学术和人生的体认》，《重庆高教研究》2021 年第 2 期。

张哲，张裕然：《人工智能时代思想政治教育的空间逻辑》，《思想理论教育》2024 年第 2 期。

张卓君：《青年理想取向工作价值观的产生机制》，《青年研究》2021 年第 3 期。

郑颖立：《体验式虚拟实验研究》，博士学位论文，华东师范大学，2008 年。

郑震：《论不确定性：问题意识及其现代意义》，《福建师范大学学报（哲学社会科学版）》2024 年第 6 期。

周彬：《教师教育专业知识：生成、积累与课程转化》，《教育研究》2021 年第 7 期。

朱有琳：《中国近代学制史料(第二辑下册)》，华东师范大学出版社 1989 年版。

Bower M. "Affordance analysis: matching learning tasks with learning technologies." *Educational Media International*, Vol.45, No.1, 2008, pp.3-15.

Dalgarno B, Lee M J W. "What are the learning affordances of 3-D virtual environments?" *British Journal of Educational Technology*, Vol.41, No.1, 2010, pp.10-32.

Di Natale A F, Repetto C, Riva G, et al. "Immersive virtual reality in K-12 and higher education: A 10-year systematic review of empirical research." *British Journal of Educational Technology*, Vol.51, No.6, 2020, pp.2006-2033.

Harskamp E G. "Schoenfeld's problem solving model in a digital learning environment." *Hiroshima Journal of Mathematics Education*, Vol.11, 2005, pp.33-47.

Heaton J M. "The ecological approach to visual perception" *Journal of the British Society for Phenomenology*, Vol.13, No.1, 1982, pp.98-99.

Jeno M L, Vandvik V, Eliassen S, et al. "Testing the novelty effect of an m-learning tool on internalization and achievement: A self-determination theory approach." *Computers & Education*, Vol.128, 2019, pp.398-413.

Johnson-Glenberg M C, Birchfield D A, Tolentino L, et al. "Collaborative embodied learning in mixed reality motion-capture environments: Two science studies." *Journal of Educational Psychology*, Vol.106, No.1, 2014, pp.86-104.

Kozhevnikov M, Gurlitt J, Kozhevnikov M. "Learning Relative Motion Concepts in Immersive and Non-immersive Virtual Environments." *Journal of Science Education and Technology*, Vol.22, No.6, 2013, pp.952-962.

后　记

想来也是缘分，于除夕落笔后记。除夕，意为旧岁至此而除，另换新岁，是除旧迎新的重要时间交界点。人生也是这样一个过程，一个时常向后看看也向前看看，继而收拾行囊再出发的过程。这就是命运，任何人都一样。在这过程中，无论是否愿意，你都会遭遇一切，你也应当期望些什么，来为或痛苦或幸福的人生增添一些色彩。因为，人总是这样一种存在：不断追求自己期望的生活，无法忍受没有希望的人生。这便是理想的真实写照。

撰写《沉浸·交互·认同：虚拟现实赋能下的师范生理想教育新生态》，就是试图以自己的人生阅历和理性思辨，与读者一起探索理想的意义与价值。当我们迷醉于理想，距离就成了欢乐，追求就变为了充实，遭遇使我们收获勇气与智慧，此时失败与成功便只是一种伴奏。师范生作为"培养人的人"，有其必须永不放弃的理想。这一理想包含两层含义：一是无论跋涉的远近，师范生自身都要坚守"教育人"的初心；二是不论时空的局限，作为未来"培养人的人"都要保证理想薪火的传承。

本书深入浅出地阐释了师范生理想指导问题的基本概念、内生要素和重要理论。依托虚拟现实，秉持"修己安人—立志弘道—乐道养气—家国同构"的基础逻辑，构建了基于虚拟现实的师范生理想指导模型，旨在加强师范生生活理想、职业理想、道德理想与社会理想的指导，触发师范生修身、志业、养德和弘道的理想追求。最后还结合实践案例设置了认知学习、情景体验、理论测试、考核报告四大模块，为师范生提供了一个"认知—演示—探究—体验—互动—生成"的完整学习流程，旨在针对性地引导读者进行思考。后续，我也期望能与读者一起深度探讨理想的意义与价值，携手把"有意义"的问题变得"有意思"，这也是笔者一直以来的学术追求。